浙江省哲学社会科学规划重点课题成果

浙江经济增长中
人力资本要素差异性配置研究

刘建和　朱晓明　著

经济管理出版社

图书在版编目（CIP）数据

浙江经济增长中人力资本要素差异性配置研究/刘建和，朱晓明著. —北京：经济管理出版社，2008.11

ISBN 978-7-5096-0397-0

Ⅰ. 浙… Ⅱ. ①刘…②朱… Ⅲ. 人力资本—配置—研究—浙江省 Ⅳ. F249.275.5

中国版本图书馆 CIP 数据核字（2008）第 152358 号

出版发行：经济管理出版社
北京市海淀区北蜂窝 8 号中雅大厦 11 层
电话:(010)51915602　　邮编:100038

印刷：北京亨利达印刷有限公司　　经销：新华书店

组稿编辑：贾晓建　　责任编辑：魏晨红
技术编辑：黄　铄　　责任校对：超　凡

880mm×1230mm/32　　7 印张　　205 千字
2008 年 11 月第 1 版　　2008 年 11 月第 1 次印刷

定价：18.00 元

书号：ISBN 978-7-5096-0397-0/F·386

前　言

人力资本投资状况对经济增长的推动作用，已成为人们的共识。世界各国的成功经验也表明，对人力资本的投资，是一切投资中收益最高，获利最大的投资。高质量的人力资源的数量和比重已经成为一个国家经济发展速度和工业化程度的重要标志，也就是指一个国家的经济发达程度与该国的医疗保健、教育与在职培训、科技研发投入与推广、就业迁移等人力资本评价指标具有明显的正相关性。

但是，从浙江和陕西两省的人力资本绝对值指标的比较来看，除去在创新能力方面浙江省强于陕西省以外，医疗卫生保健水平、教育普及程度尤其是中学教育与高等教育普及程度、科研投入和科技发展水平等方面衡量的人力资本量，陕西省都要明显强于浙江省。从这些结果来分析，似乎两省的人力资本水平与经济发展水平之间的关系并非符合人力资本理论中人力资本投入与经济增长之间的结果。事实上，浙江省等东部地区经济发展研究成果主要关注于资本投入、资本流动和技术进步及其他制度创新的结果，而研究教育投入的大量成果也说明教育等人力资本投入对中国经济增长的贡献性不强。

笔者认为，人力资本的问题并非是表面上一些指标或是绝对值数据的问题，而是人力资本的差异性问题，即浙江省的人力资本要素差性配置可能比陕西省好。这种差异性一方面是人力资本的类型组成的差异性。类型组成的差异性又包含人力资本外部与物质资本组成配比的差异，同时又包含人力资本内部组成配比的差异问题；另一方面则是人力资本发挥作用的机制问题，这种机制问题实际上反映出了人力资本的资源配置和资源转换能力上的差异。为什么同样起点的两个省份，浙江省的发展速度却明显高于陕西省？在很大程度上是因为资源配置能力和资源转换能力浙江省要强于陕西省的水平。

因此，本书主体相应分为四部分：第一部分，经济增长与人力资本理论综述；第二部分，一方面对浙江省和陕西省人力资本绝对值指标进行评估，另一方面结合现有的理论和实证成果推测两省经济增长差异的本质根源在于人力资本差异性；第三部分，从人力资本类型组成差异和作用机制差异两个方面对浙江省与陕西省间经济增长差异进行比较；第四部分，对上述理论及实证结果的总结与借鉴。

第一部分（第二章）为理论综述部分。笔者主要综合回顾了人力资本理论及区域经济增长理论的发展状况，同时对国内在这些理论和模型方面的相关研究和实证成果进行了归纳，并针对问题提出相应的看法。

第二部分（第三章、第四章）为研究切入点。一方面，笔者主要对浙江省和陕西省人力资本绝对值进行了评估，并对教育水平对两省的不同影响进行了一定的探讨；另一方面，笔者对现有成果进行了进一步的理论推测，提出人力资本的差异性才是人力资本对区域经济增长影响差异的根本原因。

第三部分（第五章、第六章和第七章）则是实证研究部分。一方面，从人力资本的类型组成差异性出发。对人力资本的外部类型组成即人力资本与物质资本组成对经济增长影响的研究表明，物质投资增长率对经济增长的影响取决于人力资本外部类型组成配比。而对人力资本的内部类型组成的研究表明浙江省企业家对资源的利用情况要远强于陕西省。另一方面，从人力资本发挥作用的机制差异性出发。人力资本发挥作用的机制差异性主要导致人力资本的资源配置和资源转换能力的不同。从笔者的研究结果来看，基于工资收入的人力资本投入、人力资本积聚效应和人力资本收敛效应等各方面，浙江省都表现出人力资本边际产出要强于陕西省的状况。而人力资本产权界定等制度因素对浙江省的经济增长起着重要作用，这种制度创新的作用实际上是加强了浙江省人力资本的资源配置和资源转换能力。

第四部分（第八章）则是总结借鉴部分。一方面对本研究的实证结论进行总结，另一方面根据总结的结论提出相应的借鉴之处。

本书为浙江省哲学社会科学规划重点课题项目的成果，项目编号为07CGLJ002ZG。全书第五章第一节、第六章、第八章由刘建和主笔，第二章由两位作者共同主笔，其余章节由朱晓明主笔，全书由刘建和统一定稿。同时，感谢学生陈柯亦在部分章节的数据分析工作，也一并感谢其他支持本书出版的朋友。

目　录

第一章 导 言

第一节 选题背景

人力资本评价指标与一个国家的经济发达程度具有明显的正相关性，这种关系也理应在中国各地区的社会经济发展与当地的人力资本配置状况的相互比较中显现出来。

然而，在对中国部分省域的经济社会发展与人力资本关系的对比研究中却发现，事实不尽如此。笔者在对浙江省和陕西省改革开放前后人力资本与经济发展情况的对比研究中就明显发现：浙江省和陕西省人口素质指标与两省同期的经济增长指标并不匹配；尽管两地均处于相近的宏观制度环境之下、有相似的经济发展起点（陕西省甚至获得了多于浙江省的政治、经济支持），但是，两地自改革开放以来的社会经济发展业绩却出现了明显的反差。

在此，不妨就浙江、陕西两省的人力资本与经济发展基本情况作一个大体比较。从人力资本的投入及存量水平上看，陕西省平均科技、教育和文化水平要明显高于浙江省：陕西省不仅综合科技实力强，拥有 56 所大学，其中西安交通大学、西北工业大学、西安电子科技大学等都是著名学府，研究所 500 多个，拥有各类专业技术人员 82 万人；同时，陕西还拥有较强的工业实力，建成了机械、电子、化工、能源、医药、有色金属等为主导的工业体系，更是我国重要的国防科研、生产、试验基地，全国第一军工大省，一批高精尖产品代表着国家的水平和实力——对于这样优越的基础条件，特别是在改革开放的初期阶段，浙江省可谓是望尘莫及。然而，再尝试比较两地的经济发展水平，就可以明显地感受到其中存在的巨大反差。尽管在改革开放以前甚至在改革开放的初期阶段，浙、陕两省的生产力水平相差并不明显，如从人均国民生产总值的统计指标来看，陕西省的人均 GDP 相当于浙江省同期水平的 80%~90%；[①] 但是，自 1978 年改革开放以来，浙江与陕西两地的经济发展水平出现了明显的背离趋势：按 1990 年可比价计算，浙江省在改革开放以来 24 年中的人均 GDP 年均增长水平超过 11%，而陕西省的同期增长水平尚不足 7%；形成了陕西省 2002 年的人均 GDP 相对水平下降到仅为浙江省同期水平的三分之一，[②] 大致相当于浙江省 1993 年的人均 GDP 水平。[③] 一方面，令笔者感到可喜的是，浙江这个人均资源综合指数居全国倒数第 4 的"资源小省"，已连续 5 年实现 GDP 总量与人均 GDP 水平均稳居全国第 4、农民人均收入居全国第 3、城镇居民年均可支配收入攀居全国第 4 的奇迹；然而，另一方面，笔者又忧心忡忡，那就是在当前的水平下，陕西省的经济发展水平落后浙江省近 10 年的时间，而且由于两省经济增长水平之间的巨大差异迟迟不能克服，随着时间的推移，两省的经济增长差距存在进一步拉大的可能。

简而言之，表面上来看在人力资本投入及存量水平均较高的陕西省，其经济发展水平反而远远落后于浙江——这是用西方经济学中关于人力资本与经济发展相互关系的传统理论难以明确解释的，在此，笔者将这一现象称为"浙江—陕西经济增长之谜"（简称"浙—陕之谜"）。

根据"2003 中国 31 省市区新经济实力排行榜"，浙江取得了 GDP 全国第 4、新经济指数全国第 6 的较好成绩；相比之下，陕西的新经济指数位居全国第 8，但其人均 GDP 排名却仅为第 29——这是本次

① 1978 年，浙江省当年人均 GDP 为 331 元，陕西省同期的人均 GDP 为 291 元，相当于浙江同期水平的 87.92%。

② 到 2002 年，按 1978 年价计算，浙江省当年人均 GDP 为 5112.63 元，陕西省同期的人均 GDP 则只有 1876.71 元，仅为浙江同期水平的 36.7%。

③ 按 1978 年价计算，浙江省 1993 年人均 GDP 水平为 1857.1 元，与陕西省 2002 年 1876.7 元的人均 GDP 水平大体相当。

新经济排行榜中出现的最大错位，也是对“浙—陕之谜”的又一清晰反映。

从众多的发展经验来看，在人力资本存量与（或）增量均保持较高水平的情况下，区域经济发展水平仍可能在较长时间内停滞不前或低速增长，这是许多发展中国家和地区可能面对的共同难题。为此，传统分析试图从不同的角度解释“浙—陕之谜”中所反映出来的巨大差异：①中国科技发展战略研究小组认为，尽管东部地区在改革开放之初的人力资本水平不及部分内陆地区，但因具备地理位置优势、经商意识优势以及政策和体制优势，由此诱发的创新意识、市场化竞争压力和国外投资驱动是使其生产力发展水平快速提高的三大重要因素。[①] ②部分国内经济学者将其归结为制度因素，认为是计划经济遗留下来的僵化劳动人事制度和不完善的劳动力市场，造成了高人力资本投入及储备地区较为突出的资源浪费或闲置问题。③也有学者试图克服资本理论同质性假定的缺陷，提出从人力资本的异质性角度出发，具体考察人力资本的狭义配置能力与广义配置能力（陈凌、姚先国，1997）、后又重新整理归纳为人力资本的生产能力和资源配置能力（姚先国，2000）的区域分布差异，认为正是浙江人较强的资源配置能力和省内较为有利的资源配置环境造就了浙江的经济发展奇迹。④世界银行经济学家在对众多发展中国家的发展历程及经验研究后，将造成“浙—陕之谜”该类现象的主要可能原因归结为两点：一是由于人力资本使用不当，人力资本投资既不能补偿也不能克服不利于经济增长的环境；二是由于人力资本投资类型不当、投资效率和质量不高，现有用于人力资源的开支可能在资金更合理使用的情况下获得人力资本更合适的数量、质量或类型。[②] ⑤人力资本的结构性问题可能并不仅仅表现在能力结构的差异上，有学者认为，中国人力资本结构中的一个主要问题表现在职业技术教育的发展滞后、地区教育投资水平的不平衡

① 中国科技发展战略研究小组编. 中国区域创新能力报告（2002）. 经济管理出版社，2003

② 世界银行. 1995 年世界发展报告：一体化世界中的劳动者. 中国财政经济出版社，1998

和教育所提供的劳动力供给与实际的劳动力需求发生脱节。美国学者伯纳德·L.温斯坦博士在研究西方国家发展的普遍规律时得出结论："西方的经验有力地证明，一个健全的中等教育和职业教育体系，是一个比高等教育还要关键的因素。"特别是在我国这样一个劳动力数量密集、技术水平相对较低的国家，发展职业教育应该是非常迫切的。可现实情况是，根据教育部发展规划司提供的数据，我国中等职业教育的发展不仅没有壮大，而且还在萎缩。[①] 此外，人力资本结构中存在的另一个问题是教育所提供的劳动力供给与实际的劳动力需求发生脱节。教育体制的僵化使得我国学校的部分专业设置、教学内容、教育方式等与经济的发展不相适应。因此，在我国这种许多专业人才缺乏的国家，则存在不少的专业人才过剩、学校培养出来的学生找不到工作的现象。同时，它造成的危害还有：人力资本利用效率不高，教育投资形成的人力资本在知识运用能力和对知识进步的适应能力上都存在欠缺。[②] ⑥詹姆士·丁·海克曼教授在对中国的人力资本与经济发展状况进行仔细研究后认为，中国劳动力市场被扭曲，由此导致人力资本投资的社会回报率大大高于个人回报率，以至于工资并不能正确反映受教育的劳动力对经济所作出的真实边际贡献；事实上，工资制定政策并没有按照生产力支付工资，尽管无技能工人得到了相当于他们的边际产品价值的工资收入，但是支付给有技能工人的工资只相当于他们边际生产力的 10%（Fleisher，Wang，2001），工人为获得技能而支付的成本只得到了部分补偿——现行经济制度下人力资本的投资效果极大外溢，教育并不仅仅是由个人受益；尤其值得关注的是，在中国，这种外部性很可能很大。受过良好教育的劳动力创造出新思想和知识，而个人有可能不能得到他们受教育所带来的全部收益，特别是，目前有技能的工人的工资被现行政策所抑制——现行政策的严重扭曲将会极大阻碍经济的发展。[③] ⑦也有国外学者认为，在发生不确定性改革

---

① 曾湘泉主编. 劳动经济学. 复旦大学出版社，2003

② 曾湘泉主编. 劳动经济学. 复旦大学出版社，2003

③［美］詹姆士·丁·海克曼著. 提升人力资本投资的政策. 曾湘泉译. 复旦大学出版社，2003

(uncertain reform) 条件下，如在俄罗斯 (Kryshtanovskaia, 1994)，人力资本市场需求结构的巨大变化将对原有体制下“能力—教育—未来收益”的正相关关系[①]造成极大破坏，高人力资本所有者在新体制下反而可能处于竞争劣势，受惰性、转换成本等因素的影响，更高程度的专业化教育并不能保证给受教育者带来更高的终生收益 (lifetime income)，该类人群反而可能因受制于其较强的能力、较高的受教育程度而丧失职业转换的先发优势 (Alexeev, Kaganovich, 1998)。

尽管传统分析从多个方面对“浙—陕之谜”的现象成因各抒已见，但这些分析在对现象的解释上仍存在一定的局限性，以上的分析往往只探讨了问题的一个方面，即人力资本投入与积累的高水平未必能快速地转化为现实的高生产力；而忽略了问题的另一方面，即在浙江这样并不具有较高人力资本水平的地区是如何实现经济高速增长的，或者说，浙江是如何依靠大量只接受过中低等教育的居民支撑了地区经济的增长奇迹的。

对照传统的经济增长模型 $Y=f(L, K, A, S)$ ($\frac{\partial Y}{\partial L}>0$ $\frac{\partial^2 Y}{\partial L^2}<0$, $\frac{\partial Y}{\partial K}>0$ $\frac{\partial^2 Y}{\partial K^2}<0$)，[②]“浙—陕之谜”中的最大发现就是，在两地经济发展起点相当、[③]宏观制度因素相近、[④]甚至是陕西的技术进步水平明显领先于浙江的情况下，浙江的$\frac{\partial Y_zj}{\partial L_zj}$、$\frac{\partial Y_zj}{\partial K_zj}$均大大高于陕西的$\frac{\partial Y_sx}{\partial L_sx}$、$\frac{\partial Y_sx}{\partial K_sx}$。

事实上，任何地区的发展建设实践均离不开人的努力，无论是区

① 这一正相关关系无论是在稳定的计划经济体制下 (Aage, 1996)，还是在连续的市场经济体制下，均是大家共同认可的结论。

② Y 表示产出，L、K 表示劳动和资本，A 表示技术进步，S 表示制度因素。

③ 在改革开放以前甚至在改革开放之初，浙、陕两省的生产力水平较为接近，按可比价计算，浙江省 1952 年的人均 GDP 为 109.47 元，陕西省同期的人均 GDP 为 71.79 元；到 1978 年，浙江省当年人均 GDP 为 331 元，陕西省同期的人均 GDP 为 291 元，约为浙江水平的 90%——在改革开放前的 27 年间，两地经济增长水平大体接近。

④ 两地同处于中国宏观政策的整体大背景之下，受历史原因影响（如三线建设、浙江靠近台湾等），两地在所享受的政策上不存在较大差别，如有差别，应该说，陕西所享受的政策优惠超过浙江。

位优势、传统文化，还是制度创新、发展模式，甚至是人类能力、精神力量，都离不开作为行动载体的人的参与，也都必须作用于全社会每一个个体，通过他们的共同努力或形成合力，才能转化为全社会的生产力发展与经济建设实绩。尽管各种统计数据及分析均认为，陕西省的经济发展潜力相当巨大，正如“2003 中国 31 省市区新经济实力排行榜”中所反映的那样，陕西省的经济发展潜力与浙江省的差距远远小于两地的实际发展差距；那么，两地同样都是一群人，为什么在浙江就能够实现经济的飞速发展，而在人口素质及投入水平都相对较高的陕西却未能实现经济发展的奇迹，省内经济发展甚至落后于全国平均水平？①

笔者认为，之所以会发生这样“南橘北枳”的现象，问题的关键就出在人力资本问题上。这个人力资本的问题并非是表面上的一些指标或是绝对值数据的问题，而是人力资本的差异性问题（事实上，表面上的教育普及率等指标也并不能说明人力资本存量问题，因为改革开放尤其是 20 世纪 90 年代以来，东西部地区的人才流动相当频繁，导致两地的人力资本存量指标平均受教育年限与教育普及率等指标最终体现的结果并不雷同）。这种差异性一方面是人力资本的类型组成的差异性。类型组成的差异性又包含人力资本外部与物质资本组成配比的差异，同时又包含人力资本内部组成配比的差异问题。另一方面则是人力资本发挥作用的机制差异性问题，这种作用机制差异性问题实际上反映出了人力资本的资源配置和资源转换能力上的差异。为什么同样起点的两个省份，最终浙江省的发展速度却要明显高于陕西省，这在很大程度上是由于浙江省的资源配置能力和资源转换能力水平要强于陕西省。这至少可以从两个层面上来考虑：首先，对于普通劳动者来说人力资本回报对其激励程度存在差异，一般而言回报高激励程度也高（这一人力资本回报如果以区域经济的角度来看即为人力资本投入）。其次，对于整个人力资本而言还有一个制度创新的因素，这一制度创新的因素在很大程度上体现在为人力资本产权界定问题。个人作为人力资本这一生产要素的承载者所享有的天然权利，即人力资本

① 2003 年全国人均 GDP 为 9030 元，陕西省人均 GDP 仅为 6501 元，差距大小由此可见一斑。

的控制权，以及个人使用他所拥有的人力资本时享有的经济权利，即人力资本的索取权。正是由于剩余索取权与剩余控制权不对称而造成的人力资本产权界定不明，以及由人力资本产权界定引起的其产权不明的程度在地区间的不同差异，直接导致了两省的人力资本资源配置和资源转换能力的不一致，也就是说经济效率的不一致，从而导致了“浙—陕之谜”的发生。两者结合，人力资本的差异性正是导致浙江省和陕西省两省区域经济增长差异的重要原因。这也是本文之所以重点研究人力资本差异性问题的关键，并希望能够对区域经济发展政策的制定提供参照，并具有一定的指导意义。

第二节 理论创新与实践意义

一、理论创新

现有的大量理论成果说明浙江省等东部地区的发展主要在于资本投入、资本流动和技术进步，或者其他制度创新的结果。而研究教育投入的大量成果也说明教育等人力资本投入对于经济增长的贡献性不强，而表面的浙江省和陕西省的统计数据似乎也在证明这一点。陕西省大量的统计数据表明其绝大部分人力资本绝对值指标强于浙江省，但反过来在经济增长方面却明显落后于浙江省。笔者经过理论分析的结果认为所有这些经过归纳推导后其真正的原因在于人力资本的差异性问题。因此，“浙—陕之谜”从本质上而言其实是人力资本的差异性对区域经济增长的影响问题。这种差异性一方面是人力资本的类型组成的差异性。类型组成的差异性又包含人力资本外部与物质资本组成配比的差异，同时又包含人力资本内部组成配比的差异问题。另一方面则是人力资本发挥作用的机制差异性问题，这种作用机制差异性问题实际上反映出了人力资本的资源配置和资源转换能力上的差异。由此，笔者提出两个方面的问题：一方面在人力资本的类型组成上，两省的人力资本存量、人力资本的外部组合以及企业家资源的开发这三个方面的差异性问题；另一方面在人力资本的作用机制差异性上，发挥人力资本作用的制度因素的差异性问题，其中人力资本的产权问题也是一个重点问题。

二、方法创新

以往绝大部分的实证研究都是围绕着教育投资与经济增长的关系问题，而在教育投资这一方面，更是把范围缩小到教育投入的贡献率方面，实证方法太过于单一。而且即使是区域经济的对比研究，往往也都是教育投入要素的贡献率大小对比、弹性比较。而笔者则从人力资本和物质资本的经济增长效应（如人力资本的教育经济效应三大模型）、人力资本内部组成的企业家资源问题、基于受教育年限的人力资本存量指标、基于工资收入区域的人力资本投入（以劳动者角度即为人力资本回报）以及以人力资本产权界定为主的制度创新因素来考察人力资本差异与区域经济增长之间的关系问题。事实上，大部分实证方法在内地学者的研究中并不多见。

三、人力资本存量经济效应三大模型的应用

研究在经济增长中人力资本存量水平作用的模型主要可以归纳为三个大类：人力资本理论（Human Capital Theory）、追赶模型（Catch-up Model）和教育技术互动（Interactions with Technical Change）。这三大模型中考察了人力资本存量水平和物质资本投入及技术进步等多方面的因素，笔者主要用来研究人力资本和物质资本组合的经济增长效应问题。国内有关人力资本理论的实证研究大多只涉及这三大模型中一小部分内容，本研究不仅对模型进行了实证拟合，而且同时也利用模型拟合的结果进行了横向的比较。

四、基于工资收入的人力资本投入指标的应用

本研究不仅应用传统的平均受教育年限为代表的人力资本存量水

平指标，同时也应用了基于工资收入的人力资本投入指标。这在内地的人力资本研究中也较为少见。事实上，工资收入的人力资本投入指标如果从劳动者的角度而言即为人力资本的回报指标。通过多个方面对人力资本水平的检验，笔者发现：表面上来看，陕西省在医疗卫生保健状况、人民受教育程度、科技人员与科研投入水平等众多人力资本绝对值指标上均明显超过浙江省，因此在经济上落后于浙江似乎有悖于人力资本理论。但实际上，从笔者的检验结果来看，无论是以平均受教育年限为代表的人力资本存量水平还是以从业人员平均工资收入为代表的人力资本投入来看，浙江省的人力资本水平均远远超过陕西省。而且，既然浙江省人力资本投入高，那么从劳动者角度而言其人力资本回报也大，对于劳动者的激励也更高。如此看来，浙江经济强于陕西也是在情理之中了。“浙—陕之谜”从本质上而言并未违反人力资本理论。

第三节　技术路线及结构

高人力资本投入水平对经济增长的推动作用，已成为人们的共识。然而，有关研究发现，在区域经济的转型与发展过程中，人力资本对经济发展的推动作用时常并不明显，在引领经济增长的过程中区域所拥有的高质量人力资本水平的作用往往大打折扣。基于对现象的观察与分析，笔者认为表面上来看陕西省在医疗卫生保健状况、人民受教育程度、科技人员与科研投入水平等众多人力资本指标上均明显超过浙江，因此在经济上落后于浙江似乎有悖于人力资本理论。但从实际的人力资本存量来看，浙江省的人力资本水平极可能超过陕西省。这一点从第四次人口普查的结果已露端倪，浙江省受教育人数要远远超过陕西省的水平。

正因为如此，本研究首先试图从人力资本与经济增长理论中寻求解释浙江和陕西两省区域经济差异的理论基础；其次，从人力资本的类型组成差异的分析来解释浙江省在人力资本的优势所在；再次，从人力资本的作用机制差异性实证检验浙江省人力资本的资源配置能力和资源转换能力更高，更能发挥人力资本的作用。当然，最终的检验结果需要根据检验的显著性程度来进行判断。具体的技术路线如图1-1所示。

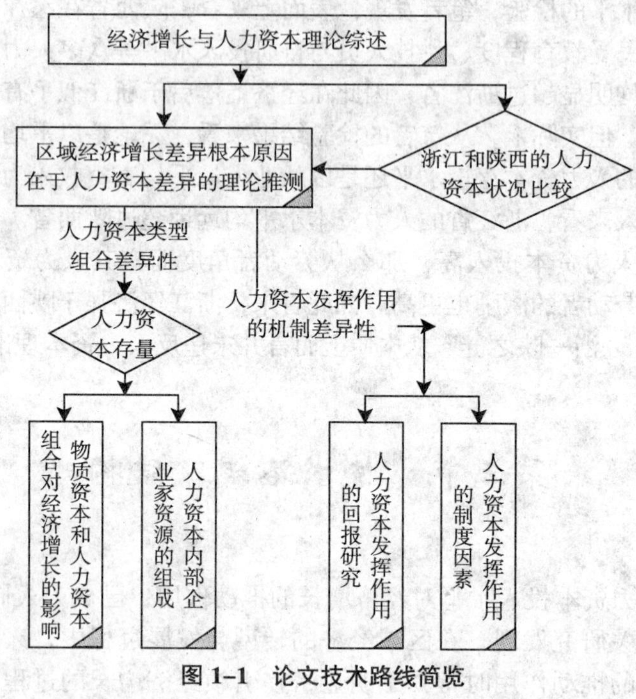

图1-1 论文技术路线简览

第四节 数据及工具

本研究中所用实证数据主要来自于《陕西经济年鉴》(2003、2004)、《浙江统计年鉴》(2003、2004)、《中国统计年鉴》(2004) 和《中国教育经费统计年鉴》(2003) 等资料。如果数据有其他来源或渠道，均将在本文中另行标注。

本研究中所涉及的数据录入主要依靠MS Office中的Excel软件，数据的计算和模型的拟合则主要使用Eviews 3.1软件来进行。

第二章 人力资本理论发展与区域经济发展

人是社会生产力的第一要素，任何生产活动的开展都要依靠人来进行，经济增长同样也离不开人的推动。因此，关于人类能力的分析长期以来一直成为经济理论的重大主题。把人力作为资本看待来说明人在生产和经济活动中的作用，其思想渊源很早。在西方，首次使用人力资本概念的，一般认为是早期统计学家和国民收入核算家威廉·配第（William Petty），他在 1676 年曾把战争中武器军械的损失与人力的损失进行比较研究，作为“政治算术”计量的一个重要内容。[①] 然而，在经济学理论史上正式论述人力资本的基本思想，并奠定理论研究基本方向的，则是古典政治经济学鼻祖亚当·斯密等人，那一时期的经济学家就已经将投资于人的有用才能的价值当作资本看待。到了 19 世纪，许多经济学家（萨伊、李斯特、马歇尔等）开始将人的技能和能力看作是一种资本，认为“所有的投资中，最有价值的就是对人本身的投资”（马歇尔，1865）。古典政治经济学发生危机后，马克思主义异军突起，经全新的理论体系阐发其独特的人力资本思想，与其称作“庸俗”的资产阶级经济学所阐发的人力资本思想相区别。到了 20 世纪初，美国经济学家 I.费希尔认为，任何可以带来收益的财产都是资本。他对资本重新给予了定义和扩展，并专门阐述了人力资本的概念，“明确而令人信服地提出了一个完整的资本概念”（T.W.舒尔茨，1990），“在经济学理论上为人力资本概念的确立铺平了道路”（李建民，1999）。直到 20 世纪中叶美国经济学家 T.W.舒尔茨在他著名的有关人力资本投资的演讲[②] 中，明确提出人力资本概念，首次阐述了人

---

① ［英］威廉·配第（William Petty）. 政治算术. 陈冬野译. 商务印书馆，1978

② 参见 T.W.舒尔茨.论人力资本投资. 北京经济学院出版社，1990

力资本投资及所形成的人力资本在经济增长、工资增长等方面的作用，并由此而发展出了现代人力资本理论的基本框架，开创了经济学中的一个崭新的理论。人们的注意力开始转向该领域的研究，并根据各自的理解和研究目的的不同，对人力资本概念给出了各种各样的定义和解释，当代人力资本理论才正式形成并得到广泛传播。

第一节 人力资本理论起源：古典政治经济学中的人力资本思想

人力资本理论的历史渊源可以追溯到18世纪。18世纪中叶欧洲产业革命后，人类进入了大工业时代，生产力发生了三大变革：其一是自然力代替人力、机械生产代替手工业生产；其二是科学技术代替了经验工艺套路，科技与生产互动作用日益加强；其三是专业技术培训代替作坊师徒传教，人的知识和技术因素在生产中的作用越来越大。

一、亚当·斯密（Adam Smith）的人力资本思想

著名的古典学派代表亚当·斯密（Adam Smith）注意到附着于劳动者身上的人类能力的经济价值及其对工业化生产的重要意义。在其1776年出版的《国富论》（The Wealth of Nations），提出了初步的人力资本概念。他提出，“学习是一种才能，须受教育、须进学校、须做学徒，所费不少，这样费去的资本，好像已经实现并且固定在学习者的身上。这些才能，对于他个人自然是财产的一部分，对于他所属的社会，也是财产的一部分。”[①] 在序言里，他曾明白、剀切地提出，“劳动是任何国家财富所由产生的源泉，要增加财富，依靠的首先是劳动的生产力，也就是国家所一般使用的劳动的精巧、熟练和鉴别力程

---

① [英] 亚当·斯密（Adam Smith）. 国富论：国民财富的性质和起因的研究. 谢祖钧、孟晋、盛之译. 中南大学出版社，2003

度，其次是从事于生产劳动者与不从事于生产劳动者的人数的比例。”劳动力是经济进步的主要力量，全体国民后天取得的有用能力，都应被视为资本的一部分。工人的工作效率增加，可减少劳动力耗费，其花费成本可以由增加的利润加以回收。因而，人力资本投资可以由私人出于追求利益的投资行为来完成。他建议由国家“推动、鼓励，甚至强制全体国民接受最基本的教育”。

只是因受工业革命社会化分工大发展的影响，亚当·斯密更多的是从分工角度来讨论和评价人类能力的经济价值，认为“劳动生产力上最大的增进，以及运用劳动时所表现的更大的熟练、技巧和判断力，似乎都是分工的结果”，“有了分工，同数劳动者就能完成比过去多得多的工作量”，如此一来，“大家各自委身于一种特定业务，使他们在各自的业务上，磨炼和发挥各自的天赋资质或才能”；并同时提出三点理由以说明分工增进劳动效率的机理。进一步分析，可以发现：从经济理论发展的现代观念来看，在斯密为“分工促进效率”观点进行阐述的三大原因中，除了“避免工作转换中的时间损失”外，其他两点理由都与人力资本有着密不可分的联系，如：“劳动者的技巧因业专而日进”，就充分说明了以劳动者为载体的人力资本的增长问题；而“简化劳动和缩减劳动的机械的发明”，从本质上看，是对人力资本运用的物化结果，这更多地取决于“全面的智力和动脑筋的习惯”，“劳动效率的提高就应归因于发明本身，而不应归因于分工”，[①] 这充分体现了人力资本对于生产效率提高的重要意义。

二、萨伊（J.B. Say）的人力资本思想

萨伊被认为是斯密学说的继承者和在西欧大陆的传播者，有人称他为实证经济学的创始人，其主要代表作是 1803 年发表的《政治经济学概论》，[②] 在西方经济学说史上被尊为古典名著。

---

① ［英］约翰·穆勒（John Stuart Mill）. 政治经济学原理及其在社会哲学上的若干应用. 赵荣潜等译. 商务印书馆，1991

② ［法］萨伊（J.B. Say）. 政治经济学概论：财富的生产、分配和消费. 陈福生、陈振骅译. 商务印书馆，1963.10.版，1982.10.重印

萨伊的经济学说在继承斯密理论的同时，批判扬弃了其劳动价值论的唯一真实尺度的观点，认为“所生产出来的价值，都是归因于劳动、资本和自然力这三者的作用和协力”，资本与土地也像劳动一样具有独立的生产力；利息、地租和工资分别是对这三种生产要素使用所付的代价，而绝非劳动创造价值的转化形态。萨伊还反对斯密把生产性劳动仅局限于物质生产领域的观点，认为“人力所创造的不是物质而是效用”，“所谓生产，不是创造物质，而是创造效用”，“财富不在于物质，而在于物质的价值”。“凡使用在任何一个这种工作上的劳动力都是生产性劳力，所以，科学家的劳力，无论是作用在试验上或著作上，尽管他们没从事实际的体力劳动。所有操作的工作，自农场的散工以至操纵船只的驾驶员，他们的劳力都是生产性劳力”。

萨伊在其著作第二篇第七章《劳动的收入》中，用“劳工”一词指受雇于老板、经理或冒险家并为之工作的工人，以区别“那些支配自己劳动的人”；后者兼有老板、经理或冒险家与“劳工”双重身份，而劳工一般“只需要很少的学习或锻炼，甚或不需要什么学习或锻炼”——由此可见，萨伊已经按某种标准（“学习或锻炼”数量的多少）将人分为两种不同类型。不仅如此，即使是对于“劳工”的劳动力本身，萨伊也可将其视作一项资本，因为“人不是一生下来就有足够的身长和足够的力气来搞甚至最简单的劳动。他要到大约 15 岁或 20 岁才取得这种能力，因此，可把他看作一项资本，这项资本由每年用以教养他的款项累积形成”；此外，在脚注中，萨伊还注释道，“一个成人是一项累积资本，用以教养他的款项虽被消费掉，但是按再生产方式消费，使它能够生产人这一产品”。“那么由谁来搞这累积呢？一般由劳工的父母亲来搞，或由同一职业的人来搞，或由和他的职业有关系的人来搞。所以，就这类的人说，工资比仅仅维持生存所需的数目略多一些，因为工资必须足够维持劳工的子女的生存”。这一点与马克思的劳动力价值构成似有相通之处；不过萨伊说的价值不是“劳动价值”，他把一般劳动力即“劳工”视作资本，其报酬是以“工资”形式来支付的“劳工的利润”——完全不同于马克思的“可变资本”，后者只是累积的垫支款项。

如果劳工获得特殊才能或技巧，则其报酬的构成中，除“工资”

外，还有一种相当于“资本的利息”的“剩余”。萨伊论道，“当任何职业（不管是高级职业还是低级职业）所需要的技巧，只通过长时间和代价很高的训练才能得到的时候，这种训练每年必须支付一定费用，而这些费用的总和构成累积资本。这样，它的报酬，不但包括劳动工资，而且包括在训练时所垫付的资本的利息。这个利息率高于普通利息率，因为这样垫付的资本实际上无法收回，而且人一旦死亡，资本就不存在。所以，这种利息必须照年金计算”。“由于这个原因，所有需要长期教育和才能的工作需要高等普通教育的工作，比不需要这么多教育的工作有更高的报酬。教育是资本，它应当产生和劳动的一般报酬没有关系的利息。”在萨伊看来，生产劳动不仅仅是物质生产，任何需要特殊教育和训练取得的技能，只要有生产效用，都可视为资本，因此，研究怎么支配自然规律的科学家、技术专家自不必说，医生的医学知识和技巧，律师、歌唱家的培训费，“就是做公务员的本领，也是一种积累的资本”。

在这个推理基础上，萨伊把资本的收入或利润分为“使用资本所付的利息”和“使用资本所有者的资本家收益”区分开来。这对后来人力资本理论和企业理论融合、形成对企业制度安排的全新解析，具有经典指导意义。萨伊批评斯密等人没有注意到“资本的利润与使用资本的劳动的利润”的区别，“把明显的属于劳动的利润的许多项目，放在资本或他们叫做本钱的利润这个总项目下”，并认为斯密为说明“利润是和资本成比例，而不是和劳动与督察及管理技能成比例”所举的例子完全没有说服力，事实上，“使用资本的技能与劳动优劣”同样可能导致利润的差异——因为技能与劳动可能比资本具有更大的生产力。

“通过比较总利润的平均与同行之间利润差额的平均——这项差额似乎是所使用的技能与劳动的差异的正确指标——也许可大体准确地估定总利润中属于资本的那部分利润和属于使用资本的劳动的那部分利润。”为此，萨伊提出，作为企业家人力资本的企业家才能包括：①经营和偿付资本的“敏慎廉正名誉”；②具有“那些往往不可得兼的品质和技能，即判断力、坚毅、常识和专业知识”；③进行创新性投资组合的、敢于冒“局部损失或全部损失的风险”的精神。

综上所述，萨伊实际把人力资本具体划分为普通劳工的一般性人力资本、专业技术人员的专业化人力资本和经营管理者（企业家）的创新性人力资本等三种类型，以及人力资本的特性、形成、投资和收益等基本问题，并尝试性地提出了不同类型人力资本各自不同的报偿规则。

三、约翰·穆勒（John Stuart Mill）的人力资本思想

继亚当·斯密之后，约翰·穆勒在其著作《政治经济学原理》中研究了财富的性质及其生产和分配规律，穆勒的人力资本思想主要就是他对"财富"及其相关的劳动性质的折中解说涉及有关人在生产中的地位和作用的一些看法。

穆勒打破了重商主义只将货币或贵金属视为国家财富、仅以拥有的货币数量作为衡量财富多少的思想局限，将财富定义为"一切具有交换价值的有用的或合意的物品"，指出，"技能与知识都是对劳动生产率产生重要影响的因素"，"手艺人的技能、精力和坚忍不拔精神，完全可以像他们使用的工具和器械那样，看作是国家财富的一部分"，并进一步阐述道："手艺人的技能既是一种值得向往的财产，又有一定的耐久性（且不说还能生产出物质财富），如果只因为它附着在人身上便拒绝承认它是财富，那么也应该拒绝煤矿或制造厂是财富，因为它们是附着于某个地点的。而且，尽管技能本身不能与人分离而转移给买主，但技能的使用却可以转移给买主；尽管不能出售技能，却可以雇用技能，况且在所有法律允许买卖人口的国家内，技能是连同人一道出售的。技能在可转移方面的缺陷不是来自天然的障碍，而是来自法律和道德的障碍"，"我并未将人本身归于财富之外，财富是为人而存在的。但是人所学到的能力，只作为方法而存在，是靠劳动获得的，因而在我看来，当然应归于财富之列。"①

值得注意的是，在讨论"与人有关的劳动"时，穆勒还涉及有关

① [英] 约翰·穆勒（John Stuart Mill）. 政治经济学原理及其在社会哲学上的若干应用. 赵荣潜等译. 商务印书馆，1991

人力资本形成、生产和投资及其收益的问题。他说："对于整个社会来说，抚育幼年人口的劳动和花费是支出的一部分，是生产的一个条件，是要从幼年人口未来的劳动产品中加倍偿还的……社会的技术教育或工业教育，即用于学习或传授生产技艺的劳动，用于获得和传授生产技能的劳动，却实际上而且一般说来仅仅是为了获得更多或更多价值的产品才付出的，为了使学习者可以获得与其劳动价值相等或超过其劳动价值的报酬，并使所雇用的教师的劳动得到适当的报酬。"

此外，穆勒在其研究过程中甚至还发现了两个劳动者与资本家合伙经营并参与利润分成的例子——这足以证明人力的资本化倾向，只是受历史局限性的影响而没有上升到理论高度并成为主要的生产经营形式。穆勒所描述的两个案例：一个是在到中国做生意的美国船舶上的船员均有权分享航行利润，其结果是"这些船员一般品行都很好，而且极少同中国政府或中国人民发生冲突"；另一个是英国康沃尔矿山开采过程中矿工与矿主（代理人）共同经营并分享利润，从制度执行的实际效果看，尽管存在"工人的收入不稳定，以致有时不得不长期靠信贷生活"的缺点，但是，"这种制度也有其优点，而且优点补偿上述缺点而有余"——"在这种制度下，康沃尔矿山工人的智力、道德和独立精神均有提高，从而使他们的经济状况和性格习惯都远远高于劳动阶级的一般水平"。在当时，尽管这种利润分成制度推广应用于体力劳动者阶级时也获得了极大成功，不过，受时代发展局限性的影响，"这不是普遍现象，而只是例外"。

四、李斯特（Friedrich List）的人力资本思想

李斯特是德国历史学派的先驱者之一，他于 1841 年发表的《政治经济学的国民体系》也是一部在经济学史上有重要地位的经典著作，作为其理论体系核心的生产力理论具有广泛持久的影响力。

李斯特认为，"财富的原因与财富本身完全不同。一个人可以据有财富，那就是交换价值；但是他如果没有那份生产力，可以产生大于他所消费的价值，他将越来越穷。一个人也许很穷，但是他如果据有那份生产力，可以产生出大于他所消费的有价值的产品，他就会富裕

起来”。“由此可见，财富的生产力比之财富获得本身，不晓得要重要多少倍；它不但可使已有的和已经增加的财富获得保障，而且可以使已经消失的财富获得补偿。个人如此，拿整个国家来说，更加是如此”。他批评斯密由于过于重视“分工”而趋于歧途，把劳动本身看成是国家财富的“泉源”，对于劳动生产力的本质极少认识，把单纯的体力劳动认作是唯一的生产力，不认为维持法律与秩序、培养和促进教育、宗教、科学、艺术的人的精神劳动具有生产性。

李斯特已清楚而充分地认识到外部制度环境对人类能力能否充分发挥所具有的积极意义，“国家的福利同人民的智力、道德与勤奋总是成正比例的，财富就随着这些因素而增进或减退；但是个人的勤奋与俭约、创造与进取，如果没有内政上的自由、适当的公共制度与法律、国家行政与对外政策，尤其是国家的团结和权力这些方面的支持，就决不会有任何重大的成就”。他一针见血地指出，劳动“所生产的是交换价值”，而制度“所生产的是生产力”。

为此，李斯特提出了与“生产中的物质工具”的物质资本相对应的“精神资本”概念，其具体含义包括两方面内容：一种是狭义的，指“个人所固有的或个人从社会环境和政治环境得来的精神力量和体力”——显然这种意义的精神资本，其实指的就是人力资本；另一种是广义的，即“非物质的”资本，他说，“各国现在的状况是在我们以前许多世代一切发现、发明、改进和努力等等累积的结果，这些就是现代人类的精神资本”——这里不仅包括作为“个人的身心力量”的人力资本，而且包括文化、艺术、政治状况和制度等所有“外化”的精神存量。李斯特认为，“国家生产力的来源是个人的身心力量，是个人的社会状况、政治状况和制度，是国家所掌握的自然资源，或者是国家所拥有的作为个人以前身心努力的特质产品的工具。”应该说，李斯特则在“精神资本”概念下强调了人力资本的精神存量及教育对国家生产力的决定作用，这些具有创新意义的思想在人力资本理论发展史上的地位和作用，是不应该忽视的。

同时，李斯特在强调人力资本对生产力发展起到积极作用的同时，也强调了社会制度对人力资本作用发挥的推动与制约作用。“历史到处向我们指出的就是社会与个人力量及条件之间起着交互作用的这种动人过程……个人生产力，因此也就是个人财富，随着所享受到的自由以及政治与社会制度的完善程度作比例的增长”，而社会的发展与财富的增长，一旦“缺少了自由制度以后，公民个人方面无论怎样地勤奋、俭约、富于创造能力和智慧，也不能有所弥补”——因为“历史教导我们，个人的生产力大部分是从他所处的社会制度和环境中得来的”。

关于教育在人力资本及其生产力形成中的地位和作用，李斯特认为，“所有关于下一代的教养、公道的促进、国家的保卫等等支出都是对于现有价值的消耗，而目的是在于生产力的增长。一国的最大部分消耗，是应该用于后一代的教育，应该用于国家未来生产力的促进和培养的”。“国家对于物质资产势必多少有所牺牲或放弃，借以获致文化、技术和协作生产的力量；就是说，必须牺牲些眼前利益，使将来的利益获得保障”。因此，“一国的最大部分消耗，是应该用于后一代的教育，应该用于国家未来生产力的促进和培养的”。

值得一提的是，李斯特在批评古典学派把资本分为固定资本和流动资本在方法上失当以及忽视这种区别的实际应用价值时，实际涉及资本的资产专用性问题，特别是对人力资本的专用性问题进行了论述：“同样的情况，个人所具有的生产力，包括经验、习惯和技术，在失去了本业以后，一般就会大部分不复存在。”

第二节　新古典学派的人力资本理论思想

这里所说的新古典学派，广义地指自19世纪70年代“边际革命”以后，到20世纪初叶的这个期间，在继承古典经济学传统的基础上，利用边际主义经济学说和分析方法解析经济运行机制的各种学派，包括以马歇尔为代表的（英国）剑桥学派（狭义新古典学派），以瓦尔拉斯为代表的（瑞士）洛桑学派及以门格尔为代表的奥地利学派。本文将主要要讨论瓦尔拉斯和马歇尔的论著中的人力资本思想，其中，瓦尔拉斯最早明确正式使用“人力资本”概念术语解说资本和生产等经济运行原理的经济学家，而马歇尔则是当代人力资本理论提出“格言”

和“理论依据”的经典作家。

一、瓦尔拉斯一般均衡理论中的“人力资本”

瓦尔拉斯认为，[①]“社会财富”可分为“资本”和“收入”两类，“资本的本质在于能产生收入；而收入的本质在于能直接或间接地构成资本”。其中，资本又可分为“土地资本”、“人力资本”、和“狭义资本”(即物质资本)。

关于“人力资本”具体所指，瓦尔拉斯在其著作《纯粹经济学要义》的第四版序言中曾提到，是指“个人的能力”，但在第四篇（“论生产”）第十七章（“资本和收入：三种服务”）中的具体论述中，则系指“个人”。他在第 171 节这样描述：“构成我们社会财富的第三类是个人，其中包括：除了浪游和寻欢作乐之外一无所事的人；服侍别人的人，如车夫、厨子、男仆、女仆等等；国家的公务员，如行政官、法官、军人等等；农业、工业和商业的男女职工；自由职业者，如律师、医师、艺术家等等。所有这些人都实在是资本，那些懒汉们虚度了今天还要虚度明天；铁匠干完了这一天的活，还有以后许多天的活要干；律师离开了法庭以后还会再来进行辩护。这就表明，人们提供了一次服务以后依然存在，他们所提供的一系列服务就构成他们的收入。懒汉所享受的快乐、劳动者所完成的工作和律师所作的抗辩就是这些人的收入。这就构成了我们的第二类资本，即人力资本或个人，所能产生的是个人收入或人力服务，我们也把它叫作劳动。”瓦尔拉斯认为，“人同土地一样是自然资本，但是可灭的，就是说，由于使用或不测事故是可毁灭的。他们过去了，但是通过代代相传，他们又出生了。因此，人口的数目决不是固定不变的，而是在某些情况下可以无限制的增加。”实际上，瓦尔拉斯把人力资本等同于人本身，在量上则等同于“人口的数目”，而且把它看作是一种无须人工所产生的“自然”资本，显然是不恰当的。这与他的整个关于资本与收入的区分一

① [法] 瓦尔拉斯. 纯粹经济学要义. 蔡受百译. 商务印书馆，1989

样在逻辑上有欠科学性，而且会引起一系列需要“特别说明”的混乱。尽管在考虑人口数量问题的同时忽视了对人口质量的考察，但是，瓦尔拉斯还是在他的均衡理论体系中特别突出了“企业家”的角色和职能。他指出，“英国经济学家把企业家和资本家说成是一样的；有些法国经济学家则把企业家看成是负有管理一个企业的特殊任务的一个工作——这两种错误我们都必须避免”。他所说的“企业家”与土地所有者的地主、个人能力持有者的工人和狭义资本所有者的资本家“全然不同”，“企业家是这样一种人（自然人或法人），他从其他企业家那里买进原料，然后向地主租入土地，付出地租，向工人雇用个人能力，付出工资，向资本家借入资本，付出利息，最后将某些生产服务应用到未加工的原料上，将由此得来的产品出售，盈亏则由他自己负责”。瓦尔拉斯界定的企业家的角色和职能以后企业理论和企业家理论影响很大。

二、马歇尔关于“人力资本”的经典论述

阿弗里德·马歇尔（Alfred Marshall）是现代人力资本理论形成之前，对有关经济思想加以重视的又一著名的经济学家。他认为，“老一代经济学家对于人的能力作为一种资本类型参与生产活动的认识是十分不足的”，[①] 因此，他在其著作《经济学原理》[②] 中对人的能力作为一类资本的经济意义提出了新的认识。马歇尔认为，“资本”，作为“营业资本”，一般是指一个人的“财富中用于获得货币形态的收入的那一部分，或较为一般地说，就是以营业的方法获得收入的那一部分”；并提出，“一般资本这个名词——即从社会观点来看的资本——的最重要的用途，是在于研究生产的三个要素：土地（即自然的要素）、劳动和资本怎样有助于产生国民收入（或以后称为国民总所得）；以及国民收入怎样分配于这三个要素”——由此可见，关于资本的概念，马歇尔

① Alfred Marshall.Principles of Economics. 1920，London

② ［英］马歇尔（Alfred Marshall）. 经济学原理. 朱志泰、陈良璧译. 商务印书馆，1964.10（上卷）、1965.2（下卷），1981 重印

是在"物质资本"、"资本品"的意义上与劳动相并列来使用的。

但是马歇尔同时也认识到"人是生产的主要要素和唯一目标","不论从哪一个观点来看,人类是生产问题的中心,也是消费问题的中心,而且进一步又是生产与消费之间的关系的问题——也称分配与交换的问题——之中心","财富的生产不过是为了人类的生活,满足人类的欲望,身体的、精神的及道德的活动之发展的一种手段。但是,人类本身就是那种以人类为最终目的之财富生产的主要手段"。为此,马歇尔用了三章的篇幅对人本身"作为生产的主要手段""在数目上、体力上、知识上和性格上的发展"作了较详细的研究,其中很多论述实际上就是关于人力资本形成和投资问题的经典论述。后又在"劳动工资"的三章中全面论述了有关人力资本的基本特征,以及工人的教养和早期训练方面的资本投资受到社会各阶层中父母们的资产、他们的预见能力和牺牲自己以成全子女的意向等种种限制的问题。此外,在有关资本的章节中,马歇尔也论述了企业家人力资本的有关特殊问题。

马歇尔认为,身体的"健康和强壮"是人力资本的基础规定性,而保证"健康和强壮"的身体所具备的一般条件有"生活必需品"(首先是食物,其次是衣着、住屋和燃料,再就是休息)、"希望、自由和变化"、"职业的影响"、"城市生活的影响"及家庭状况和医疗卫生条件的改善等。而要使人具有"工业效率"所要求的技能,就要进行相应的"工业训练",包括"普通教育与工业教育"及"美术教育"等。马歇尔认为,不熟练劳动者是一个相对名词,对于我们熟悉的技能又作了进一步的区分,他将"作为一切高级工业的共同特性的那种才能以及一般知识和智慧"称作"一般能力",而把"为个别行业的特殊目的所需要那种手工技能和对特殊精神及方法的熟悉"则归入"专门技能"一类。马歇尔认为,"真正高级的普通教育,使人能在业务上使用最好的才能,并能使用业务本身作为增进教育的一种手段";而工业教育的目的在于"使人对两眼和手指能一般地运用自如","传授对特殊职业有用的,而在实际工作的过程中很少适当地学到的工艺技能和知识以及研究的方法",其基本指导思想"应当是把科学训练加到敢为和顽强的精力与实践的本能中去"。为此,"一个良好的办法,就是在学校毕业后，把几年中的6个冬月花在大学中学习科学，而把6个夏月花在大工厂中当实习生”。

马歇尔指出，“教育的高等学科，除了对雇主、工头以及比较少数的技术工人之外，没有什么直接用处。但是，优良的教育，即使对于普通工作也予以很大的间接利益。它刺激他的智力活动；使他养成善于研究的习惯；使他在日常工作上更为聪明、更为敏捷和更为可靠；在工作时间内和工作时间外，它提高他的生活的风格。因此，它是物质财富生产上的一个重要手段；同时，即使它被看作是为了本身的目的，它也不比物质财富的生产所能助成的任何事情低劣。”因此，他得出结论说：“把公私资金用于教育之是否明智，不能单以它的直接结果来衡量，教育仅仅当作是一种投资，使大多数人有比他们自己通常能利用的大得多的机会，也将是有利的。因为，依靠这个手段，许多原来会默默无闻而死的人就能获得发挥他们潜在能力所需的开端，而且，一个伟大的工业天才的经济价值，足以抵偿整个城市的教育费用……在许多年中为大多数人举办高等教育所花的一切费用，如果能培养出像牛顿或达尔文、莎士比亚或贝多芬那样的人，就足以得到补偿了。”这里关键的经济问题是国家与父母应怎样分配负担教育费用，而父母负担教育费用的多少受其道德品质、情感、财力以及预料未来、长远打算的习惯等各种条件制约和影响。

马歇尔还具体地描述了劳动的特点——这与当代对人力资本基本特性的描述颇有相似之处。首先，“作为生产要素的人是和机器及其他物质生产资料的买卖不同的。工作所出卖的只是他的劳动，但他本身仍归他自己所有。负担培养和教育费的那些人，从对他后来的服务所支付的价格中所取得的实在是微乎其微”，因此，“工人的教育和早期训练方面的资本投资”受到诸如“社会各阶层中父母们的资产，他们的预见能力和牺牲自己以成全子女的意向”等种种限制。其次，“当一个人出卖他的服务时，他必须亲自到服务现场”，因此，“工作场所是否有益于人的健康和令人愉快，他的同事是否如他的理想，这对他却有很大的关系”。“既然一个人除非亲自到劳动市场就不能出卖他的劳动，由此可知：劳动的流动性和劳动者的流动性是可以互用的名词”，“工人和他的劳动的不可分离性，大大阻碍了劳动的供给随着对它的需求而转移”。再次，“劳动力是可毁坏的，它的卖主在议价往往处于不利地位”。但“出卖劳动的人在议坐方面一般所处不利地位”并不绝对地取决于“他所必须出卖的特殊商品是劳动这一事实”，而在很大程度上，“取决于他的境遇和本领”。最后，“培训和训练有工作能力的劳动需要的时间是很长的，这种训练所产生的报酬也是很慢的”。“父母培养和教育子女的动机有别有引诱资本家购置新机器的动机，除此之外，取得赚钱能力所延续的时间，一般来说，人较机器较为长。因此，决定报酬的种种情况比较难于逆料，供给和需求的适应也比较缓慢而有缺点。”“从父母为子女选择职业到获得该业的充分报酬，其间至少需要一代的时间。而且在这个过程中间，该业的性质可能发生根本变革，其中有些变化也许早有预兆，但另外一些变化即使是机敏的熟悉该业情况的人也是无法预见的。”最后，“稀有天赋才能的报酬提供一种超过培训费用的剩余，这种剩余在某些方面和地租相似”。但是“因为一个人在任何职业上的成功大半取决于他的才能的发挥和兴趣的增加，而这些除非在他选定职业之后是无法预见的”。因此“由特殊天赋而来的额外收入，与其说近似于古老国家中的地租，不如说近似于拓荒者侥幸选中优等土地而来的生产者的剩余”。

此外，马歇尔还讨论了企业家人力资本的有关特性等问题。马歇尔认为，企业家必须具备双重才能，“第一，以他作为商人和生产组织者的作用而论，他必须具有他自己行业中的物的透彻的知识；第二，以他作为雇主的作用而论，他必须是一个人的天生的领导者”；而“成为一个理想的雇主所需的能力，是如此之大和如此之多，以致很少人能在很大程度上兼有这些能力”，因此，股份公司等企业制度“对具有优秀的经营能力、但没有承袭任何巨大的经营机会的那些人，提供了具有吸引力的机会”。为此，他还谈及了定价机制问题，“一个能干的商人迅速增加他所掌握的资本；而对于无能的人，营业愈大，他通常损失资本就愈快，这两种力量会使资本适应善于运用资本所需的才能。运用资本的经营才能，在像英国这样的国家中，具有相当明确的供给价格”。可以说，所有这些论述都具有一定的经典意义。

第三节 现代人力资本理论的发展

尽管传统的经济学研究提出了许多关于人力资本问题的思想火花，但是，传统经济学家们都未能将上述思想火花系统展开，将其提升到更高的理论层次。当时的主流理论认为，要实现经济增长，一要投入更多的劳动力，二要提高劳动的生产率，而这两者都需要进行资本积累，资本积累便成为经济发展的决定性因素。由于传统上忽视人力资源质量的改进而一直使用了被舒尔茨称作“精炼化”和“狭义化”的资本和劳动力之估算方法，就将这些资源在质量上的许多改进排除在外，将直接导致传统经济发展理论的困惑，也即：对于经济增长研究中发现的产出增长率总是大于所测量出的主要资源增长率现象，仅仅使用这些“精炼化”了的实际资本和人时工作存量的估算方法，将无法解释这一存在的余值和国民收入的实际增长。[①] 不仅如此，由于对人力资本及其内在质量提升的忽视，传统的经济理论却遭遇了很多现实经济问题的挑战，例如：①关于资本产出比率的长期变动问题，[②] ②国

① [美] 西奥多·W.舒尔茨（Theodore W. Schultz）. 论人力资本投资. 吴珠华等译. 北京经济学院出版社，1990

② 按传统理论，一个国家积累的再生产性资本比其土地和劳动更多，则这个国家总会以更大的“深度”利用这类资本，因为这类资本越来越多而且便宜。但是，实际情况显然并非如此。相反，现在的估计表明，随着经济不断增长，这类资本与收入相对而言使用得越来越少了，难道我们还能断定无论解释贫或富都与资本—收入比率无关吗？或者断定这个比率的提高并非经济增长的前提吗？这些问题引起了重要的争论，这些争论关系到拥有财富的动机和偏好，关系到进行特殊投资并由引积累资本的动机。为了本文的目的，最需要指出的是：有关资本—收入比率的这些估计仅仅说的是全部资本的一部分。最遗憾的是，这些估计都特别把任何人力资本排除在外。然而，人力资本则无疑是在按照一个比再生产性（非人）资本高得多的速度不断地增长着的。所以，我们便不能根据这些估计断定与收入相比，全部资本存量已经下降。相反，如果我们接受了下面这个并非不可能的假定，即人的动机和偏好，可供他们选择的技术机会以及某些时期随经济增长而来的不确定性，不断地引导着人们将总的资本和收入之间的比率大致保持不变，那么，估算出来的资本—收入比率的下降，便不过是一个信号，表明人力资本不仅与通常所说的资本相比，而且与收入相比都是在不断地增长着的。（西奥多·W.舒尔茨著. 论人力资本投资. 吴珠华等译. 北京经济学院出版社，1990）

民收入的增长同总生产要素增长的比较问题，[①] ③大部分工人真实收入的增加问题，[②] ④第二次世界大战后日本、德国等国及新兴工业国家的迅速崛起，[③] ⑤国际贸易学中的里昂惕夫之谜，[④] 等等。现代人力资本理论正是在对这一系列问题进行解释的过程中发展成熟起来。

由于科学技术的进步、社会生产力的发展以及其他社会因素的影响，一些学者开始注重对人力资本进行系统研究。特别是从 20 世纪 50~60 年代以来，关于人力资本投资的研究，形成了一个高峰。这一阶段，人力资本理论正逐步融入主流经济学，比较有代表性的是美国两位著名的经济学家舒尔茨和贝克尔。而对人力资本要素作用的计量分析则首推爱德华·丹尼森（Edward Denison）。

一、舒尔茨的人力资本理论及评析

在古典经济学和新古典经济学中是没有人力资本这个概念的——在那里，资本仅仅被视为投入生产中的、与劳动相对立的非人力生产要素，如资金、厂房、机器设备、原材料等。人力资本概念的提出与人力资本理论的发展，源于对经济发展问题的讨论。[⑤]

---

① 根据传统理论，国民收入随总生产要素的增加而增加，并受边际递减规律的作用，国民收入的增长速度呈逐渐下降趋势；但现实生活中国民收入增长相对于总生产要素增长的更快速度，这是传统理论所无法加以解释的。

② 传统理论认为，决定工人收入的关键是其边际产出，在劳动力数量保持稳定的前提下，随着资本投入的不断增长，工人的边际产出与收入会出现小幅增长，而现实中发生的真实收入大幅度增加的情况，这是传统理论所无法解释的经济现象。

③ 存在许多国家，其拥有的可进行再生产的非人力资本存量不如其人力资本的存量多。很多欧洲国家的情形便是如此，其中最为突出的是联邦德国（还有日本），该国在第二次世界大战后很快就陷入了这种不平衡状况，并且长期保持着这一特征。其后，西德对非人力资本的投资显示出了极高的收益率。（西奥多·W.舒尔茨著. 论人力资本投资. 吴珠华等译. 北京经济学院出版社，1990）

④ 里昂惕夫发现，按比较优势理论，资本丰裕的美国应出口资本密集型产品，而进口劳动密集型产品；但现实是美国进口资本密集型产品，却出口劳动密集型产品。这一现象用传统资本理论无法解释，而用人力资本理论可以解释为美国的劳动密集型产品中包含更多的人力资本。

⑤ 作为理论的创始者，美国芝加哥大学教授西奥多·W.舒尔茨是在对美国农业经济增长问题的长期研究过程中提出人力资本概念，以其作为促使美国农业产量迅速增长、及工人工资大幅度增长的重要原因；及至舒尔茨在 1960 年提出人力资本学说，其讨论的一个中心论点仍然是：人力资本的提高对经济增长的作用，远比物质资本的增加重要得多。

作为人力资本理论的创始人，美国著名经济学家西奥多·W.舒尔茨（Theodore W. Schultz）从20世纪50年代开始人力资本理论的研究，在50年代末和60年代初连续发表了几篇重要文章，成为现代人力资本投资理论的奠基之作。这些文章有《教育与经济增长》(1961)、《人力资本投资》（1961）和《对人投资的思考》（1962）。1960年，他以美国经济学会会长的身份在年会上发表《人力资本投资》的主题演讲，结合经济增长问题的分析，明确提出了人力资本的概念，阐述了人力投资的内容及其对于经济增长的重要作用，在学术界引起轰动。

舒尔茨是从探索经济增长之谜而逐步踏上研究人力资本的道路的。他认为单纯从自然资源、实物资本和劳动力的角度，并不能解释生产力提高的全部原因。从第二次世界大战以来的统计数据表明，国民收入的增长一直比物质资本投入的增长快得多。一些在第二次世界大战中受到重创的国家，如德国和日本，都奇迹般地发展起来。而另一些自然资源严重缺乏的国家同样能在经济起飞方面取得很大成功。这些现象说明，我们肯定还遗漏了重要的生产要素，这个要素就是人力资本。舒尔茨指出，人力资源既包含有人口数量、就业人口比例及实际劳动量等基本的数量特征，又包含技术、知识及影响人的生产能力的属性之类的质量成分，并由此提出了人力资本概念。人力资本（Human Capital）主要指凝集在劳动者本身的知识、技能及其所表现出来的劳动能力，这是现代经济增长的主要因素，是一种有效率的经济。他认为人力是社会进步的决定性因素，但人力的取得不是无代价的，需要耗费稀缺资源。人力，包括知识和技能的形成，是投资的结果，掌握了知识和技能的人力资源是一切生产资源中最重要的资源。舒尔茨在提出人力资本投资理论后，采用收益率法测算了人力资本投资中最重要的教育投资对美国1929~1957年间的经济增长的贡献，其比例高达33%。[①]

传统经济增长理论研究及西方国家的早期工业化实践总是把非人力资本的形成置于突出的地位，而以为人力资源的过剩是理所当然之

① [美] 西奥多·W.舒尔茨. 人力资本投资——教育和研究的作用. 商务印书馆，1990

事；由于忽视了人力资本的构成及其在质量上的改进而认为：劳动的边际生产率会随着劳动力相对于物质资本的增加而递减。[①] 其错误在于，不把人力资源明确地看作是资本的一种类型，看作是一种生产出来的生产资料，看作是投资的产物，而是继续使用古典的劳动概念，把劳动力看作是可以从事体力劳动的能力，这种劳动仅仅需要少量的知识和技能；更多地把教育支出这种为了增加未来收入和未来满足而进行的投资当作是一种消费，把由人口增长而引起的公共教育支出的增长视为福利支出的增长，即把它当成是国家的一种负担；[②] 由此导致的后果是，每个劳动者所具有的生产能力也被看作是大致相等的，并以计算人头的方法作为是衡量一种经济要素数量的标准。现代劳动者与古典劳动者的最大区别就在于，他们也成为资本家，这不是因为公司股份所有权扩散所致，而是由于他们通过人力投资获得了具有经济价值的知识和技能的结果——这已与工业化初期仅仅为获得食物而努力工作的劳动者有本质区别。[③] 而解决上述种种困惑的关键因素就在于，必须清楚地认识到，现代社会的人力资本是在按照一个比再生产性（非人）资本高得多的速度不断地增长着的，因此，人力资本的提高对经济增长的作用，远比物质资本的增加重要得多。不仅如此，舒尔茨还从人力资本的形成角度，对人力资本的形成来源进行了系统区分，主要包括卫生保健设施和服务，在职培训，正规的初等、中等和高等教育，不是由商社组织的成人教育计划、特别是农业方面的校外学习计划，个人和家庭进行迁移以适应不断变化的就业机会等五个方面的内容。[④] 这些人力资本投资形式之间有许多差异。如前四项是增加一个人所掌握的人力资本数量，而后一项则涉及最有效的生产率和最能获利地利用一个人的人力资本。

舒尔茨对人力资本理论的贡献在于：他不仅第一次明确地阐述了人力资本投资理论，使其冲破重重歧视与阻挠成为经济学上的一个新的门类；而且进一步研究了人力资本形成的方式与途径，并对教育投

①②③［美］西奥多·W.舒尔茨. 论人力资本投资. 吴珠华等译. 北京经济学院出版社，1990

④［美］西奥多·W.舒尔茨. 人力资本投资——教育和研究的作用. 商务印书馆，1990

资的收益率和教育对经济增长的贡献做了定量的研究。他对未来持乐观态度，他认为决定人类前途的并不是空间、土地、自然资源，而是人的能力。舒尔茨在人力资本理论上的这些贡献，荣获了 1979 年诺贝尔经济学奖。

当然，舒尔茨在人力资本理论上也存在一些局限性。他注重宏观分析，忽视了微观分析，其理论缺乏微观的支持。对人力资本投资的诸项因素缺乏具体化、数量化，内容显得单薄了一些。在他指出的人力资本形成的四大途径中，只对教育投资做了深入的分析，缺乏一个人力资本形成的一般模型。他在对人力资本概念中只强调人力资本是外生决定的，但是一个范畴的产生，既有外因、又有内因，所以导致其概念模糊。这些都需要在研究中进一步明确和界定。

二、贝克尔的人力资本理论及评价

美国经济学家加里·S.贝克尔（Gary S. Becker）被认为是现代经济领域中最有创见的学者之一，在人力资本理论研究方面，作出了很大贡献，其著作《人力资本》（1964 年）被西方学术界认为是“经济思想中的人力资本投资革命的起点”。贝克尔的人力资本理论研究成果集中反映在他自 1960 年以后发表的一系列著作中，其中最有代表性的是《生育率的经济分析》和《人力资本》。

如果说舒尔茨对人力资本的研究可看作教育对经济作用的宏观分析的话，贝克尔对人力资本理论的贡献在于他对人力资源的微观经济分析上。贝克尔在《人力资本》一书中，分析了正规教育的成本和收益问题，还重点讨论了在职培训的经济意义，也研究了人力资本投资与个人收入分配的关系。他从其关于人类行为的一切方面均可以诉诸经济学分析的一贯方法论出发，将新古典经济学的基本工具应用于人力投资分析，提出了一套较为系统的人力资本理论框架。通过对家庭生育行为的经济决策和成本——效用分析，他提出的孩子的直接成本和间接成本概念，家庭时间价值和时间配置，家庭中市场活动和非市场活动的概念，令人耳目一新。他在人力资本形成方面、正规教育、在职培训和其他人力资本投资的支出与收入以及年龄—收入曲线等问题展开分析，强调教育与培训对形成人力资本的重要作用。贝克尔的研究方法和研究成果颇具开创性，为人力资本理论的发展奠定了良好的基础。

贝克尔对人力资本理论的贡献在于：他注重微观分析，弥补了舒尔茨只重视宏观的缺陷，注意将人力资本投资理论与收入分配结合起来。其理论的不足之处表现在：他沿用舒尔茨的人力资本概念，缺乏对人力资本本质的分析，也缺乏对人力资本全面的研究等。

三、雅各布·明塞尔的人力资本理论贡献

在20世纪50~60年代以来，对人力资本理论研究较突出的是美国经济学家雅各布·明塞尔（Jacob Mincer）。他在1958年发表了《人力资本投资与个人收入分配》，文中首次建立了个人收入分析与其接受培训量之间关系的经济数学模型。之后，在他的另一篇论文《在职培训：成本、收益与某些含义》中，根据对劳动者个人收益率差别的研究，估算出美国对在职培训的投资总量和在这种投资上获得的私人收益率。但遗憾的是，明塞尔的研究在当时并未引起重视。

在对有关收入分配和劳动市场行为等问题进行研究的过程中，明塞尔开创了人力资本的研究方法。其对人力资本理论的贡献主要有如下几方面内容：第一，他借鉴斯密的“补偿原理”，首先建立了人力资本投资的收益率模型，利用均衡状态下的具有不同人力资本投资量的个人终生收入流时期分布上的差异性及贴现值均等的条件，为将个人收入分配问题置入人力资本的理论框架奠定了基础。第二，他提出了人力资本的收入函数（Earning Function），利用随年龄变化的年收入移动轨迹，并将人力资本投资区分为学校教育投资与学校教育以后的投资两个方面，通过建立一种多元函数，分别对教育投资收益率、职业培训收益率以及净投资期等进行求解估计，这对于更全面系统地考察人力资本投资与收入分配之间的内在联系具有重要理论与经验分析意义。第三，明塞尔在考察在职培训对终生收入模式的影响时，提出了“追赶”(overtaking）时期的概念。这一分析模型在对于具有同样学校教育程度但是在职培训量不同的个人同期组群显示了良好的经验预测

能力，它表明单个人之间的收入方差在达到“追赶点”以前将递减，随后将转而上升，从而扩展了收入函数的解释力。第四，他将人力资本理论与分析方法应用于劳动市场行为与家庭决策，提出了许多新的理论见解，如分析已婚妇女的劳动供给问题、根据企业职业培训差别解释美日两国劳动力流动的差异性、利用工作经历的间断性所导致的经验年限减少来解释妇女工资相对于男性偏低的现象，等等。

四、丹尼森的人力资本理论主要贡献

在人力资本要素作用的计量分析方面，首推爱德华·丹尼森（Edward Denison）。在用传统经济分析方法估算劳动和资本对国民收入增长所起的作用时，会产生大量未被认识的、不能由劳动和资本投入来解释的“残差”，丹尼森对此做出了最令人信服的解释。他的研究方法是一种把观察到的国民收入增长分解成其构成元素，以便说明经济增长原因的技术。它利用科布—道格拉斯生产函数来估计劳动和资本对国民产出的实物贡献为起点。这种方法通常产生出大量的未解释的产出“剩余”，并且增长核算的大部分技巧在于把该项剩余再次分解为其各种不同组成元素的方式，即分解为劳动和资本的质量的改进、产业内资源转移、规模经济等。他最著名的研究成果是通过经济增长因素分析法，计算出美国1909~1929年间物质资本对经济增长的贡献是学校教育对经济增长贡献的两倍，而1929~1957年间学校教育对经济增长的贡献却超过了物质资本的贡献，经济增长中有23%的份额可单独归功于美国教育的发展，即对人力资本投资的积累。许多人认为，从20世纪60年代开始长达十余年的世界各国教育经费的激增，在很大程度上都可归功于丹尼森的研究成果。

总体上看，西方人力资本理论产生及发展，使人在物质生产中的决定性作用得到复归。人力资本理论重新证明了人，特别是具有专业知识和技术的高质量的人是推动经济增长和经济发展的真正动力。这一时期人力资本理论特点在于全面分析了人力资本的含义、人力资本的形成途径及人力资本的“知识效应”。同时，该理论把消费真正纳入了生产过程，把人的消费视为一种重要的投资。这一理论也带来了资本理论、增长理论和收入分配理论革命性的变化。

第四节　人力资本经济增长理论的发展

20世纪50年代，舒尔茨采用新古典分析法，提出了一般人力资本理论。他基本上是使用统计分析的方法，很少采用数学方法。其后，罗默、卢卡斯、斯宾塞、皮奥罗等人都在不同程度上丰富和完善了人力资本理论。90年代兴起的新经济增长理论更将人力资本理论研究推向新的高峰。新经济增长理论认为，新古典增长理论依据劳动投入量和物力资本投入量为自变量的生产函数建立的增长模型，把人力资本、技术进步作为外生不变量因素来求解经济增长。由于人力资本提速和技术进步加快，其对经济增长的作用已经超过了物力资本和劳动力数量投入影响，假定人力资本或者技术进步不变和生产函数相对固定的前提已经不复存在。新经济增长理论没有一个完整体系，有多种观点和学派，但他们的共同点是都认为人力资本是经济增长的主要源泉，都强调人力资本的生产比物力资本生产重要。

新增长理论建立了以人力资本为核心的经济增长模型，用以阐述人力资本理论。卢卡斯和罗默尔被公认为“新经济增长理论”的代表，如罗默的“内生经济增长模型”和卢卡斯的“专业化人力资本模型”，把人力资本积累作为经济增长的决定性因素，并使之内生化。他们认为人力资本投资形成的收益是规模递增的，不仅能抵消物质资本效益的规模递减，还能使这个经济增长的规模递增。而且“新增长理论”把对技术进步中强调一般人力资本的作用转变为强调对特殊的知识和生产某一产品所需要的专业化的人力资本，从而使人力资本的作用转变为强调对特殊的知识和生产某一产品所需要的专业化的人力资本，从而使人力资本分析更深入、更细致，把人力资本具体化、数学化，极大地发展了人力资本理论，也使人们在实践中正确认识了经济增长中人力资本的作用。

一、人力资本与经济增长

经济增长通常被记述为人均产出量的长期上升，而经济发展则是根基于经济增长并且包括生产率提高、社会经济结构变动、生产质量改善的一种动态过程。不言而喻，追求经济的不断增长和发展是人类社会永恒的主题。经济增长率是经济发展问题的核心。一方面，国民经济长时期地快速增长是一国经济水平和经济实力变化的根源；另一方面，经济活动的实践却显示了各国的经济增长率持续地存在着很大的差异。究竟是什么因素决定了经济增长率的差异呢?

应当说，早期的经典学者都是崇尚劳动，将劳动看作是财富之源的。斯密作为一代宗师，曾说："一国国民每年的劳动，本来就是提供给他们每年消费的一切生活必需品和便利品的源泉。"穆勒认为技能和知识都是对劳动生产率产生重要影响的因素。马歇尔对"个人财产"作出的表述是："我们已将个人财富定义为具有那些精神、能力与习性，可直接有益于使工作勤奋、具有效率。如是可视为资本"。

但是，随着经济发展进入资本积聚时代，与大资本、大机器相比，人的劳动似乎是微不足道的，资本决定论逐步成为财富产生的主角。哈罗德和多马建立的模型也证明了在资本产出不变的前提下，储蓄率是决定经济增长的唯一因素。到了发展经济学，某些学者更加绝对，认为发展中国家有的是人，只要有资本，配上生产函数，经济起飞就指日可待。

资本决定论到了当今时代开始受到严峻的挑战。按照新古典主义理论，出现了许多难以解释的经济增长之谜，即经济产出增长远远超过生产要素的投入增长，到底谁在当中起了作用？在寻求解决这些经济增长之谜努力中，人力资本理论开始轮廓初现。人力资本理论重要奠基人舒尔茨、明赛尔、贝克尔等经济学家从人力资本提高角度，阐述了人力资本在经济增长中的关键作用。舒尔茨认为，经济学家面临的经济增长之谜，是我们自己造成的，因为我们使用衡量资本和劳动的方法和口径太狭窄，没有把这些资源质量提高因素考虑进去。美国经济学家 E.丹尼尔森在进行了大量实证研究的基础上，得出结论。他说:“由于知识成倍于生产的发展。知识进展是最大和最基本的原因”。

20 世纪 90 年代兴起的新经济增长理论更将人力资本理论研究推向新的高峰。新经济增长理论认为，新古典增长理论依据劳动投入量和物力资本投入量为自变量的生产函数建立的增长模型，把人力资本、技术进步作为外生不变量因素来求解经济增长。由于人力资本提速和技术进步加快，其对经济增长的作用已经超过了物力资本和劳动力数量投入影响，假定人力资本或者技术进步不变和生产函数相对固定的前提已经不复存在。新经济增长理论没有一个完整体系，有多种观点和学派，但他们的共同点是都认为人力资本是经济增长的主要源泉，都强调人力资本的生产比物力资本生产重要。下面我们从理论上来分析人力资本对经济发展的作用机制。

第一，人力资本的提高可以节省和替代投入到生产过程中的劳动力和物质资本的数量并使两者更有效地进行结合，从而提高劳动生产率和资本生产率。我们知道，人力资本的积累会导致劳动者素质的提高，而劳动者素质又决定了投入到生产中的劳动质量的高低。如果就业中的劳动力数量不变，随着劳动者素质的提高，投入生产的实际劳动供给也是增长的；如果劳动力数量增加，则在素质提高的情况下，实际劳动供给的增长要比劳动力数量的增长更快。这样，产出中劳动的贡献份额就会增长。另一方面，劳动者素质的提高既增加了劳动的复杂程度，使劳动者更加有效地运用各种复杂的机器设备，从而改善物质资本的使用效率，同时又可以推动节省资本的知识（技术）密集型产业的发展，这就从宏观上降低了资本—产出比，从而起到用劳动替代稀缺资本来提高总产出的作用。

第二，人力资本的积累可以有力地促进科学技术的进步，从而提高综合要素生产率对产出的作用份额。一般说来，科技进步的过程包括发明、创新和扩散三个阶段。发明就是在科学和技术上提出新思想、新原理、新方法，它需要有一支素质良好的科学家队伍和工程技术人员队伍；创新就是实现新技术在商业上的首次应用，它需要有一支善于开拓、勇于实践、目光远大的企业家队伍；扩散就是实现新技术在生产中的大规模运用，它不是一个简单的技术复制过程，而是包含着消化、吸收和提高的过程，实现这个过程需要有一支数量庞大的、适应现代化大生产的管理人员队伍和熟练工人队伍。但不论是科学家和工程技术人员、企业家、生产管理人员和熟练工人，都有赖于人力资本不断积累导致的人口素质的全面提高所提供的基础来做保证。

第三，丰富的人力资本为在全球范围内吸收和组合各种生产要素以弥补本国资源的不足，从而更有效、更大规模地推动经济的发展创造了条件。在世界经济一体化趋势日益加深的情况下，一个国家是否具有资源、资本和技术的优势并不是最重要的。一个后发国家，只要注重人力资本积累，拥有大量高素质的各个层次的劳动者，就可以通过技术引进来有效地消化和吸收世界上的先进技术，就可以利用这些技术和国际资本来改造本国的传统产业，建立高新技术产业，调整自己的产业结构以适应外向型经济发展的需要，用质优价廉的产品来拓展国际市场。由此可见，丰富的人力资本是突破国家的界限去考虑资源、资本、技术的有效配置和利用问题的关键所在。

第四，人力资本的发展有助于控制人口规模，提高人的精神素质，更新传统的思想观念，从而为经济发展创造一个有利的外部环境。人们的思想意识和道德水平的提高既是经济发展的应有之义，同时这些精神范畴又会对人口的再生产和物质财富的再生产产生巨大的反作用。人的文化素质的提高，尤其是育龄妇女文化素质水平的提高与改变人们头脑中根深蒂固的传统生育观念、降低人口的增长率存在着一种极为密切的内在联系。国内外的研究均已证实了育龄妇女的多胎率与其文化水平呈高度的负相关关系。此外，一国的人力资本积累越丰富，其国民的科学文化素质越高，那么各种制约经济增长的传统的思想意识和道德观念就会被创新进取意识、良好的职业道德水准和企业家精神所取代，从而增强经济发展的动力和后劲，为经济的起飞和持续发展提供了重要的前提条件。

在经济发展史中许多国家的发展历程都颇具说服力地证实了人力资本的决定作用。以德国和美国为例，这两个国家的资本主义工业化大约晚于英国三四十年甚至更长时间，当它们从工场手工业转向机器大工业时，英国已经建立了当时先进的纺织、机械制造、交通运输等部门。面对着英国已经建立的工业优势，德国和美国采取的赶超对策，一是借用别国的技术力量，二是通过学校教育来培养本国的技术力量。

据统计，到 1825 年，在西欧大陆上工作的英国技工至少有 2000 人，而从 1820~1859 年，共有 105 万技术工人和 4.12 万名专业人员移入美国。德国从 19 世纪起就实行了初等教育的义务制，其学龄儿童的入学率在 1816 年为 43%，1946 年为 68%，20 世纪 60 年代达到了 97.5%。德国的中等教育和技术教育也都驰名全欧，此外，全国各地还开办了许多工艺学校和职业学校。美国也非常重视教育，仅以其技术教育为例，从 1925 年建立第一所高等技术学院后，高等技术教育迅猛发展，到 1904 年已经有 147 所高等技术学院。由此可见，在工业化初期依靠引进外国的技术力量和重视发展本国的教育是德国和美国实现在经济上赶上和超过英国的重要原因。此外，日本始于 1886 年的现代经济增长也主要是教育推动的结果。

这一方面的另一个突出例子是，第二次世界大战的战败国德国和日本能够在其物质资本存量几乎丧失殆尽的情况下又重新崛起为世界经济巨人，其原因正如舒尔茨所分析的，是因为它们具有较高的国民素质和教育水准，充分地发挥了人力资本的作用，因而才能在短短的时间里创造出高度的经济繁荣。

二、经济增长理论模型的发展

经济增长理论模型随着模型决定因素的变化也经历了多个周期演变。根据人均 GNP 或者人均 GDP 长期增长的决定因素的不同，Jonathan Eaton 和 Zvi Eckstein（1997）把经济增长理论的发展分为四个大类：

1. 物质资本投资

这一类研究认为物质资本投资是决定长期经济增长的主导因素，主要代表学者有 Solow（1956）和 Romer（1986）。

2. 人力资本积聚

这一类研究认为决定长期经济增长的因素主要来自于人力资本积聚，主要代表学者有 Uzawa（1965）和 Lucas（1988）。

3. 生产和工艺创新

这一类研究决定长期经济增长的因素主要来自于生产和工艺创新，

主要代表人物有 Inada（1969）、Grossman 和 Helpman（1991）。

4. 干中学（Learning by Doing）

诸如 Arrow（1962）和 Young（1991）等把“干中学”这一因素当作是经济长期增长的主要因素。

事实上，我们认为除了物质资本投资决定论以外，其他三大类模型最终都可以归类到人力资本决定模型之中。人力资本积聚本身就属于人力资本理论的范畴；生产和工艺创新虽然与科学技术有关，但归根结底与教育有着莫大的联系，而教育投入则是人力资本投资的主要形式；而干中学具体而言则是教育投资的一种方式，显然也可以划入人力资本理论的范围。

三、罗默的模型

罗默在 1986 年发表的《收益递增经济增长模型》一文中提出了罗默模型。在模型中，罗默把知识作为一个变量直接引入模型。同时也强调了知识积累的两个特征：第一，专业生产知识的积累随着资本积累的增加而增加，这是由于随着资本积累的增加，生产规模的扩大，分工的细化，工人能在实践中学到更多的专业化知识；第二，知识具有“溢出效应”，随着资本积累的增加，生产规模的扩大，知识也在不断地流通，每个企业都从别的企业那里获得了知识方面的好处，从而导致整个社会知识总量的增加。

在这一思想的指导下，罗默建立了生产函数：

$F_i=f(k_i, K_i, x_i)$

其中，F_i 为 i 厂商的产出水平，k_i 为 i 厂商生产某产品的专业化知识，x [i]为 i 厂商其他各生产要素的向量，$k=\sum_{i=1}^{n} k_i$，表示整个社会的知识水平总和。对于这个生产函数，罗默作了进一步的假定：①对于给定 K 值，F 是 k_i 与 x_i 的一次奇次函数。也即，当整个社会知识水平固定时，单个厂商用专业知识及生产要素投入进行生产时，其规模收益不变。②从社会观点看，由于知识具有“溢出效应”，所以 F 值具有全球知识边际生产力的递增性，即对于给定 x_i，F 是 K 的递增函数。

③单个厂商的专业化知识的积累是资本积累的减函数。

从罗默上述的生产函数及假定中可以推出如下结论：①当专业知识积累的递减速度大于全球知识积累的增加速度，那么，此时生产处于规模收益递减状态。当个体知识的边际生产率等于折现率时，经济增长停止。②当专业知识积累的递减速度恰好等于全球知识积累的递增速度，则生产处于规模收益不变状态。此时，经济将按一常数增长。③当专业知识积累的递减速度小于全球知识积累的递增速度，则生产处于规模收益递增状态，增长率将以常数增长。

罗默的这个模型虽然把技术进步内生化了，但存在两个明显缺陷：第一，这个模型是扩散的，因此，不存在均衡解。第二，该模型认为知识是资本积累的函数，这意味着一个国家资本越多增长就越快，而一般大国的资本总量总会比小国多。因此，逻辑的结论是，大国一定比小国增长快，这与经济现实不相吻合。

四、卢卡斯的模型

1988 年，卢卡斯（R.Lucas）发表了著名论文《论经济发展的机制》，提出了经济增长模型。他把舒尔茨的人力资本理论和索洛的技术决定论的增长模型结合起来并加以发展形成人力资本积累增长模型。其模型为：

$$h'(t)=h(t)\cdot\delta\,[1-u(t)]$$

其中，$h(t)$表示表现为劳动技能的人力资本，$h'(t)$表示人力资本的增量，δ［,］表示人力资本的产出弹性，u 表示全部生产时间，$[1-u(t)]$ 表示脱离生产的在校学习时间。公式表明：如果 $u(t)=1$，则 $h'(t)=0$，即无人力资本积累；如果 $u(t)=0$，则 $h(t)$按 δ［,］的速度增长，即 $h'(t)$ 达到最大值。由此可见，卢卡斯在模型中强调劳动者脱离生产、从正规或非正规的学校教育中所积累的人力资本对经济增长的作用。

新经济增长理论在人力资本理论研究方面的主要贡献表现在将人力资本纳入了增长模型。在 20 世纪 60 年代的舒尔茨和贝克尔的人力资本理论中尽管也涉及经济增长问题，但他们没有把人力资本和教育作为内生变量，而是作为外生变量，也就不可能建立起定量模型。在罗默尔和卢卡斯的模型中不仅将人力资本纳入进去，并且使其内生化，同时也克服了经济均衡增长取决于劳动力增长率这一外生变量的缺陷。另一方面，新经济增长模型从经济增长模型中阐发其人力资本理论，将对一般的技术进步和人力资源的强调变成了对特殊的知识即生产所需要的“专业化的人力资本”的强调，从而使人力资本的研究更加具体化和数量化，极大地发展了人力资本理论，也使人们在实践中正确认识人力资本在经济增长中的作用。

第五节　区域经济发展理论

区域经济发展理论是以区域经济增长和发展为核心的。区域经济理论主要包括两大部分的内容：传统的以企业区位选择为中心的区位理论和以区域经济增长与发展为核心的区域经济发展理论。我们考察以浙江为代表的东部区域和以陕西为代表的西部区域间的人力资源与经济增长实证比较，显然应该更多地偏向于区域经济发展理论，而不是以企业区位选择为中心的区位理论。区域经济发展理论经过长时间的发展，随着研究的侧重点不同而形成了不同的理论模式。但总体来看，这种理论的发展和演变主要遵循两条路线：区域经济发展趋同和区域经济发展趋异，又或者是均衡发展理论和非均衡发展理论。

一、区域经济均衡发展理论

区域经济均衡发展理论不仅强调部门或产业间的平衡发展，也强调区域间和区域内部各地区的平衡发展。该理论认为随着生产要素的区际流动最终使得各区域的经济发展水平将趋于收敛状态，有均衡发展的可能。最为典型的是 Solow 和 Swan 的增长模型：他们认为在生产要素自由流动及开放式区域经济的前提下，随着区域经济增长，不同区域间的经济发展差距会缩小，区域经济增长呈现收敛态势。总体上，非均衡发展是短期的，而均衡发展是长期的。

1. 新古典区域均衡发展理论

这一理论主要以 Solow 和 Swan 的增长模型为基础，认为在市场经济条件下，资本、劳动力和技术等要素的自由流动将导致区域发展趋于均衡。这一理论假设资本和劳动力这两种要素可以相互替代，完全的市场竞争和生产要素无成本的自由流动。在假设条件的基础上，区域经济增长取决于资本、劳动力和技术三个要素，而要素的报酬则取决于边际生产力。发达地区资本密集度高，资本的边际收益就低；相应的不发达地区劳动密集度高，劳动力的边际收益就低。从而使得劳动力由不发达地区向发达地区流动，而资本由发达地区向不发达地区流动，最终使得各地区各要素收益趋向平衡，各地区的经济发展也趋向平均。

2. 生产力层次推移理论

随着经济的发展，生产力从层次高的发达地区向层次较低的落后地区推移，从而逐步缩小地区差距，实现一国经济分布的相对均衡。当技术创新进入发展阶段，高层次生产力的发达地区由于高地租、高工资和原料产地较远等不利因素而失去竞争优势，使得生产力逐步向离原料产地较近、工资成本和地租水平较低的中层次地区推移。同样，但随着技术趋向成熟，生产力也会逐步向离原料产地更近、工资成本和地租水平更低的落后地区推移。最终的结果是发达地区和落后地区的经济发展趋向于均衡。

当然，也有学者如王必达（2004）所归纳出的区域标准阶段次序理论、区域经济增长的进化序列模型、出口基地理论和要素价格均等模型也都属于区域经济均衡发展理论的范畴。总体而言，这些理论或模型都强调区域经济增长由发达地区向落后地区推移，最终导致各区域的经济发展趋向于平衡。

但是，Lucas 和 Romer 经研究发现，美国近百年的经济增长中只有 20%的比例可以用劳动和资本的积累以及生产率的提高来解释，技术进步和制度变迁的贡献则占据绝对地位。同时，正如高志刚（2002）所认为的那样，一方面对于不发达地区而言，以经济发展的初期不可能具备推动所有产业和区域均衡发展的资本和其他要素；另一方面供求关系也不完全决定劳动和资本要素的流动，事实上规模效应和技术进步等因素的作用可能使得不同区域的经济增长差距趋向于放大而不是缩小。正是如此，一些经济学家进一步提出了区域经济非均衡发展理论。

二、区域经济非均衡发展理论

区域经济非均衡发展理论强调各区域或各产业的不平衡发展，这种不平衡发展主要建立在关联效应原理的基础上，突出重点产业和重点地区。

1. 增长极理论

增长极又称为发展极、发展点、增长点、吸引中心或扩散中心等，最早提出增长极概念的法国学者 Perroux 认为，经济增长并非同时出现在所有地方，而是以不同强度出现在一些增长点或者增长极之上，再通过不同渠道向外扩散，最终对整个经济产生不同的影响。某些由企业家创新发展能力主导的推进型产业或创新企业在一些地区或城市得到优先发展，从而形成增长极。这种增长极不仅自身发展并产生城市化倾向，而且进一步吸引和推动周边其他地区的发展，形成经济区域。Perroux 把这种现象归结为技术的创新和扩散、资本的集中和输出以及规模经济效益的影响。

事实上，增长极理论又由其他学者进行了进一步的发展。比如法国另一学者 Boudeville 在增长极的基础上提出了“区域发展极”的概念。所谓的“区域发展极”，即推进型产业，对区域经济的增长产生乘数效应和极化与扩散效应。而极化与扩散效应是一对相反的作用力，如果极化强于扩散，那么最终效应为负值，对落后地区不利；反之如果极化弱于扩散，那么最终效应为正值，对落后地区有利；Friedmann 则提出了“核心—边缘”模式，即任何一个区域都可认为是由一个或若干个核心区和边缘区组成；而后又有学者将增长极由点扩大到线——增长轴，由线发展到面——区域增长极或发展极。

2. 产业—空间结构

产业—空间结构主要是从区域的结构研究来分析问题，把结构研究集中于产业结构和空间结构两个方面。经济增长是一种投入产出关系，但资源投入的产出效益在很大程度上取决于结构的优化程度。从技术、产业结构和经济增长的三者关系来看，技术通过产业结构的传导最终影响经济增长。空间结构则是区域发展状态的另一个重要方面，有利的空间区位可能直接影响到区域经济的发展状态、内外部关系的组织有序程度以及活力因素能否发展最大的效应等。而从产业—空间结构的研究进一步派生出产业聚集研究。在一定范围内产业和区位的聚集，并形成产生规模经济的聚集体。需要注意的是区域内的产业结构和空间结构并非是简单的累加关系，而在两者密切联系、相互作用，共同影响区域经济的增长。

3. 二元经济理论（循环累积因果理论）

Myrdal 则认为生产要素自由流动和市场机制自发调节使得各区域经济均衡发展并不符合发展中国家。在经济发展初期，各地区人均收入、工资水平等大致相等，要素也可以自由流动。但是一旦某些地区经济增长速度快于其他地区，经济发展就表现出不平衡。这种不平衡会引起“累积性因果循环”，使得发达地区发展更快，而落后地区发展更慢，从而加大地区间的经济差距，导致地区性的二元结构。他认为市场的力量通常倾向于增加而不是减少区域间的不平等。因此，为了防止贫富差距的无限扩大，政府应该采取一定的特殊措施来刺激不发达地区的发展，从而缩小区域经济差距（王必达，2004）。

非均衡发展理论包括的内容还有许多，如 Hirsehman 提出的不平衡增长理论、Williamson 提出的倒“U”统计模型等，这些都从不同的角度分析了区域经济非均衡发展的原因。

三、中国内地区域经济发展差异研究

赵熙、唐五湘（2000）利用有形和无形增长要素分别对沿海、中部和西部三大地区的经济增长格局进行比较，认为三大地区间增长水平的差异是由工业化、城市化、国际化和市场化四大驱动要素的差异引起的，这四大驱动要素差别的原因则是内在经济规律、市场作用和政策等造成的；李纪建（2001）通过对地区经济增长差异的实证考察，认为创新能力和市场化程度是造成经济增长差异的主要因素；甘华蓉

（2001）指出影响我国区域经济发展差异的重要因素有制度因素、人力资本因素、政策因素和区位因素等，但其中创新能力和市场化程度是区域经济增长的主要源泉；吴殿延（2001）对东、中、西部三大地带经济增长差异的成因进行了分析，认为除了历史基础和自然条件以外，主要在于投入强度、出口能力和经济体制，同时产业结构和社会文化因素也有一定的作用；钟亚晖（2001）对区域经济发展中政府的作用进行了分析，提出政府应该转变职能，立足于市场、着力于完善市场、培育市场主体；张贡生（2002）认为经济增长的要素在于人力资源、自然资源、资本和技术等四个方面，西部地区在这四个方面与东部地区都存在着一定的差距；胡晓鹏（2002）对区域差距、区域增长和经济增长三者之间的联动关系进行了实证考察；杨晓光、樊杰和赵燕霞（2002）采用丹尼森要素分析法对各省 20 世纪 90 年代的时间序列数据进行实证，发现各省资本投入增长差异不能解释地区经济的差异，而技术进步和资源优化所呈现的全要素生产率成为地区经济增长的主要力量；何春杰（2003）对各地区的数据进行实证后提出创新能力和市场化程度（制度因素）是地区经济增长的重要源泉之一；陆文喜、李国平（2003）则认为东西部发展不平衡的关键在于东部地区建立了一套有效率的资本形成机制；郭金龙、王宏伟（2003）对东、中、西部三大地带进行了资本流动的考察，发现资本流动与经济增长之间存在循环关系。比如东部地区坚实的经济基础和良好的发展环境吸引资本流向本地区，资本流动增加促进经济增长，从而形成资本流动和经济增长之间的良性循环；吕晓刚（2003）认为农业制度创新、产业制度创新和地方政府制度创新是制约区域经济增长的重要因素；陆文喜、陈超（2003）认为东、西部经济发展差异的主要原因在于两地之间区域资本形成机制的差异；王小鲁、樊纲（2004）通过对资本、劳动力和人力资本等生产要素在各地区间的配置与流动状况及其动因对地区差距变化的作用，并同时考察制度变革和结构变化等因素对地区经济差距变化的影响，认为资本导向加速了东部地区经济增长并加大了东、西部差距，农村劳动力也有从中西部向东部流动的趋势。同时由于技术进步和市场化程度的差异导致东西部要素生产率差距明显，这在很大程度上决定中西部经济增长率远低于东部地区；王启仿（2004）对江苏省经济发展进行了因素分解分析，发现江苏省第二产业是导致区域经济发展差距的第一位因素，但其贡献率却呈逐年下降趋势。而第三产业是导致区域经济发展差距的第二位因素，但其贡献率却呈逐年上升的趋势；陈林生、李刚（2004）通过 2001 年各省能源数据，发现经济增长对自然资源的物质要素依赖比较低。

总体来看，我国内地的区域经济发展差异研究数量较小，而且大量的实证都集中在有形要素与无形要素方面。比如，有形要素主要在于资本的投入方面，甚至于资本流动或资本形成的机制；而无形要素则主要侧重于制度创新，诸如创新能力和市场化程度。现存的区域经济增长差异在人力资本方面的研究极少，少数几篇所涉及的成果也主要是理论探讨而不是实证研究。因此，如何从人力资本实证数据方面来分析东、西部地区的经济增长差异原因，是我们区域经济研究中需要迫切解决的问题。当然，如何用人力资本的方方面面来分析区域经济增长差异，还需要从人力资本和经济增长的研究开始。

第六节　中国内地人力资本研究的发展和回顾

从目前国内外关于人力资本的增长文献和实证研究主要可以划分为两大类：一类认为人力资本存量高的经济实体增长速度较快，如 Lucas（1990）解释了技术难以流入穷国的主要原因是国家对人力资本的投入太小；另一类则认为教育投资是创造人力资本的前提，能够产生新观点并推动新产品的开发（Romer，1990）。但是国内的研究也有着相当程度的中国特色，如果把国内学者对人力资本的研究进行归类，一般可以划分为三个大类：一类是人力资本与经济增长。这一类文献以实证研究居多，其中也包括区域经济发展的内容，但省际间的比较并不多见；另一类是关于人力资本产权问题的研究。尤其是在国企问题和区域经济的研究问题上，关注人力资本产权问题的越来越多，最有特点的是周其仁（1997）对浙江横店集团产权制度的考察，以及姚先国、盛乐（2002）的“乡镇企业和国有企业经济效率差异的人力资本产权分析”；还有一类则是对教育消费的研究，即所谓的“教育产业化”问题。这一类主要的特点是把教育投资归类为消费，而消费则能拉动经济。在这里我们主要回顾人力资本与经济增长和教育消费这两大类的文献，关于人力资本产权将另有章节进行介绍。

一、人力资本与经济增长

人力资本与经济增长的研究，绝大部分都是涉及教育投资对经济增长的影响问题的。主要可以划分为理论和实证两大部分，理论方面主要还是吸收消化为主。

1. 理论探讨类

崔玉平（1999）对教育在经济增长中的贡献率的估算方法进行了相应的理论综述；许彬、罗卫东（1999）以人力资本模型为例，指出教育推动人力资本积累，人力资本推动技术进步，而技术进步则推动经济增长方式的转变这一路径；曲恒昌（2000）以日本为例认为教育促进经济增长是有条件的；黄国祯（2000）通过对日、英、美三国科技术教育与经济增长关系的比较，认为我国的科技与教育事业要顺应世界经济增长的趋势和潮流；蒲勇健、杨秀苔（2001）对基于人力资本增长的内生经济增长模型进行了介绍；王玮、王培根（2002）以发达国家教育投资及物质资本对经济增长的贡献率为借鉴，指出我国应该减少对固定资产和物质资本的投资，加大教育投资的力度；张佳梅（2002）对人力资本领域的理论研究进行了综合介绍，比如人力资本与经济增长、人力资本产权问题、人力资本收益等；尹静（2003）对边干边学和人力资本的内生经济增长模型进行了介绍；姚益龙（2004）对教育与经济增长关系的理论进行了系统的文献综述；慕静、李全生（2005）对教育投资的外部效应与经济增长的模型进行了推导演算，认为教育投资的外部效应构成教育投资的主要经济效益。

2. 实证研究类

实证研究主要可以分为两大类：

一类主要针对教育投资与经济增长的关系问题，如各级教育程度的经济增长贡献率等。如崔玉平（2000）通过对中国1982~1990年高等教育对经济增长率的贡献研究，发现中国人均高等教育年限太少，高等教育发展与经济发展并不相关；李玲（2000）对教育投入在经济增长中的贡献进行了分析，发现教育投入的增长率远高于经济增长率，说明教育投资的效益不高；阿巴斯、王金营（2000）通过对中国和巴基斯坦的比较研究，认为人力资本投资与经济增长有显著的正相关关系，在检验期内，中国人力资本投资贡献率高而巴基斯坦的指标较低；林荣日（2000）以人力资本及教育收益率对中国教育在经济增长中的贡献率进行了测算，认为1982~1995年中国教育对经济增长实际贡献率达到10.46%；崔玉平（2001）发现我国高等教育对经济增长的贡献太低，而美国则一直处于领先地位；王金营（2001）通过中国与印度的比较，发现中国人力资本投资对固定资产投资的带动作用大于印度，说明人力资本在经济增长和生产要素投入中的作用；侯亚非、王金营（2001）对人力资本与经济增长方式转变关系进行了实证，发现我国人力资本存量结构与GDP产业结构存在着显著的错位；李洪天（2001）对20世纪90年代我国教育发展对经济增长的贡献率进行了分析，发现我国教育发展水平较低、对经济增长贡献不足；左健民（2001）通过计算发现中国教育对经济增长的边际收益较高但贡献率较小，主要的原因则是教育投入不足；陈绍华、王燕（2001）发现中国人力资本对经济增长贡献是显著的，但是分布并不均衡；陈昌兵、徐海燕（2001）通对对国民经济增长因素的考察，发现人力资本的作用较小；王家赠（2002）的研究发现居民总体受教育程度对经济增长没有明显的推动作用；宋光辉（2003）通过不同文化程度人口对经济增长的贡献差异，发现教育对中国经济增长没有明显的差异影响，他认为这主要与中国经济的发展阶段有关；王冲、刘剑峰和周荷芳（2003）对高等教育投资的作用进行分析，发现我国劳动力对经济增长贡献为负，教育投入对经济增长贡献份额较低；张晨新（2003）则发现中国人力资本存量对经济增长具有相应的解释力，不过他认为这种人力资本经济回报的提高是来自于制度变迁的结果；周晓、朱农（2003）通过对农村经济的考察，认为教育对中国农村经济增长具有重要的促进作用；叶茂林、郑晓齐和王斌（2003）对各教育程度对经济增长的贡献进行了检验，发现高等教育程度的劳动力的产出弹性最高，认为教育尤其是高等教育对经济增长有相当大的作用；毛洪涛、马丹（2004）通过实证分析，发现经济增长是高等教育发展的原因，而高等教育对经济增长影响不大；胡永远、刘智勇（2002）通过对不同类型人力资本在经济增长中的影响进行贡献率的检验，认为不同类型人力资本贡献率和发展趋势并不相同；李玲（2004）对教育投资在经济增长中的贡献水平进行了测算，并从教育投资总量、教育投资结构和教育投资效益等多方面分析了教育投资对中国经济增长低贡献水平的成因；刘海英、赵英才和张纯洪（2004）的实证发现人力资本“均化”对经济增长质量有促进作用，因此应将受教育机会更多给予普通劳动者；王宇、焦建玲（2005）对人力资本和经济增长之间关系进行了研究，发现虽然教育和经济增长之间存在一定相互促进关系，但教育投入分布不均、投入过少导致投入实际效用低下。

另一类则主要是针对教育投入对经济增长的贡献程度，如政府教育支出的贡献率影响等。这一类的研究本质上是把教育投资对经济增长的影响功能类同于消费拉动经济的影响作用。蔡增正（1999）通过对教育部门和非教育部门产品的考察，认为教育的外溢作用对经济增长有显著的推动作用；王莹（2000）对提高政府教育投资的各种特性进行了分析；周英章、金戈（2001）发现政府教育支出与经济增长之间的互馈关系，认为可以通过增加教育投资拉动经济增长；李锋（2002）对东亚经济体地区的经济增长进行了计量分析，认为其较高的人力资本水平对经济增长起到较强的促进作用；袁国敏（2003）通过全国教育总经费支出的影响认为教育贡献率相当大；陆根尧、朱省娥（2004）采用与蔡增正（1999）类似的方法考察教育部门和非教育部门的生产力差异，发现教育部门生产力较低但外溢作用却很大；廖楚晖（2004）实证发现政府教育投入形成的投资或消费对经济增长具有带动作用；王超、罗然然（2004）对我国各地区在教育方面的财政支出与GDP之间的关系进行了考察，发现两者具有显著的正相关性。

二、区域经济与人力资本贡献

这一部分的研究实际上和第二章第六节第一部分中人力资本与经济增长的研究范围相类似，但第二章第六节第一部分主要涉及整个中国地区或者是中国与国外的比较。而本部分的研究则主要局限于省、市或者地区内或者省际的比较。

1. 人力资本贡献与区内经济

吴映群、鲍镇邦和孙立（1996）对广州市教育的经济增长贡献率进行了定量分析，教育对经济增长具有贡献，给社会带来经济效益；黄毓哲、钟利民（1997）通过对江西省各级教育对经济增长的贡献率考察，认为考察期内中小学的总贡献较突出，但高等教育和中等专业技术教育贡献率较高；刘亚荣、张兴（1998）对北京市教育的经济增长贡献率进行了计量，说明教育对经济增长确实有很大的贡献；张仁寿、丁静（1998）认为浙江省经济增长快速，而教育发展却是较低水平并据此进行相应分析并提出一些策略；陶长琪（1999）对江西省的教育在国民经济增长中的贡献率进行了计算，发现教育对经济增长的贡献率较低；王金堂（2001）对福建省知识资本的经济增长贡献率进行了测算，发现知识资本对福建经济增长贡献率为负；徐璋勇（2002）对西部地区经济增长中人力资本相关项目进行考察，发现文教卫生支出的影响程度最高；张宝贵（2002）实证发现教育对天津市经济发展的作用较大，教育投资效益较高；李玉江、陈培安和李冠伟（2003）发现山东省城市人力资本投资具有一定的规律性，其空间分布是经济和社会长期发展的结果和体现；曹海霞、赵艺学（2003）的实证发现山西省的人力资本相当匮乏；景跃军、吴云龙（2003）认为制约西部经济发展的主要原因是人力资本积累与自然资本、产出资本不匹配；刀福东、李兴仁和王天玉（2004）对云南省的教育经济增长贡献率进行了计算，认为教育对经济增长有显著作用；王俊（2004）对浙江省的检验发现传统的人力资本投资理论并不能解释浙江区域经济的发展问题；古明加（2004）对广东省劳动结构与经济增长之间关系进行了考察，广东省三大产业的增加值构成和就业构成显著偏离各种标准；

闫学元、张宝贵（2004）通过对天津市教育在经济增长中的贡献率研究，认为教育对天津经济增长的贡献率达到65.76%，教育产业尤其是高等教育产业已经成为国民经济的新增长点；吴能全、陈剑（2004）发现政府教育支出与经济总量增长之间存在着长期的均衡关系；姜新燕、杨冬雷（2005）对新疆教育与经济增长关系进行了研究，发现教育与经济增长总体上紧密相关。

2. 人力资本效益与区间经济

对区间经济与人力资本之间的关系研究，国内学者的成果还不多见。如马骁、徐浪（2001）对东西部地区的教育贡献率进行实证，发现西部地区教育贡献率处于一个较低的水平上；闫淑敏、秦江萍（2002）通过东、中、西部的对比，认为西部人力资本对经济增长贡献率较低；孟晓晨、李捷萍（2002）发现我国各省区知识创新能力差异大于区域经济发展水平的差异；甘巧林、王德劲（2003）通过广东、江苏和浙江三省的经济效益比较，发现浙江省教育经济效益最为显著；李红松、田益祥（2004）对东西部地区经济增长模型参数进行了估计，发现物质资本和人力资本对区域经济增长的影响比其他要素要高；胡永远、刘智勇（2004）对各省的高等教育贡献考察后认为地区高等教育对GDP增长率的贡献由高到低呈梯次分布；陈浩、薛声家（2004）对东中西部各区教育投入的经济贡献率考察后发现西部人力资本贡献率要高于东西地区；陈钊、陆铭和金煜（2004）通过横截面数据分析认为各省教育发展水平差距是造成地区间收入差距的重要原因之一；余惠利、李仕明（2005）通过广东和四川的比较，发现广东省的人力资本投资效果强于四川省，但两省教育对经济增长的贡献率均较低。

三、教育支出与经济增长

这里的教育支出不包括政府部门的支出（这一部分参见第二章第六节第一部分），而是单纯指教育扩招、增加学费等教育产业化的内容。

谢万华（1999）通过教育消费对国民经济增长贡献的计算认为教育消费对我国经济发展有直接贡献；北京大学课题组（1999）则对教

育规模扩展对短期经济增长的模式和作用进行了分析；丁小浩、陈良焜（2000）对高等教育扩大招生对经济增长的影响进行了实证检验，认为高等教育扩招对经济增长有直接的促进作用；张万朋、王千红（2000）对高教扩招增加学费对经济增长的拉动进行了理论探讨；张文松、李雪娟和柳华（2000）对教育产业成为新的经济增长点的成因及意义进行分析；周惠杰（2002）对教育产业化可能的弊端进行分析并提出相应的策略；马拴友（2002）对公共教育支出对经济增长的最优规模进行了测算，认为我国财政教育支出的最优规模是占 GDP 的 2.4%；姜军凤（2002）考察发现高等教育扩展与经济增长并不总是呈现正相关关系；林勇（2002）考察发现教育协调发展与经济增长从总体上呈现正相关关系；王祟举、陈新力和刘幼昕（2003）对重庆市的教育消费进行了考察，发现全部教育消费对经济的直接拉动效应显著；韦进（2003）认为对教育消费拉动经济的作用不能期望过高，对居民的教育能力也不能估计过高；王东升、刘明亮（2004）通过对人力资本多个要素的考察发现人力资本对经济增长有显著的作用，比如高等学校在校生人数多少对 GDP 有直接的影响力。

四、人力资本其他因素的影响

人力资本不仅仅包括教育这一项内容，还包括健康、人才流动等要素。相比之下，这些其他要素的影响国内学者的研究还并不多见。马健等（1999）对经济增长中的制度因素进行了理论分析和实证研究；于景伦（2001）对科技投资在我国经济增长中的作用进行了分析；张定胜（2001）对科教投入对经济增长的贡献进行了理论分析；冯国有（2002）则认为在某些情况下教育对经济增长存在抑制效应；耿爱生、李鲁和姜敏敏（2003）从健康方面对人力资本的经济增长作用机制进行了分析；黄春燕（2004）对人口文化素质的人力资本经济增长效应进行了实证，并提出促进人口文化素质提高的三条措施；李卫华（2004）对制度变迁和经济增长中的心理精神因素进行分析，认为国民的智力、禀性等对制度进步及国家兴衰起到关键作用。

五、对内地人力资本研究的小结

其实，国内学者对于人力资本理论的研究并不仅仅只包括这些内容。事实上还有许多系统性综合性的研究，如侯风云（1999），沈利生、朱运法（1999），李忠民（1999），朱舟（1999），王金营（2001）和朱必祥（2005）等。但是从以上诸多学者对国内人力资本与经济增长之间的理论探讨和实证研究，我们不难发现目前有关人力资本与经济增长的研究尚存在着以下不足。

1. 研究对象较窄

绝大部分的实证研究都是围绕着教育投资与经济增长的关系问题，而在教育投资这一方面，更是把范围缩小到教育投入的贡献率方面。即使是区域经济的对比研究，往往也都是教育投入要素的贡献率大小对比、弹性比较。而其他人力资本要素甚至于最基本的人力资本存量要素——平均受教育年限的研究也比较少。

2. 研究结论多不明确

绝大部分研究都说明目前我国经济增长与教育水平的关系不大，但是在研究对象面比较窄，研究指标较少的情况下，这一结论就显得不太明确了。因此，也有必要用更多的人力资本指标来考察对经济增长的影响力度。

3. 比较研究较少

除了少量的区域经济间对比以体现教育投资对经济增长的作用以外，相关的不同地区、不同国家和不同省份间的实证研究还比较少。当然这可能与国内实证数据较少、数据不完整有一定的联系。事实上，只有比较研究才能更明确地体现教育或者说人力资本对经济增长的作用表现。尤其是经济发展程度不同的省份、地区或者国家间的对比，更能体现出人力资本要素的影响。

4. 教育投资消费化

内地关于人力资本的研究还习惯于把教育投资消费化，比如贡献率的计算、政府部分支出以及教育产业化的研究。事实上，政府支出本身就具有“挤出效应”，对消费会有不良的影响；而片面扩大招生、增加学费等教育产业化的行为，势必会影响到居民其他方面的消费支出。就像经济学里的“破窗”理论，表面上窗户打破后，买新窗户就会以消费拉动经济，但实际上如果窗户不破的话，买新窗户的钱更可以用到其他地方来促进经济增长。

正是如此，我们准备在人力资本和区域经济增长这一方面首先通过比较研究，从曾经起步相差不大的浙江省和陕西省入手来分析人力资本对区域经济增长的作用，也就是在浙江省经济增长和陕西省经济增长中的作用。

第三章　浙江和陕西两省的人力资本状况比较

人力资本投资状况之于经济增长的推动作用，已成为共识。世界各国的成功经验也表明，高质量人力资源已成为区域经济发展的主要推动力。然而，在浙、陕两省改革开放前后人力资本与经济发展的对比研究中发现，两省的人口素质指标与同期的经济增长实绩并不匹配：改革开放以来，尽管陕西省在医疗卫生保健状况、人民受教育程度、科技人员与科研投入水平等众多人力资本指标上均明显超过浙江省，但其经济发展速度却远落后于浙江——这是人力资本与经济发展关系的传统理论难以明确解释的。

第一节　浙江、陕西两省人力资本分布情况对比

以 1978 年为界，分段考察浙、陕两省人均 GDP 增长率情况（见图 3–1、图 3–2）。在 1952~1978 年时间段（见图 3–1），陕西省的人均 GDP 年均增长率（5.25%）略高于浙江省（3.49%）。

但是从数据来看，陕西省经济增长的稳定性不如浙江省，波动幅度明显较高，为浙江的 2.72 倍。[①] 在 1979~2002 年时间段，浙江人均

① 对浙、陕人均 GDP 增长率作线性回归 $\Delta GDP\_zj_t=\alpha_0+\alpha_1 \cdot \Delta GDP\_sx_t$，得：$\frac{1}{\alpha_1}=\frac{\partial(\Delta GDP\_sx_t)}{\partial(\Delta GDP\_zj_t)}=2.72$

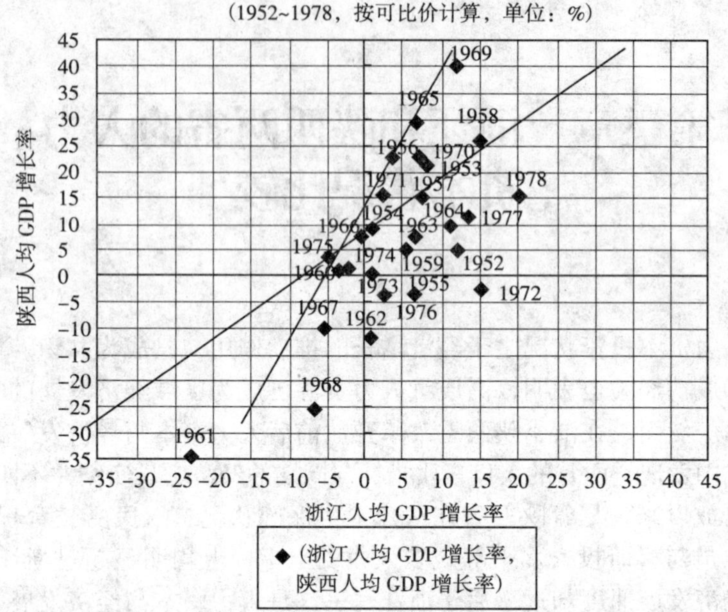

图 3–1　浙江—陕西人均 GDP 增长率对比示意图

GDP 年均增长率为 12.08%，陕西为 8.08%，浙、陕两省的人均 GDP 水平从 1978 年的大体相当发展到 2002 年浙江超出陕西 2 倍有余，浙江的经济增长显得更具活力。①

笔者再来从医疗卫生保健条件、教育普及条件、科研经费投入和创新能力等方面分析两省同期的人力资本状况。

一、两省医疗卫生保健情况比较

两省医疗卫生保健情况见表 3–1。尽管浙江省的卫生机构、病床床位、医生人数在总量上都略胜于陕西，但考虑人口因素，在医院卫生院数/千人口、医院卫生院床位数/千人口、医生数/千人口等三个关

① 排除 1980、1988 年两孤立数据点（见图 3–2），对作线性回归 $\Delta GDP\_zj_t=\beta_0+\beta_1\cdot\Delta GDP\_sx_t$，得：$\frac{1}{\beta_1}=\frac{\partial(\Delta GDP\_sx_t)}{\partial(\Delta GDP\_zj_t)}=0.79$

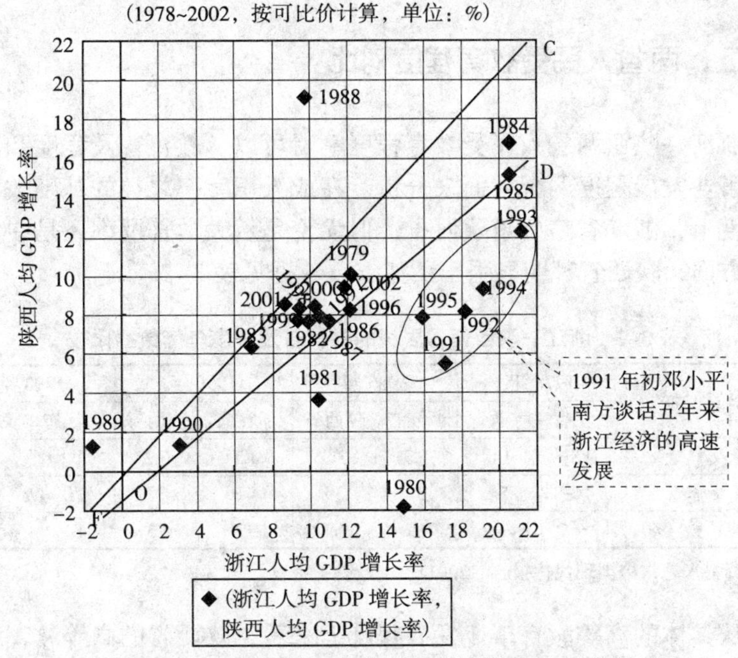

图 3-2 浙江—陕西人均 GDP 增长率对比示意图

资料来源：陕西统计年鉴（2003）、浙江统计年鉴（2003）、新中国 50 年统计资料汇编。

键性指标上，陕西省均优于浙江省，可以说，陕西省的医疗保健的历史发展总体状况优于浙江省。

表 3-1 浙江—陕西两省医疗服务发展程度年度数据比较

比较项目	1995 年		2000 年		2002 年	
	浙江省	陕西省	浙江省	陕西省	浙江省	陕西省
医院、卫生院数（个）	3437	3313	3170	2779	3158	2688
医院卫生院数/千人口	0.079	0.094	0.070	0.076	0.068	0.073
医院卫生院床位数（万张）	9.72	9.05	10.72	9.26	11.3	9.49
医院卫生院床位数/千人口	2.224	2.576	2.382	2.541	2.432	2.583
医生人数（万人）	6.68	6.28	7.44	6.43	7.47	5.95
医生数/千人口	1.53	1.79	1.65	1.76	1.61	1.62

资料来源：2001、2002 年浙江省国民经济和社会发展的统计公报、2002 年陕西省国民经济和社会发展统计公报。

二、两省人民受教育程度对比

浙江、陕西两省人民受教育程度笔者可以从教育普及程度和高等教育事业发展程度两个方面来分析。在成人识字率之类的基础教育普及程度上，浙江省略好于陕西省；但无论是从大学普及率还是中学普及率方面，陕西省都明显强于浙江省（数据见表 3–2）。

表 3–2 浙江—陕西两省居民的教育普及程度年度数据比较

比较项目	1978 年		1985 年		1990 年		1998 年	
	浙江省	陕西省	浙江省	陕西省	浙江省	陕西省	浙江省	陕西省
大学普及率（%）	0.8	1.6	1.3	2.9	1.7	3.2	4.2	7.0
中学普及率（%）	44	54	34	39	41	37	70	61
成人识字率（%）	—	—	69	67	77	75	84	83

资料来源：中国现代化报告（2001）。

从具体的高等教育事业发展程度上来看，陕西省的高等教育水平确实明显优于浙江省（数据见表 3–3）。具体而言，在高等学校数、在校生人数、教职员工数和专任教师等所有 7 项统计指标上，陕西省均远远超过浙江省，再考虑到两省的人口数量差异，① 陕西省在高等教育方面的人力资本水平远胜于浙江省。

三、两省科研投入水平比较

在浙、陕两省的科研投入水平方面（见表 3–4）：从绝对数量上看，2000 年陕西省的 R&D 经费支出水平高出浙江省 1/3，再考虑到两省经济发展水平的巨大差异，陕西省 R&D 经费支出占当地国民生产总值的比重高出浙江省近 4 倍之多。具体考察 R&D 经费支出结构：从支出用途上看，陕西省 R&D 经费支出的用途比例为 1∶8∶33，浙

① 据统计，截至 2002 年末，浙江省人口总数为 4646.85 万人，而陕西省总人口数则为 3674 万人。

表 3-3　浙江—陕西两省高等教育事业发展程度年度数据比较

比较项目	1978 年		1985 年		1990 年		1995 年		2002 年	
	浙江省	陕西省	浙江省	陕西省	浙江省	陕西省	浙江省	陕西省	浙江省	陕西省
高等学校数（所）	20	30	35	45	37	47	37	46	38*	52
在校本、专科（万人）	2.42	3.44	5.27	8.21	6.03	9.54	9.29	12.83	39.31	41.16
在校研究生（万人）	—	—	—	—	—	—	—	0.89	1.63	3.09
毕业本、专科（万人）	0.37	0.82	1.10	1.83	1.84	2.81	2.24	3.75	4.84	5.16
毕业研究生（万人）	—	—	—	—	—	—	—	0.20	0.26	0.44
教职员工数（万人）	1.20	2.72	2.25	4.62	2.68	5.11	2.82	5.24	4.43*	6.34
专任教师(万人)	0.54	1.07	0.99	1.76	1.16	1.96	1.15	2.02	2.22*	2.76

注：带 * 者为 2001 年数据。

资料来源：2001、2002 年浙江省国民经济和社会发展的统计公报、2002 年陕西省国民经济和社会发展统计公报。

江省则为 1∶3∶25，陕西省 R&D 后续阶段投入水平相对较高；从执行机构上看，浙江省近 80%的 R&D 经费源于企业，而陕西省的国有科研院所是 R&D 经费支出的重点，占总支出的 51%，陕西省各类企业的 R&D 投入比例仅占到 38%；从行业结构上看，浙江省将全省 R&D 经费的 3/4、约 25 亿元投入到工业之中，在教育和科研上的投入各占 10%、分别为 3 亿余元，而陕西省 R&D 经费支出的重点行业为科研、工业和教育，分别占 51%、37%、9%。

从地域结构上看，在浙江省，杭州一市集中了全省近 40%、约 12.5 亿元的 R&D 经费支出，其后依次为绍兴、宁波、台州，分别占 13.5%、11.7%、10.9%，其余七市（地）的 R&D 经费总支出仍占全省总支出的 26.5%；而在陕西省，仅西安一市就集中了全省约 3/4、约 36 亿元的 R&D 经费支出，其后依次为汉中、咸阳、宝鸡、渭南，分别占 11.7%、7.8%、3.5%、1.1%，其余六市（地）均不足 1%；相比之下，陕西省的 R&D 经费分布两极分化更为严重。

表 3-4 2000 年浙江—陕西两省 R&D 经费支出数据比较

比较项目		浙江省	陕西省	陕西超过浙江的程度（%）
R&D 经费支出（亿元）		36.60	49.46	35.14
占国内生产总值比重（%）		0.61	2.98	388.52
支出用途	基础研究经费支出（亿元）	1.29	1.19	-7.75
	应用研究经费支出（亿元）	3.49	9.55	173.64
	试验发展经费支出（亿元）	31.82	38.72	21.68
执行机构	国有独立核算科研院所（亿元）	3.22	25.16	681.37
	高等学校经费支出（亿元）	3.34	4.43	32.63
	各类企业经费支出（亿元）	28.12	18.88	-32.86
	其他机构经费支出（亿元）	1.92	0.98	-48.96
行业结构	农业（亿元）	0.20	0.17	-15.00
	工业（亿元）	25.40	18.32	-27.87
	建筑业（亿元）	0.06	0.11	83.33
	地质勘察、水利管理业（亿元）	—	0.11	—
	交通运输仓储邮电通信（亿元）	—	0.41	—
	计算机应用服务业（亿元）	0.32	0.03	-90.63
	卫生、体育和社会福利（亿元）	0.82	0.34	-58.54
	教育（亿元）	3.22	4.35	35.09
	科学研究业（亿元）	3.21	25.27	687.23
	综合技术服务业及其他（亿元）	0.12	0.34	183.33

资料来源：2000 年全国、陕西、浙江 R&D 资源清查主要数据统计公报。

四、两省科技发展情况比较

比较浙、陕两省科技人员、科技经费投入及科技成果产出上的历史发展状况（见表 3-5）。从科技人员上看，在 2000 年以前，陕西省在绝对数量和相对数量上都占有绝对优势，但相比于浙江省科技人员数量的快速上升，陕西省却呈逐年下降趋势，到 2002 年末，浙、陕两省的科技人员数已基本持平，只是在人员结构上各有千秋；从科技经费投入上看，浙江省略领先于陕西省，只是考虑到陕西省较低的经济发展水平，其科技经费投入占 GDP 的比重则往往数倍于浙江省；也正

表 3–5　浙江—陕西两省科技发展年度统计数据比较

比较项目		1995 年		2000 年		2002 年	
		浙江省	陕西省	浙江省	陕西省	浙江省	陕西省
科技人员	从事科技活动人员数（万人）	6.59	16.49	12.6	15.50	16.39	13.53
	其中：科学家和工程师（万人）	3.63	8.82	8.0	8.6	10.69	8.27
	万人口科技活动人员数（人）	15.08	46.94	27	43	35	37
	地方R&D人员数（万人）	—	—	2.5	6.4	4.0	6.05
	地方 R&D 科技工作者（万人）	—	—	1.9	4.2	3.01	3.82
科技经费投入	科技经费支出额（亿元）	32.57	39.86	92.9	76.2	135.6	96.37
	科技经费支出占 GDP 比重（%）	0.92	3.99	1.54	4.59	1.74	4.73
	R&D 经费支出（亿元）	9.14	—	33.5	49.5	54.29	60.71
	R&D 经费占 GDP 比重（%）	0.26	—	0.55	2.98	0.7	2.98
	地方财政科技拨款（亿元）	3.49	—	13.98	4.22	24.9	4.4
	科技拨款占地方财政支出比重（%）	1.94	—	3.24	1.53	3.33	1.09
	地方科技开发三项经费（亿元）	1.78	0.81	9.18	2.59	16.08	2.63
	科技开发贷款（亿元）	4.84	—	24.96	33.52	37.43	25.79
科技成果产出	高技术产品进出口额（亿美元）	8.68	—	20.28	4.15	38.03	6.17
	高技术产品进出口全国份额（%）	2.72	—	2.26	0.46	2.52	0.41
	其中：进口额（亿美元）	6.34	—	13.74	3.47	25.3	4.97
	进口占全国份额（%）	2.9	—	2.62	0.66	3.05	0.6
	出口额（亿美元）	2.34	—	6.54	0.68	12.73	1.2
	出口占全国份额（%）	2.32	—	1.77	0.18	1.88	0.18
	受理国内专利申请量（件）	4042	1721	10316	2080	17265	2530
	专利授权量（件）	2131	1085	7495	1462	10478	1524
	三系统收录的科技论文数（篇）	594	—	1596	1867	10937	14295
	签订技术合同数（项）	17954	5063	—	4023	38400	5496
	成交合同金额（亿元）	9.78	5.55	27.6	9.26	38.94	15.16

资料来源：中华人民共和国科技部（http://www.most.gov.cn）。

是受经济发展水平等因素的制约，在地方政府对科技投入经费支持的绝对额方面，陕西省远不如浙江省；从科技成果产出上看，陕西省除在科技论文发表篇数上胜过浙江省以外，其余各项指标均远远落后于浙江省，甚至有部分指标的落后差距在10倍以上。

第二节 浙江—陕西两省区域创新能力比较

所谓区域创新能力，是指一个地区将知识转化为新产品、新工艺、新服务并为实现这一目标营造配套政策环境的能力，人力资本、特别是高素质人力资本主动性的充分发挥是影响地区创新能力的核心内容。

一、两省区域创新能力比较

根据前文的分析，人力资本极大地影响人力资本主动性与经济价值的发挥效果。根据《中国区域创新能力报告》[①] 中给出的1999年、2000年中国区域创新能力排名，以区域创新能力形式体现的浙江省人力资本运用综合评价及各大类指标，普遍优于陕西省，这也从一个侧面对浙、陕两省的人力资本水平的一次充分检验（见图3–3、图3–4）。

总体来看，尽管陕西省的人力资本存量水平高于浙江省，但在创新能力上的表现明显落后于浙江省。

二、两省区域创新能力评价具体指标比较

再看区域创新能力评价的分类具体指标（见表3–6），尽管陕西省在科研投入、劳动者素质等方面（表3–6中1~8项）明显超出浙江

① 中国科技发展战略研究小组编. 中国区域创新能力报告（2002）. 经济管理出版社，2003；中国科技发展战略研究小组编. 中国区域创新能力报告（2001）. 中共中央党校出版社，2002

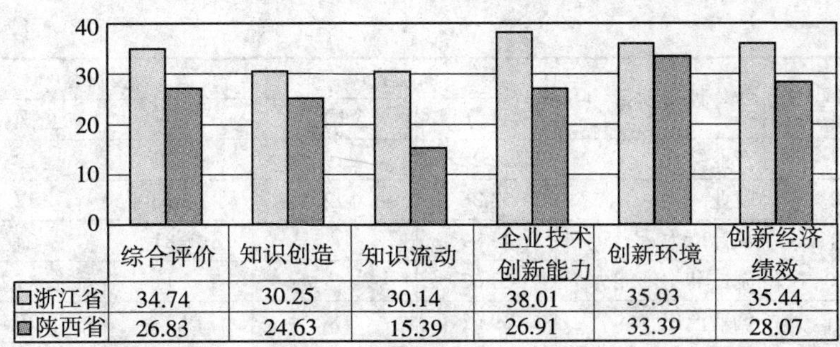

图 3-3 浙江—陕西创新能力对比（1999）

资料来源：中国区域创新能力报告（2001）。

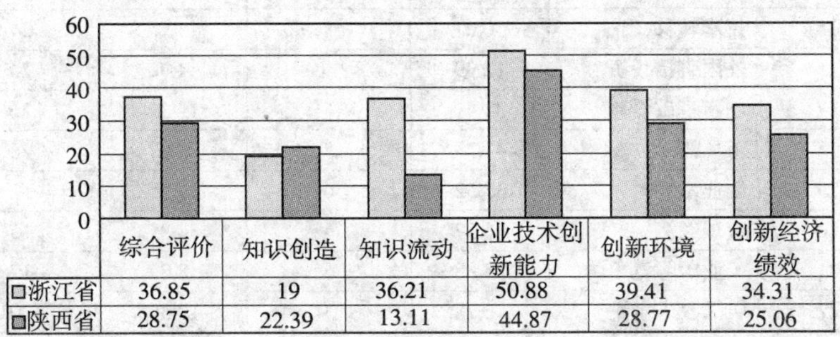

图 3-4 浙江—陕西创新能力对比 (2000)

资料来源：中国区域创新能力报告（2002）。

省，即使从全国看也处于较高水平。但从创新的实际效果，尤其是在创新的市场化程度、产出能力及发展实际绩效上看，浙江省区域创新能力的各项指标却普遍优于陕西省（表 3-6 中 9~22 项）。

表 3-6 浙江—陕西技术创新部分评价指标列表

序号	评价项目	浙江省		陕西省	
		评分	居全国位次	评分	居全国位次
1	研究开发投入	11.63	18	38.53	2
2	科研论文	18.14	10	22.72	5
3	企业研究开发投入	22.04	28	59.10	2
4	创新服务	21.44	19	41.86	9
5	劳动者素质	32.98	20	42.22	9
6	金融环境	32.21	10	42.97	3

续表

序号	评价项目	浙江省		陕西省	
		评分	居全国位次	评分	居全国位次
7	产业结构	22.28	19	26.77	13
8	就业	53.36	22	63.36	12
9	设计能力	43.89	4	13.81	21
10	制造和生产能力	53.62	7	32.11	17
11	创新产出	39.65	8	19.77	19
12	专利	17.13	11	13.61	15
13	科技管理	59.25	2	21.32	23
14	科技合作	53.14	3	32.97	19
15	技术转移	30.01	8	11.66	24
16	外国直接投资	12.99	11	4.99	24
17	创新基础设施	33.41	4	12.31	26
18	市场需求	41.38	5	23.97	26
19	创业水平	37.52	6	27.25	12
20	宏观经济	46.57	6	34.39	15
21	产业国际竞争力	23.88	6	8.27	17
22	居民收入水平	46.78	3	17.30	20

资料来源：中国区域创新能力报告（2001），中国科技发展战略研究小组，中共中央党校出版社，2002。

第三节　经济增长与人力资本绝对值

在经济增长与人力资本指标的因果关系检验中，笔者分别对绝对值指标和相对值（即增长率）指标进行了考察。

在本章第三节和第四节的研究中主要利用了两类指标：

1. 经济增长指标

人均 GDP 指标（Per Capital GDP，简称 pgdp）：该指标即为人均实际 GDP，是名义 GDP 除以物价指数得到的。这一数据目前可以分别从浙江统计年鉴和陕西统计年鉴中取得。

人均 GDP 增长率指标：这一指标通过对人均实际 GDP 指标的计算取得。

2. 人力资本指标

笔者在这里选择了两大类的人力资本指标：一类是人口数与就业人数指标；另一类则是各级教育水平下的在校生人数、毕业生人数和入学人数等。各指标相应的增长率水平则通过相应的计算取得。

人口数指标：即统计指标中的总人口数（Total Population，简称 pop）。

从业人员总数指标：即统计指标中的从业人员总数（Employed Persons，简称 worker）。

小学指标：分别为小学的毕业人数（Graduates）、在校学生数（Students Enrollment）和招生数（New Students Enrollment），分别简称为 pri1、pri2 和 pri3。

中学指标：分别为中学的毕业人数（Graduates）、在校学生数（Students Enrollment）和招生数（New Students Enrollment），分别简称为 mid1、mid2 和 mid3。

职业中学指标：分别为中等专业学校的毕业人数（Graduates）、在校学生数（Students Enrollment）和招生数（New Students Enrollment），分别简称为 tech1、tech2 和 tech3。

大学指标：分别为高等学校的毕业人数（Graduates）、在校学生数（Students Enrollment）和招生数（New Students Enrollment），分别简称为 high1、high2 和 high3。为了数据的连续性，笔者在这里忽略了研究生人数，仅指本、专科学生数。

以上这些数据基本可以从统计年鉴中取得，而相应的增长率水平则通过计算取得。

一、对浙江省的考察

1. 经济增长与人口水平

人口水平通过总人口数和从业总人数两大指标来表示（浙江省人均 GDP 与人口水平的因果关系检验见表 3-7）。

表 3-7 浙江省人均 GDP 与人口水平的因果关系检验

原假设	滞后期为 2			
	F 统计量	显著水平	判断	结 论
pop 不是 pgdp 的 Granger 原因	1.4913	0.2494	接受	两者无 Granger 因果关系
pgdp 不是 pop 的 Granger 原因	0.0898	0.9145	接受	
worker 不是 pgdp 的 Granger 原因	1.6789	0.2131	接受	pgdp 是 worker 的 Granger 原因
pgdp 不是 worker 的 Granger 原因	3.07476*	0.0697	拒绝	

注：显著水平表示接受零假设的概率，数值越小越倾向于拒绝原假设；* 表示在接近10%的置信水平下拒绝原假设。

不难发现，浙江省总人口数与人均 GDP 之间并无相应的因果关系，而从业总人口对人均 GDP 的促动作用也不大。相反人均 GDP 指标却是从业总人数的 Granger 原因，说明经济增长额度越大，对就业的推动作用也就越大。

2. 经济增长与小学指标

小学指标主要利用小学的毕业人数、在校学生数和招生数。浙江省人均 GDP 与小学指标的因果关系检验见表 3-8。

表 3-8 浙江省人均 GDP 与小学指标的因果关系检验

原假设	滞后期为 2			
	F 统计量	显著水平	判断	结 论
pri1 不是 pgdp 的 Granger 原因	0.0158	0.9844	接受	两者无 Granger 因果关系
pgdp 不是 pri1 的 Granger 原因	1.8983	0.1772	接受	
pri2 不是 pgdp 的 Granger 原因	0.5606	0.5800	接受	两者无 Granger 因果关系
pgdp 不是 pri2 的 Granger 原因	0.9208	0.4153	接受	

注：显著水平表示接受零假设的概率，数值越小越倾向于拒绝原假设；* 表示在接近10%的置信水平下拒绝原假设。

从检验结果来看，浙江省的人均 GDP 指标与小学指标（如小学的毕业人数和小学的在校人数）之间的关系并不大。

3. 经济增长与中学指标

中学指标主要利用中学的毕业人数、在校学生数和招生数。浙江省人均 GDP 与中学指标的因果关系检验见表 3-9。

从检验结果来看，浙江省的中学指标对人均 GDP 的促动作用不

表 3-9 浙江省人均 GDP 与中学指标的因果关系检验

原假设	滞后期为 2			
	F 统计量	显著水平	判断	结 论
mid1 不是 pgdp 的 Granger 原因	0.0363	0.9645	接受	pgdp 是 mid1 的 Granger 原因
pgdp 不是 mid1 的 Granger 原因	32.6949**	0.0000	拒绝	
mid2 不是 pgdp 的 Granger 原因	0.3187	0.7309	接受	pgdp 是 mid2 的 Granger 原因
pgdp 不是 mid2 的 Granger 原因	6.2362**	0.0083	拒绝	
mid3 不是 pgdp 的 Granger 原因	0.1314	0.8777	接受	pgdp 是 mid3 的 Granger 原因
pgdp 不是 mid3 的 Granger 原因	8.1522**	0.0028	拒绝	

注：显著水平表示接受零假设的概率，数值越小越倾向于拒绝原假设；** 表示在 5% 的置信水平下拒绝原假设。

大，相反人均 GDP 指标却是中学毕业人数、在校学生数和招生数的 Granger 原因，而且检验显著程度极高。这显然反映了浙江省的经济增长对中学教育的推动作用。

4. 经济增长与职业中学指标

职业中学指标主要利用中等专业学校的毕业人数、在校学生数和招生数。浙江省人均 GDP 与职业中学指标的因果关系检验见表 3-10。

表 3-10 浙江省人均 GDP 与职业中学指标的因果关系检验

原假设	滞后期为 2			
	F 统计量	显著水平	判断	结 论
tech1 不是 pgdp 的 Granger 原因	3.9623**	0.0365	拒绝	tech1 是 pgdp 的 Granger 原因
pgdp 不是 tech1 的 Granger 原因	1.2659	0.3047	接受	
tech2 不是 pgdp 的 Granger 原因	7.6836**	0.0036	拒绝	两者互为 Granger 原因
pgdp 不是 tech2 的 Granger 原因	13.6518**	0.0002	拒绝	
tech3 不是 pgdp 的 Granger 原因	13.4492**	0.0002	拒绝	两者互为 Granger 原因
pgdp 不是 tech3 的 Granger 原因	12.1299**	0.0004	拒绝	

注：显著水平表示接受零假设的概率，数值越小越倾向于拒绝原假设；** 表示在 5% 的置信水平下拒绝原假设。

从浙江省的人均 GDP 指标和职业中学指标的检验结果来看，中等专业学校的毕业人数是经济增长指标的 Granger 原因，对经济增长有明确的促进作用。而中等专业学校的在校学生数和招生数则与经济增长指标之间互为因果关系。

5. 经济增长与大学指标

大学指标主要利用高等学校的毕业人数、在校学生数和招生数，为数据连续性起见笔者只考虑本、专科学生数。浙江省人均 GDP 与大学指标的因果关系检验见表 3-11。

表 3-11 浙江省人均 GDP 与大学指标的因果关系检验

原假设	滞后期为 1			
	F 统计量	显著水平	判断	结 论
high1 不是 pgdp 的 Granger 原因	1.9261	0.1791	接受	两者无 Granger 因果关系
pgdp 不是 high1 的 Granger 原因	0.6049	0.4450	接受	
high2 不是 pgdp 的 Granger 原因	6.4963**	0.0183	拒绝	high2 为 pgdp 的 Granger 原因
pgdp 不是 high2 的 Granger 原因	0.8882	0.3562	接受	

注：显著水平表示接受零假设的概率，数值越小越倾向于拒绝原假设；** 表示在 5% 的置信水平下拒绝原假设。

从检验结果来看，浙江省的高等学校毕业学生数与经济增长指标之间并无明显的因果关系。但高等学校在校学生数却显示是人均 GDP 值的 Granger 原因，显示高校教育对经济总量的促进作用。

二、对陕西省的考察

1. 经济增长与人口水平

人口水平通过总人口数和从业总人数两大指标来表示。陕西省人均 GDP 与人口水平的因果关系检验见表 3-12。

表 3-12 陕西省人均 GDP 与人口水平的因果关系检验

原假设	滞后期为 2			
	F 统计量	显著水平	判断	结 论
pop 不是 pgdp 的 Granger 原因	2.5409	0.1282	接受	两者无 Granger 因果关系
pgdp 不是 pop 的 Granger 原因	1.0718	0.3787	接受	
worker 不是 pgdp 的 Granger 原因	1.1274	0.3618	接受	pgdp 是 worker 的 Granger 原因
pgdp 不是 worker 的 Granger 原因	2.9429*	0.0988	拒绝	

注：显著水平表示接受零假设的概率，数值越小越倾向于拒绝原假设；* 表示在接近 10%的置信水平下拒绝原假设。

与浙江省的检验结果类似，陕西省总人口数与人均 GDP 值之间并无相应的因果关系，而从业总人口对人均 GDP 的促动作用也不大。相反人均 GDP 指标却是从业总人数的 Granger 原因，说明经济增长额度越大，对就业的推动作用也就越大。

2. 经济增长与小学指标

小学指标主要利用小学的毕业人数、在校学生数和招生数。陕西省人均 GDP 与小学指标的因果关系检验见表 3-13。

表 3-13 陕西省人均 GDP 与小学指标的因果关系检验

原假设	滞后期为 1			
	F 统计量	显著水平	判断	结 论
pri1 不是 pgdp 的 Granger 原因	0.4627	0.5083	接受	pgdp 是 pri1 的 Granger 原因
pgdp 不是 pri1 的 Granger 原因	12.8628**	0.0033	拒绝	
pri2 不是 pgdp 的 Granger 原因	3.2704*	0.0937	拒绝	pri2 是 pgdp 的 Granger 原因
pgdp 不是 pri2 的 Granger 原因	0.1348	0.7194	接受	
pri3 不是 pgdp 的 Granger 原因	3.2668*	0.0939	拒绝	pri3 是 pgdp 的 Granger 原因
pgdp 不是 pri3 的 Granger 原因	0.0399	0.8448	接受	

注：显著水平表示接受零假设的概率，数值越小越倾向于拒绝原假设；** 表示在 5% 的置信水平下拒绝原假设，* 表示在接近 10%的置信水平下拒绝原假设。

从检验结果来看，一方面，陕西省的人均 GDP 指标是小学的毕业人数的 Granger 原因；另一方面，小学的在校学生和招生数对陕西省的人均 GDP 也有拉动作用。

3. 经济增长与中学指标

中学指标主要利用中学的毕业人数、在校学生数和招生数。陕西省人均 GDP 与中学指标的因果关系检验见表 3-14。

表 3-14 陕西省人均 GDP 与中学指标的因果关系检验

原假设	滞后期为 1			
	F 统计量	显著水平	判断	结 论
mid1 不是 pgdp 的 Granger 原因	0.0477	0.8305	接受	pgdp 是 mid1 的 Granger 原因
pgdp 不是 mid1 的 Granger 原因	24.9855**	0.0002	拒绝	
mid2 不是 pgdp 的 Granger 原因	0.9555	0.3462	接受	pgdp 是 mid2 的 Granger 原因
pgdp 不是 mid2 的 Granger 原因	36.0356**	0.0000	拒绝	

续表

原假设	滞后期为 1			
	F 统计量	显著水平	判断	结 论
mid3 不是 pgdp 的 Granger 原因	0.0171	0.8979	接受	pgdp 是 mid3 的 Granger 原因
pgdp 不是 mid3 的 Granger 原因	47.8019**	0.0000	拒绝	

注：显著水平表示接受零假设的概率，数值越小越倾向于拒绝原假设；** 表示在 5% 的置信水平下拒绝原假设。

从检验结果来看，与浙江省的情况相类似，陕西省的中学指标对人均 GDP 的促动作用不大，相反人均 GDP 指标却是中学毕业人数、在校学生数和招生数的 Granger 原因，而且检验显著程度极高。这显然反映了陕西省的经济增长对中学教育的推动作用。

4. 经济增长与职业中学指标

职业中学指标主要利用中等专业学校的毕业人数、在校学生数和招生数。陕西省人均 GDP 与职业中学指标的因果关系检验见表 3-15。

表 3-15 陕西省人均 GDP 与职业中学指标的因果关系检验

原假设	滞后期为 1			
	F 统计量	显著水平	判断	结 论
tech1 不是 pgdp 的 Granger 原因	0.4510	0.5136	接受	两者无 Granger 因果关系
pgdp 不是 tech1 的 Granger 原因	1.3624	0.2641	接受	
tech2 不是 pgdp 的 Granger 原因	0.7171	0.4124	接受	pgdp 是 tech2 的 Granger 原因
pgdp 不是 tech2 的 Granger 原因	6.6945**	0.0225	拒绝	
tech3 不是 pgdp 的 Granger 原因	0.4942	0.4945	接受	pgdp 是 tech3 的 Granger 原因
pgdp 不是 tech3 的 Granger 原因	5.7282**	0.0325	拒绝	

注：显著水平表示接受零假设的概率，数值越小越倾向于拒绝原假设；** 表示在 5% 的置信水平下拒绝原假设。

与浙江省的检验结果相反，从陕西省的人均 GDP 指标和职业中学指标的检验结果来看，陕西省的人均 GDP 指标是中等专业学校在校学生数和招生数的 Granger 原因，而中等专业学校的毕业人数则与人均 GDP 之间没有明显的因果关系。

5. 经济增长与大学指标

大学指标主要利用高等学校的毕业人数、在校学生数和招生数，为数据连续性起见笔者只考虑本、专科学生数。陕西省人均 GDP 与大学指标的因果关系检验见表 3-16。

表 3-16 陕西省人均 GDP 与大学指标的因果关系检验

原假设	滞后期为 1			
	F 统计量	显著水平	判断	结 论
high1 不是 pgdp 的 Granger 原因	0.0006	0.9809	接受	两者无 Granger 因果关系
pgdp 不是 high1 的 Granger 原因	1.8585	0.1960	接受	
high2 不是 pgdp 的 Granger 原因	8.6590**	0.0114	拒绝	high2 为 pgdp 的 Granger 原因
pgdp 不是 high2 的 Granger 原因	0.2616	0.6176	接受	
high3 不是 pgdp 的 Granger 原因	9.0913**	0.0099	拒绝	high3 为 pgdp 的 Granger 原因
pgdp 不是 high3 的 Granger 原因	0.5284	0.4802	接受	

注：显著水平表示接受零假设的概率，数值越小越倾向于拒绝原假设；** 表示在 5% 的置信水平下拒绝原假设。

从检验结果来看，陕西省的高等学校毕业学生数与经济增长指标之间并无明显的因果关系。但高等学校在校学生数和招生数却显示是人均 GDP 的 Granger 原因，显示高校教育对经济总量的促进作用。

第四节 经济增长与人力资本增长率

在经济增长与人力资本指标的因果关系检验中，第三节中笔者对绝对值指标进行了考察，本节笔者将对相对值（即增长率）指标进行考察。

一、对浙江省的考察

1. 经济增长与人口增长

人口水平通过总人口数增长率和从业总人数增长率两大指标来表示。浙江省人均 GDP 增长率与人口增长率的因果关系检验见表 3-17。

与绝对值指标检验结果相同，浙江省总人口数增长与人均 GDP 增

表 3-17 浙江省人均 GDP 增长率与人口增长率的因果关系检验

原假设	滞后期为 1			
	F 统计量	显著水平	判断	结 论
pop 不是 pgdp 的 Granger 原因	1.6835	0.2085	接受	两者无 Granger 因果关系
pgdp 不是 pop 的 Granger 原因	0.3732	0.5479	接受	
worker 不是 pgdp 的 Granger 原因	1.0541	0.3163	接受	pgdp 是 worker 的 Granger 原因
pgdp 不是 worker 的 Granger 原因	3.5789*	0.0724	拒绝	

注：显著水平表示接受零假设的概率，数值越小越倾向于拒绝原假设；* 表示在接近 10%的置信水平下拒绝原假设。

长之间并无相应的因果关系，而从业总人口增长对人均 GDP 增长的促动作用也不大。相反人均 GDP 增长率指标却是从业总人数增长的 Granger 原因，说明经济增长额度越大，对就业的推动作用也就越大。

2. 经济增长与小学增长指标

小学增长指标主要利用小学的毕业人数增长率、在校学生数增长率和招生数增长率。浙江省人均 GDP 增长率与小学增长指标的因果关系检验见表 3-18。

表 3-18 浙江省人均 GDP 增长率与小学增长指标的因果关系检验

原假设	滞后期为 1			
	F 统计量	显著水平	判断	结 论
pri1 不是 pgdp 的 Granger 原因	0.1739	0.6809	接受	两者无 Granger 因果关系
pgdp 不是 pri1 的 Granger 原因	0.0003	0.9872	接受	
pri2 不是 pgdp 的 Granger 原因	0.9414	0.3430	接受	pgdp 是 pri2 的 Granger 原因
pgdp 不是 pri2 的 Granger 原因	4.5939**	0.0440	拒绝	

注：显著水平表示接受零假设的概率，数值越小越倾向于拒绝原假设；** 表示在 5%的置信水平下拒绝原假设。

从检验结果来看，浙江省的人均 GDP 增长指标与小学增长指标（如小学的毕业人数增长和小学的招生数增长）之间的关系并不大。但值得注意的是，人均 GDP 增长率是小学在校学生数增长率的 Granger 原因，显示经济增长对小学教育的拉动作用。

3. 经济增长与中学增长指标

中学增长指标主要利用中学的毕业人数增长率、在校学生数增长率和招生数增长率。浙江省人均 GDP 增长率与中学增长指标的因果关系检验见表 3-19。

表 3-19 浙江省人均 GDP 增长率与中学增长指标的因果关系检验

原假设	滞后期为 1			
	F 统计量	显著水平	判断	结 论
mid1 不是 pgdp 的 Granger 原因	0.0273	0.8703	拒绝	两者无 Granger 因果关系
pgdp 不是 mid1 的 Granger 原因	0.0099	0.9216	拒绝	
mid2 不是 pgdp 的 Granger 原因	2.8500*	0.1062	拒绝	mid2 是 pgdp 的 Granger 原因
pgdp 不是 mid2 的 Granger 原因	0.0084	0.9278	接受	
mid3 不是 pgdp 的 Granger 原因	1.0743	0.3118	拒绝	两者无 Granger 因果关系
pgdp 不是 mid3 的 Granger 原因	0.0965	0.7591	拒绝	

注：显著水平表示接受零假设的概率，数值越小越倾向于拒绝原假设；* 表示在接近 10%的置信水平下拒绝原假设。

从检验结果来看，浙江省的中学指标对人均 GDP 的促动作用不大，中学毕业生增长率和招生数增长率与人均 GDP 增长率之间并无 Granger 因果关系，但相对而言，在一定程度上中学在校学生数增长率表现出是人均 GDP 增长率指标的 Granger 原因，反映出中学增长指标在一定程度上也影响到浙江省的经济增长。

4. 经济增长与职业中学增长指标

职业中学增长指标主要利用中等专业学校的毕业人数增长率、在校学生数增长率和招生数增长率。浙江省人均 GDP 增长率与职业中学增长指标的因果关系检验见表 3-20。

表 3-20 浙江省人均 GDP 增长率与职业中学增长指标的因果关系检验

原假设	滞后期为 1			
	F 统计量	显著水平	判断	结 论
tech1 不是 pgdp 的 Granger 原因	1.9674	0.1753	接受	两者无 Granger 因果关系
pgdp 不是 tech1 的 Granger 原因	1.2116	0.2835	接受	
tech2 不是 pgdp 的 Granger 原因	0.0815	0.7781	接受	pgdp 是 tech2 的 Granger 原因
pgdp 不是 tech2 的 Granger 原因	6.8596**	0.0160	拒绝	
tech3 不是 pgdp 的 Granger 原因	3.2200*	0.0872	拒绝	tech3 是 pgdp 的 Granger 原因
pgdp 不是 tech3 的 Granger 原因	1.1141	0.3032	接受	

注：显著水平表示接受零假设的概率，数值越小越倾向于拒绝原假设；** 表示在 5%的置信水平下拒绝原假设，* 表示在接近 10%的置信水平下拒绝原假设。

从浙江省的人均 GDP 增长率与职业中学增长指标的检验结果来看，中等专业学校的招生数增长率是人均 GDP 增长率指标的 Granger 原因，对经济增长有较明显的促进作用。而人均 GDP 增长率指标是中等专业学校的在校学生数增长率的 Granger 原因，显示出经济增长对教育的拉动作用。

5. 经济增长与大学增长指标

大学增长指标主要利用高等学校的毕业人数增长率、在校学生数增长率和招生数增长率，为保持数据的连续性笔者在这里没有考虑研究生数。浙江省人均 GDP 率与大学增长指标的因果关系检验见表 3-21。

表 3-21 浙江省人均 GDP 增长率与大学增长指标的因果关系检验

原假设	滞后期为 1			
	F 统计量	显著水平	判断	结 论
high1 不是 pgdp 的 Granger 原因	0.6192	0.4402	接受	两者无 Granger 因果关系
pgdp 不是 high1 的 Granger 原因	0.1791	0.6764	接受	
high2 不是 pgdp 的 Granger 原因	0.0236	0.8795	接受	两者无 Granger 因果关系
pgdp 不是 high2 的 Granger 原因	2.1616	0.1563	接受	
high3 不是 pgdp 的 Granger 原因	0.9608	0.3381	接受	high3 为 pgdp 的 Granger 原因
pgdp 不是 high3 的 Granger 原因	4.7707**	0.0404	拒绝	

注：显著水平表示接受零假设的概率，数值越小越倾向于拒绝原假设；** 表示在 5% 的置信水平下拒绝原假设。

从检验结果来看，浙江省的高等学校毕业学生数增长率与经济增长率指标之间并无明显的因果关系。但高等学校招生数增长率却显示是人均 GDP 增长率的 Granger 原因，显示高校教育对经济总量的促进作用。

二、对陕西省的考察

1. 经济增长与人口增长

人口增长水平通过总人口数增长率和从业总人数增长率两大指标来表示。陕西省人均 GDP 增长率与人口增长率的因果关系检验见表

3–22。

表 3–22　陕西省人均 GDP 增长率与人口增长率的因果关系检验

原假设	滞后期为 2			
	F 统计量	显著水平	判断	结　论
pop 不是 pgdp 的 Granger 原因	31.1219**	0.0000	接受	两者互为 Granger 原因
pgdp 不是 pop 的 Granger 原因	21.3804**	0.0004	接受	
worker 不是 pgdp 的 Granger 原因	4.0873*	0.0546	拒绝	pgdp 是 worker 的 Granger 原因
pgdp 不是 worker 的 Granger 原因	0.5830	0.5780	接受	

注：显著水平表示接受零假设的概率，数值越小越倾向于拒绝原假设；** 表示在 5% 的置信水平下拒绝原假设，* 表示在接近 10%的置信水平下拒绝原假设。

在经济增长与人口增长的检验方面，与浙江省的检验结果相异较大，一方面陕西省总人口数增长率与人均 GDP 增长率之间互为因果关系，另一方面从业总人口增长率表现为人均 GDP 增长率的 Granger 原因。既说明经济增长对人口增长和就业增长的促进作用，同时也说明就业增长对经济增长的影响力。

2. 经济增长与小学增长指标

小学增长指标主要利用小学的毕业人数增长率、在校学生数增长率和招生数增长率。陕西省人均 GDP 增长率与小学增长指标的因果关系检验见表 3–23。

表 3–23　陕西省人均 GDP 增长率与小学增长指标的因果关系检验

原假设	滞后期为 1			
	F 统计量	显著水平	判断	结　论
pri1 不是 pgdp 的 Granger 原因	0.0721	0.7929	接受	pgdp 是 pri1 的 Granger 原因
pgdp 不是 pri1 的 Granger 原因	8.9612**	0.0112	拒绝	
pri2 不是 pgdp 的 Granger 原因	3.8974*	0.0718	拒绝	两者互为 Granger 原因
pgdp 不是 pri2 的 Granger 原因	3.8032*	0.0749	拒绝	
pri3 不是 pgdp 的 Granger 原因	13.4687**	0.0032	拒绝	两者互为 Granger 原因
pgdp 不是 pri3 的 Granger 原因	23.9493**	0.0003	拒绝	

注：显著水平表示接受零假设的概率，数值越小越倾向于拒绝原假设；** 表示在 5% 的置信水平下拒绝原假设，* 表示在接近 10%的置信水平下拒绝原假设。

从检验结果来看，一方面，陕西省的人均 GDP 增长率指标与小学的在校学生人数增长率及招生数增长率之间互为 Granger 原因；另一方面，陕西省的人均 GDP 增长率指标又是小学毕业人数增长率的 Granger 原因，显示了经济增长对教育的拉动作用。在小学教育水平上，不论是绝对值指标还是增长率指标，陕西省都表现出与浙江省大相径庭的现象。

3. 经济增长与中学增长指标

中学增长指标主要利用中学的毕业人数增长率、在校学生数增长率和招生数增长率。陕西省人均 GDP 增长率与中学增长指标的因果关系检验见表 3-24。

表 3-24　陕西省人均 GDP 增长率与中学增长指标的因果关系检验

原假设	滞后期为 2			
	F 统计量	显著水平	判断	结　论
mid1 不是 pgdp 的 Granger 原因	29.4093**	0.0001	拒绝	两者互为 Granger 原因
pgdp 不是 mid1 的 Granger 原因	8.5994**	0.0082	拒绝	
mid2 不是 pgdp 的 Granger 原因	12.2411**	0.0027	拒绝	两者互为 Granger 原因
pgdp 不是 mid2 的 Granger 原因	4.4796*	0.0447	拒绝	
mid3 不是 pgdp 的 Granger 原因	40.0157**	0.0000	拒绝	mid3 是 pgdp 的 Granger 原因
pgdp 不是 mid3 的 Granger 原因	0.1964	0.8251	接受	

注：显著水平表示接受零假设的概率，数值越小越倾向于拒绝原假设；** 表示在 5%的置信水平下拒绝原假设，* 表示在接近 10%的置信水平下拒绝原假设。

从检验结果来看，一方面，陕西省的中学增长指标与人均 GDP 增长率之间具有相互的促动作用，比如人均 GDP 增长率与中学毕业人数和在校学生数之间互为 Granger 原因，而且检验显著程度极高；另一方面，中学教育增长对陕西省的经济增长的推动作用也比较明显，中学招生数增长率指标直接体现为人均 GDP 增长率的 Granger 原因。

4. 经济增长与职业中学增长指标

职业中学增长指标主要利用中等专业学校的毕业人数增长率、在校学生数增长率和招生数增长率。陕西省人均 GDP 增长率与职业中学增长指标的因果关系检验见表 3-25。

与绝对值的检验结果有所差异，从陕西省的人均 GDP 增长指标和职业中学增长指标的检验结果来看，陕西省的中等专业学校的毕业人

表 3-25 陕西省人均 GDP 增长率与职业中学增长指标的因果关系检验

原假设	滞后期为 2			
	F 统计量	显著水平	判断	结 论
tech1 不是 pgdp 的 Granger 原因	50.4545**	0.0000	接受	tech1 是 pgdp 的 Granger 原因
pgdp 不是 tech1 的 Granger 原因	0.9341	0.4280	接受	
tech2 不是 pgdp 的 Granger 原因	13.6047**	0.0019	接受	tech2 是 pgdp 的 Granger 原因
pgdp 不是 tech2 的 Granger 原因	1.2682	0.3272	拒绝	
tech3 不是 pgdp 的 Granger 原因	13.7395**	0.0018	接受	两者互为 Granger 原因
pgdp 不是 tech3 的 Granger 原因	4.1200*	0.0537	拒绝	

注：显著水平表示接受零假设的概率，数值越小越倾向于拒绝原假设；** 表示在 5%的置信水平下拒绝原假设，* 表示在接近 10%的置信水平下拒绝原假设。

数增长率和在校学生数增长率是人均 GDP 增长率的 Granger 原因，而中等专业学校的招生数增长率则与人均 GDP 增长率之间互为 Granger 原因。

5. 经济增长与大学增长指标

大学增长指标主要利用高等学校的毕业人数增长率、在校学生数增长率和招生数增长率，为保持数据的连续性笔者没有考虑研究生人数。陕西省人均 GDP 增长率与大学增长指标的因果关系检验见表 3-26。

表 3-26 陕西省人均 GDP 增长率与大学增长指标的因果关系检验

原假设	滞后期为 2			
	F 统计量	显著水平	判断	结 论
high1 不是 pgdp 的 Granger 原因	116.544**	0.0000	拒绝	high1 为 pgdp 的 Granger 原因
pgdp 不是 high1 的 Granger 原因	0.0934	0.9117	接受	
high2 不是 pgdp 的 Granger 原因	1.5879	0.2567	接受	两者无 Granger 因果关系
pgdp 不是 high2 的 Granger 原因	2.2607	0.1601	接受	
high3 不是 pgdp 的 Granger 原因	16.5337**	0.0010	拒绝	high3 为 pgdp 的 Granger 原因
pgdp 不是 high3 的 Granger 原因	1.7907	0.2215	接受	

注：显著水平表示接受零假设的概率，数值越小越倾向于拒绝原假设；** 表示在 5%的置信水平下拒绝原假设。

从检验结果来看，陕西省的高等学校在校学生数增长率与经济增长率指标之间并无明显的因果关系。但高等学校毕业人数增长率和招生数增长率却显示是人均 GDP 增长率的 Granger 原因，显示了高校教育增长对经济总量增长的促进作用。

第五节 小结

一、人力资本绝对值指标与经济发展水平不尽相同

从人力资本绝对值指标的比较来看，浙江省与陕西省的人力资本绝对值指标与两省相应的经济发展水平并不体现出一定的对应关系。就笔者在第三章第一节中所列举的医疗卫生保健、教育普及程度、科研投入和创新能力等多方面来看，除了在创新能力方面浙江省要强于陕西省以外，其余的医疗卫生保健水平、教育普及程度尤其是中学教育与高等教育普及程度、科研投入和科技发展水平等方面衡量的人力资本量来看，陕西省的水平都要明显强于浙江省。事实上，从因果关系考察的结果来看，教育水平对经济增长的影响也不尽相同。虽然浙江省和陕西省的教育水平变动对经济增长的影响有许多共同之处，比如大学绝对值指标和大学增长指标对人均 GDP 的影响作用和中等职业学校指标对经济增长的促进作用等。但需要注意的是，在初等教育水平对经济增长的影响水平上，两省具有比较大的差异。浙江省小学绝对值指标或者增长率指标对经济增长指标均无明显的 Granger 原因特征体现；但陕西省在小学绝对值指标及增长率指标上却明确体现出对经济增长的带动作用。如在绝对值指标上，小学的在校学生数和招生数体现为人均 GDP 值的 Granger 原因；而在增长率指标上，小学的在校学生数增长率和招生数增长率与人均 GDP 值增长率之间具有比较明显的互为因果关系。

从这些结果来分析，似乎两省的人力资本水平与经济发展水平之间并非符合人力资本理论与区域经济增长的结果。这也正是笔者在导言中所提出的关键问题所在。

二、经济增长对人口及教育水平变动影响较为明显

经济增长对教育水平变动的影响较为明显，这一点在两省数据上均有体现。一方面，无论是绝对值指标还是增长率指标，经济增长都体现为从业总人口数的 Granger 原因，显示经济增长对就业水平的拉动作用。经济增长与总人口指标之间关系不大，这可能与笔者选择的经济增长指标为人均 GDP 指标有关，其中已经剔除了人口总量对经济总量的影响作用。另一方面，经济增长对教育水平变动影响十分明显。如在绝对值指标方面，浙江省人均 GDP 是中学毕业人数、在校学生数和招生数的 Granger 原因，同时浙江省人均 GDP 又与职业中学在校生数和招生数互为因果关系；陕西省人均 GDP 也是中学毕业人数、在校学生数和招生数的 Granger 原因，同时陕西省人均 GDP 又是小学毕业人数、职业中学在校生数和职业中学招生数的 Granger 原因。在增长率指标方面，浙江省人均 GDP 增长率是小学在校学生数增长率和职业中学在校学生数增长率的 Granger 原因；陕西省人均 GDP 增长率则与小学在校学生数增长率、小学招生数增长率、中学毕业人数增长率和中学在校学生数增长率之间互为因果关系。由此可见，经济增长对人口及教育水平变动影响较为明显。

正如 Mincer 在其《人力资本研究》一书中所提到的那样：[①] 人力资本增长既是经济增长的一个条件，也是它的一个结果。人力资本的增长提高了物质资本的边际产品，这会引致物质资本的进一步积累，因而直接或间接地提高总产出。对称地说，物质资本的增长将提高人力资本的边际产品。这也就容易解释笔者发现教育水平对经济增长具有影响的同时，经济增长对人口及教育水平变动的影响也十分显著。

---

① 见张凤林所译《人力资本研究》，第 369 页。

三、教育水平对经济增长的影响具有一定的地域性特点

正如笔者在上文提到的那样，虽然浙江省和陕西省在教育水平变动对经济增长的影响有许多共同之处，如大学绝对值指标和大学增长指标对人均 GDP 的影响作用和中等职业学校指标对经济增长的促进作用等。但在初等教育水平对经济增长的影响水平上，两省具有比较大的差异。浙江省小学绝对值指标或者增长率指标对经济增长指标均无明显的 Granger 原因特征体现；但陕西省在小学绝对值指标及增长率指标上却明确体现出对经济增长的带动作用。笔者认为这可能与浙江省及陕西省的小学教育普及率存在着一定的联系。

表 3-27　浙江省与陕西省小学入学率一览

年　份	浙江省	陕西省
1978	0.9760	
1979	0.9740	
1980	0.9700	
1981	0.9720	
1982	0.9700	
1983	0.9740	
1984	0.9780	
1985	0.9810	
1986	0.9830	
1987	0.9860	
1988	0.9890	
1989	0.9910	
1990	0.9930	0.9805
1991	0.9930	
1992	0.9940	
1993	0.9950	
1994	0.9970	
1995	0.9970	0.9897
1996	0.9980	
1997	0.9988	

续表

年　份	浙江省	陕西省
1998	0.9992	0.9930
1999	0.9995	0.9938
2000	0.9993	0.9938
2001	0.9997	0.9843
2002	0.9999	0.9849
2003	0.9998	0.9859

资料来源：浙江省统计年鉴和陕西省统计年鉴。

表 3-27 是浙江省和陕西省小学入学率的对比，虽然陕西省的数据不全，但从表中也不难发现即使是在早已普及九年制义务教育的现在，浙江省的小学入学率水平也远远高于陕西省的小学入学率水平。而且从表中还可以看出有一个比较奇怪的现象，浙江省的小学入学率水平基本上呈现出逐步增长的势头，在 1989 年以后即处于 99%以上，而在 2000 年以后更是在 99.9%以上，小学教育对经济增长的促进作用可能已经趋向饱和状态，从而出现小学教育与经济增长指标与人均 GDP 并无因果关系的局面；而陕西省的小学入学率一方面远远落后于浙江省的水平，另一方面又表现出一定的断层，如在 20 世纪 90 年代末其小学入学率仍能保持在略高于 99%的水平，但在 21 世纪初却直落到 98%的水平区间。正是如此，陕西省小学教育对经济增长的影响可能尚未处于饱和状态，从而体现出与经济增长指标人均 GDP 之间的互为因果关系。

第四章 浙—陕之谜的人力资本理论推测

第一节 浙江的优势与西部落后的原因

在第二章曾详细回顾了人力资本理论的发展及其与经济增长之间的关系，也提到了目前区域经济发展理论中揭示区域经济增长差异原因的成果。但是现有的学术界对浙江的优势与西部落后的原因又是如何评价的呢？

一、浙江的优势分析

陈建军（2000）可能是较早对浙江经济发展模式进行系统性研究的学者。他通过对江苏、浙江与上海的经济关系与产业关联，浙江经济增长的要素分析，江苏和浙江的乡镇企业发展模式，专业市场的发展，以及江浙经济发展模式与海外相应国家如韩国模式的比较等方面的研究，结合两省的区位、人力资源和非人力资源投入、政府作用及乡镇企业的作用，认为江苏和浙江区域经济发展的成因主要在于资本投入、资本积累和技术进步。

提到对浙江经济发展模式的系统性研究，就不能不提到浙江人民出版社在2000~2001年出版的浙江改革开放研究书系。其中解力平等（2000）从浙江私营经济结合城镇化、产业积聚和专业市场及创新等方面的研究，对浙江省私营经济的发展、运作机制、组织形式和发展趋势进行了考察；方民生等（2000）则认为浙江经济发展中起到主要作用的是其相应的制度变迁模式，浙江省制度创新释放了生产潜能，改变了运行机制，重塑了新的发展模式。这种制度变迁的模式不仅仅在于体制的变化，如从农业社会向工业社会或是从计划经济向市场经济转变，也同样在于整个经济结构的变迁和市场化模式的形成；史晋川、罗卫东（2000）从浙江现代化进程中工业化、市场化、城填化和区域经济发展的研究出发，提出浙江省现代化发动方式是一个自下而上的民间发动的制度创新。在这种制度创新中，民营企业家通过影响基层官员取得了政治支持；胡祖光、曹旭华等（2001）则通过浙江省所有制结构的变化和发展特征的实证研究，提出浙江经济的持续快速发展在于多种所有制经济共同发展的结果。

也有学者从其他方面对浙江经济发展提出了相应的看法。如丁萍萍（2001）从劳动力、环境资源、市场发展和企业经营机制等方面论述了浙江经济发展的优势所在；陈建军（2002）从分析浙江的要素禀赋、要素结构以及比较优势入手，进而提出浙江的比较资源优势在于企业家优势，并相应提出浙江企业“走出去”战略的实施方式；潘捷军（2002）指出浙江经济发展的特征是民营企业多、市场扩张性强和中小民营企业活力足、精于变化；慎海雄（2002）则指出浙江经济连续 11 年高于全国平均水平速度增长的原因是所有制结构的调整、政府的软环境建设和出口拉动；姚先国、朱海就（2002）在研究产业区“灵活专业化”模式时认为浙江传统产业区内的“特质交易”是一种灵活专业化中的以产业专有资本为主导的模式，但一些产业区也有向动态网络模式发展的趋势，作者引用了台州的案例；[①] 韩保江（2002）则认为浙江经济奇迹的成因在于尊重群众的首创精神、制度的革新和完善、专业市场的培育以及工业化和城市化的结合；而李小建（2004）在考察区域经济重点研究领域中的产业集群问题时认为浙江省的文化

① 黄保才原载浙江日报 2000 年 2 月 17 日第 6 版《产品档次大提高企业形成“集团军”：台州摩配今占大市场》一文中提到台州一部分配件企业与整车厂之间建立稳固的供需关系，通过发挥各自资金、技术优势，联合开发研制零配件，实现零配件与主机同步协调发展、关键零配件超前发展……

造就了一定的产业链，以义乌为例，从“鸡毛换糖”演变为传统副业，再到农民以“做小文章赚大钱”作为经营策略逐步完成最原始的资本积累，最终造就了义乌小商品市场。这种交易文化形成了独特的浙江产业群。

二、西部的问题

以陕西为代表的西部经济发展落后的研究成果，以学者邹东涛（2001）的文集《什么粘住了西部腾飞的翅膀——邹东涛西部开发文集》最具有系统性。该文集收集了邹东涛教授自 1970~2000 年有关西部开发问题的 45 篇论文、调查报告或访谈录。作者从陕南安康地区及汉阴县出发，到整个陕南、西安乃至陕西全省，最后扩展到整个西北地区和整个西部。

从表面上来看，西部一方面自然资源丰富，另一方面在中心城市也具有较强的科技教育力量，但地区经济发展水平在改革开放以来一直低于全国平均水平。邹东涛教授从软要素的角度总结了三个方面的原因：一是西部地区对中央政策反应的灵敏度较差；二是阻碍西部经济发展的“正式制度”因素，即社会已经形成、由法律法规或其他权威文件规范的制度；三是陈旧观念、习惯和风俗等“非正式制度”因素。制度经济学认为制度的变迁和演进是决定经济发展的重要力量，邹东涛教授认为西部经济相对落后的制约因素和造成东西部差距拉大的重要因素之一是“制度短缺”。“制度短缺”表现在正式制度和非正式制度两个方面：在正式制度方面，西部地区在整体上改革的滞后使得其与东部相比存在一个“体制落差”；而改革的推进与市场经济的发展客观上需要相适应的思想、观念、民俗、习惯和文化等非正式制度因素与之配合。西部地区正是由于这些“非正式制度”因素的短缺，即“软环境”的短缺成为制约西部经济发展的严重瓶颈。

值得注意的是，西部与东部的差距使得西部还存在高等教育效益外溢的现象。丁云祥、张文耀和吴克强（2000）认为 1988 年在陕西部委高校 70%以上的生源来自外省，约 77%的应届毕业生到省外就业，科技成果的应用转化 90%以上服务于国家、行业和省外企业。对于陕西省而言，这批在20世纪90年代末划转地方的高校具有非常明显的效益外溢特点。而且由于陕西高校教职工待遇与发达省区差距悬殊，中青年骨干教师大量外流。1990年以来，陕西省高校流失包括院士在内的骨干教师达4800多人，而且这种现象仍有加剧的趋势。陕西省属高校1998年应届毕业生当年到外省就业的占总应届毕业生的18%，工作以后外流的比重则更大。这些方面显示陕西省或者说西部地区人才的外流现象十分严重。

第二节　浙、陕经济增长差异的人力资本问题

一、现有区域经济增长差异研究成果的归纳

从第二章第五节第三部分来看，对于东、西部区域经济增长差异的研究主要集中在有形要素与无形要素方面。有形要素则主要在于资本的投入方面，甚至于资本流动或资本形成的机制；而无形要素则主要侧重于制度创新，诸如创新能力和市场化程度。而即使王小鲁、樊纲（2004）承认人力资本和农村劳动力流动对东、西部经济增长差异的影响，但仍然把地区差异的主要原因归结为由技术进步和市场化程度而导致的要素生产率的差异。现存的通过研究人力资本方面因素导致区域经济增长差异的成果一方面并不多见，另一方面现有的成果也集中在教育对区域经济增长的影响以及教育对区域经济增长的贡献率方面。事实上，如果从第二章第六节第二部分的回顾来分析，绝大部分研究成果都认为教育对经济增长的贡献率并不大。

而在人力资本对经济增长的影响方面，从第二章第六节来看，诸多的研究主要围绕着教育投资与经济增长的关系问题，而在教育投资方面，更是把范围缩小到教育投入的贡献率方面。即使是区域经济的对比研究，往往也都是教育投入要素的贡献率大小对比、弹性比较。

而其他人力资本要素甚至于最基本的人力资本存量要素——平均受教育年限的研究也比较少。而且绝大部分研究都说明目前我国经济增长与教育水平的关系不大。

但从前一节的研究回顾来看，浙江省的优势和西部的差距两方面的研究主要也还是集中在资本投入和制度创新两个方面，邹东涛(2001）也把西部或者陕西省的差距集中到制度因素上。如果忽略企业家资源这一因素，可以说还没有一个学者纯粹地把重点放到人力资本方面。即使是丁云祥、张文耀和吴克强（2000）也是从陕西高等教育需要进行成本补偿这一角度来考察陕西高等教育的效益外溢问题，而不是把重点放到陕西高等教育效益外溢可能直接影响到陕西经济发展上来。

综上，人力资本对区域经济增长差异的影响确实没有能够成为区域经济研究方面的重点研究对象。

二、区域经济增长的人力资本差异性

首先，从制度创新的角度出发，就要联系到制度经济学的内容。制度变迁的形式按照发起主体在变革中所处的地位和作用可以分为诱致性制度变迁和强制性制度变迁两大类别（林毅夫，1994）。诱致性变迁是一种“自下而上”的制度变迁，是由个人或一群（个）人在响应获利机会时自发倡导、组织和实行的制度变迁；而强制性变迁则是由政府法令或者法律引入而实现的变迁模式。如果把参与制度创新的组织角色分为两个大类：初级行动团体和次级行动团体。在“自下而上”的制度变迁过程中，初级行动团体有相关利益集团，而次级行动团体是作为立法者和执法者的政府。初级行动团体制订行动方案，并说服次级行动团体与之合作。如此看来，无论是诱致性变迁还是强制性变迁，制度创新离不开政府的相关作用。因为很明显，无论是初级行动团体还是次级行动集团，其中最终制定规则还是依据人的作用。因此，在提到影响浙江省地方政府行为变迁的因素时，方民生等（2000）认为在多半场合，政府自身变迁主要是由外部环境推动的，区位条件和当地群众的实践是区域制度变迁的主要因素，而政府内部自身因素通常仅是个别特例。由此可见，人力资本的作用在浙江省制度创新中起到了极为重要的作用。

笔者再把目光放到部分学者所归纳的东、西部差异的原因——技术进步和市场化程度上来。技术进步应该说其中反映了相当程度的人力资本发展成果。而对市场化程度而言，樊纲等（2001a，2001b，2003）设计了一系列指标来考察全国各地区的市场化进程，指标涉及政府与市场的关系、非国有经济的发展、产品市场的发育程度、要素市场的发育程度和市场中介组织发育及法律制度环境等五个方面。其中要素市场的发育程度中直接涉及劳动力市场的指标，而其他四类指标中存在直接涉及人的因素（如减轻农村居民的税费负担、非国有经济就业人数和对生产者权益的保护等），但主要还是反映了一个制度环境的问题。正如前文所述的那样，制度环境的变革或者说制度创新从本质上而言还是一个人力资本如何发挥作用的问题。

值得注意的是，其一，人力资本绝对值指标的差异并非能够准确衡量出不同地区的人力资本存量水平。比如，表面上来看陕西省的教育普及度要明显高于浙江省的水平，但是劳动力流动的影响极有可能使得浙江省的人力资本存量水平要反过来高于陕西省的水平，而人力资本存量指标与经济增长相对应。当然，如果从另一个角度来说，这种人才外流也是陕西省经济发展不能充分利用当地人力资本的一个例证。

其二，从企业家资源或者说乡镇企业与国有企业效率差异角度来看人力资本的问题。田国强（1995）、刘小玄（1995）、周其仁（1996）、张维迎（1996）、姚先国和盛乐（2000）、盛乐和姚先国等（2001）、盛乐（2001）、姚先国和盛乐（2002）、盛乐（2002）以及盛乐和姚先国（2002）等均从乡镇企业和国有企业的效率差异角度来看待人力资本的作用如何发挥的问题，当然绝大部分实证还是着眼于企业家资源的利用问题。比如盛乐（2001）认为国有企业和乡镇企业经营者人力资本产权界定完整性的差异导致两者的经济效率的差异。这种差别具体来说主要是经营决策权、剩余分配权和监督约束机制三个方面的差异。也就是说，绝大多数学者认为国有企业和乡镇企业经济效率的差异实际上在于两者对经营者的利用上，也就是如何发挥经营者的人力资本作用导致了国有企业和乡镇企业之间存在着差异。

其三，从人力资本的外部组合来看，物质资本与人力资本之间存在相互支持、相互作用的联系；从人力资本的内部组合来看，企业家资源是人力资本内部的重要内容。

姚先国认为，“人力资本的产权要求，其实是体现了人力资本所有者是否拥有对其经济活动涉及的必需物质资本的控制权；是否得到正常激励和有效约束，如能否在生产中得到合理回报；是否主动努力，如当人力资本所有者将自身的人力资本投入企业生产后，是否提供有效劳动。人力资本的这些产权要求，实际也就体现了人力资本产权的基本构成。应该说，人力资本产权的界定最终目的是实现人力资本价值的最大化，也包括人力资本创造的企业价值的最大化。换句话说，人力资本产权的界定体现了物质资本产权和人力资本产权的一种合作博弈关系。任何一种产权都不能以另一种产权利益的损失为代价而得益，两者是一种双赢的契约关系”（盛乐，2002）。人力资本产权的界定如此，人力资本本身也是如此，物质资本与人力资本之间也是一种合作的博弈关系，两者相互作用、相互联系。

同时，已经有学者证明，普通劳动者的人力资本产权界定并不构成企业经济效率差异的主要原因（姚先国、盛乐，2002）。也就是说，人力资本内部组成上，企业家资源要素的差异严重影响到人力资本发挥作用的程度大小，企业家资源的多少可能在很大程度上影响到一个地区经济的发展速度。

正是如此，从这些方面来看，第三章中浙江省与陕西省的人力资本绝对值指标与两省相应的经济发展水平并不体现出一定的对应关系并不能推导出人力资本理论出现了差错。也就是说，“浙—陕之谜”尚不能说是违反了人力资本理论，而是目前笔者对人力资本理论的认识不够，只看到人力资本部分绝对值指标的表面现象，而没有看到人力资本的无形资本因素并不能完全用个别绝对值指标来衡量。据此，笔者提出“浙—陕之谜”从本质上而言其实是人力资本的差异性对区域经济增长的影响问题。这种人力资本的差异性一方面体现在两省的人力资本类型组成的差异性上，即外部的物质资本与人力资本组合和内部的企业家资源要素；另一方面也体现在两省的人力资本发挥作用的机制差异性上，这种机制的差异性体现资源的配置和转换能力上，也就是如何发挥人力资本作用的制度因素上。

第三节　结论

由此，笔者提出两个方面的问题：一方面在人力资本的类型组成上，两省的人力资本存量、人力资本的外部组合以及企业家资源的开发这三个方面的差异性问题；另一方面在人力资本的作用机制差异性上，发挥人力资本作用的制度因素的差异性问题，其中人力资本的产权问题也是一个重点问题。笔者接下去的研究结构图如图 4–1 所示。

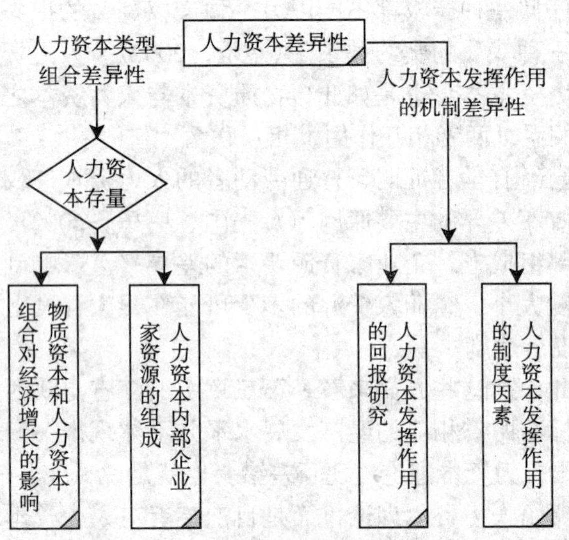

图 4–1　人力资本差异性研究结构图

第五章 人力资本类型组成差异性研究

人力资本类型组成的差异性方面，笔者主要从人力资本存量、人力资本的外部组合（即物质资本和人力资本组合差异性对经济增长的影响）和人力资本的内部组合（人力资本内部企业家资源的组成）等三个方面来分析问题。

第一节 人力资本存量水平比较

丁云祥、张文耀和吴克强（2000）从陕西高等教育需要成本补偿的角度提到陕西高等教育的效益外溢问题。由于陕西高校教职工待遇与发达省区差距悬殊，中青年骨干教师大量外流。陕西省属高校 1998 年应届毕业生当年在外省就业的占总应届毕业生的 18%，工作以后外流的比重则更大。这些方面显示陕西或者说西部地区人才的外流现象十分严重。正是如此，表面上如第三章的数据所显示的那样，陕西省教育普及程度要强于浙江省的水平，但是由于人才的流动导致人力资本存量水平的平均受教育年限指标极有可能并非等同于教育普及程度的表现。

一、人均 GDP 值和就业率

人均 GDP（pgdp）是以不变价格计算的人均真实国内生产总值。笔者利用浙江统计年鉴（2004）和陕西统计年鉴（2004）的数据进行了计算，表 5.1 是浙江省和陕西省人均 GDP 增长率。同时笔者根据年鉴中的失业率项目指标计算了城镇总体的就业率水平（Total Employment）。由于两省年鉴数据并非一一对应，所以为了保持数据的连续性，最终的结果如表5–1。不难发现，陕西省虽然改革开放以后在经济增长上落后于浙江省的水平，但是从20世纪90年代到本世纪初期，其后发的“追赶”效应还是比较明显的。在90年代上半叶，浙江省的人均GDP增长速度要远高于陕西省的水平，但在90年代下半叶以后，陕西省的经济增长速度基本上与浙江省保持着相同的增长率，差别不是很大。而在城镇居民总体就业率方面也是如此，在90年代初，浙江省的总体就业率还要高于陕西省，但此后陕西省一直保持着相对略高的就业率水平。

表5–1 浙江、陕西人均GDP增长及就业率一览

年 份	浙江省（%）		陕西省（%）	
	pgdp	et	pgdp	et
1991	19.69840	98.00	13.61805	97.00
1992	25.47244	97.60	12.83688	97.00
1993	39.03357	97.40	21.05594	97.00
1994	38.77229	97.40	21.70301	96.70
1995	31.30590	97.20	21.28840	96.80
1996	17.10429	97.40	16.56701	96.70
1997	11.21100	97.00	9.656005	96.60
1998	6.961484	96.70	5.503577	96.90
1999	7.024095	96.60	6.964006	97.40
2000	10.56742	96.60	10.92416	97.30
2001	10.11346	96.30	10.44186	96.80
2002	14.89594	96.00	13.47532	96.70
2003	19.65198	96.30	13.66427	96.30

二、教育水平

表5–2是用入学率（Enrollment Rates）来表示的教育水平数据。但是需要注意的是，浙江统计年鉴中仅有小学入学率数据，陕西统计年鉴中也仅有小学和初中入学率数据。而笔者也只取得人口普查时的

各年龄阶段人口数，相应各年的数据并不全。在这种情况下，一方面笔者把各年龄阶段人口数基数改为总人口数，即入学率=注册学生数/总人口；另一方面为统一各类数据，笔者把小学入学率数据也相应按总人口基数进行了重新计算。从表 5-2 的结果来看，陕西省的学生按入学率代表的教育水平要远远高于浙江省的水平。

表 5-2　各级入学率状况一览

年份	浙江省（%）				陕西省（%）			
	小学	中学	中专	大学	小学	中学	中专	大学
1991	8.51	4.24	0.16	0.14	10.82	4.02	0.58	0.28
1992	8.29	4.40	0.17	0.15	11.13	4.03	0.62	0.30
1993	8.33	4.29	0.20	0.17	11.55	3.76	0.64	0.34
1994	8.43	4.47	0.25	0.20	12.21	3.86	0.66	0.36
1995	8.31	4.82	0.32	0.21	12.85	4.13	0.77	0.37
1996	8.27	5.08	0.40	0.22	13.39	4.44	0.83	0.38
1997	8.33	5.04	0.36	0.23	13.72	4.73	0.91	0.39
1998	8.21	4.89	0.38	0.26	13.81	5.11	0.96	0.42
1999	8.13	5.11	0.37	0.34	13.60	5.65	1.03	0.50
2000	7.86	5.54	0.33	0.47	13.20	6.33	1.00	0.66
2001	7.66	5.82	0.29	0.65	12.61	6.96	0.94	0.87
2002	7.58	5.96	0.27	0.87	11.79	7.57	1.05	1.12
2003	7.48	5.93	0.27	1.06	10.88	8.01	1.23	1.35

表 5-3 是用毕业率（Attainment Rates）来表示的教育水平数据。同入学率指标一样，年鉴中仅有小学毕业率数据。因此由于缺乏各年龄段人口数的普查数据，在这种情况下，一方面为与入学率相对应，笔者把各年龄阶段人口数基数改为总人口数，即毕业率=毕业学生数/总人口；另一方面为统一各类数据，笔者把小学入学率数据也相应按总人口基数进行了重新计算。从表 5-3 的结果来看，陕西省以毕业率表示的教育水平要明显高于浙江省。但值得注意的是，以每年的小学生毕业生占总人口的比重来看，浙江省在 20 世纪 90 年代上半叶都要明显高于陕西省的水平。而同期浙江省相应的就业率要明显高于陕西省（浙江省的就业率在 1997 年以后低于陕西省），相应时间段内浙江省的人均 GDP 增长率也远远高于陕西省的增长率（1996 年以后两省

表 5-3 各级毕业率一览

年份	浙江省（%）				陕西省（%）			
	小学	中学	中专	大学	小学	中学	中专	大学
1991	1.54	1.08	0.05	0.04	1.33	1.23	0.19	0.08
1992	1.49	1.16	0.05	0.04	1.32	1.07	0.19	0.08
1993	1.38	1.29	0.05	0.04	1.30	1.15	0.19	0.07
1994	1.52	1.31	0.05	0.04	1.34	1.08	0.20	0.08
1995	1.60	1.35	0.07	0.05	1.43	1.07	0.24	0.11
1996	1.45	1.30	0.08	0.06	1.52	1.12	0.25	0.10
1997	1.31	1.54	0.09	0.06	1.66	1.23	0.25	0.10
1998	1.34	1.70	0.10	0.05	1.84	1.33	0.28	0.10
1999	1.52	1.56	0.11	0.07	1.98	1.42	0.30	0.10
2000	1.59	1.48	0.11	0.07	2.11	1.54	0.31	0.10
2001	1.47	1.58	0.11	0.08	2.22	1.73	0.31	0.12
2002	1.42	1.79	0.10	0.11	2.26	1.97	0.29	0.14
2003	1.31	1.94	0.09	0.17	2.18	2.18	0.33	0.22

相差幅度趋于平稳，相比之前差距并不明显）。

表 5-4 是以平均受教育年限来表示的教育水平。这一平均受教育年限是笔者根据 2000 年 11 月的人口普查结果中受教育程度人口数推得 2000 年两省总的受教育年限，然后根据各年的受教育学生数（未包括成人教育在内，可能对结果会有所影响）向前推算或者向后倒推取得各年的总体受教育年限，再以总人口为基数即可取得两省各年的平均受教育年限数。需要注意的是，虽然每年各级入学率和毕业率方面陕西省水平要高于浙江省，而且人口数方面浙江省要略高于陕西省的水平。但是就笔者推算所得到的平均受教育年限绝对值来看，浙江省总人口的受教育水平要远高于陕西省。不过两者差距上也体现类似在人均 GDP 增长和就业率方面的后发“追赶”效应的影响：在 90 年代上半叶浙江省和陕西省之间的受教育年限相距幅度相当大，而随着时间的推移这种差距越来越小。

值得注意的是，理论上在每年各级入学率和毕业率方面陕西省大部分的水平都要高于浙江省，那么平均受教育年限似乎也应该是陕西省高于浙江省水平的可能性更大，但实际的结果却是在平均受教育年

表 5-4　平均受教育年限对比

年　份	浙江省（年）	陕西省（年）
1991	2.79	1.68
1992	2.93	1.84
1993	3.07	2.01
1994	3.21	2.19
1995	3.36	2.38
1996	3.50	2.58
1997	3.65	2.79
1998	3.80	3.01
1999	3.96	3.24
2000	4.10	3.47
2001	4.26	3.71
2002	4.43	3.96
2003	4.60	4.20

限方面浙江省数据要明显高于陕西省数据。这里有两个方面的可能性：一方面是成人教育方面。如成人高考、电大、夜大和自考等各类成人教育可能受经济发展水平的影响程度较大，这一方面浙江省会强于陕西省。另一方面是如同丁云祥、张文耀和吴克强（2000）提到的陕西高等教育效益外溢问题所导致的人才流动，在这一方面陕西省是受害区域，而浙江省可能正恰恰是受益区域。随着经济的发展，对人才流动的约束也越来越小，大量的人才从西部或北方地区向东部沿海地区流动，而且这些人才基本上是受过高等教育或者是具有高级技术能力的高层次人才。这两个方面由于缺乏较长周期的数据难以进行实证研究，可以作为未来笔者研究的对象。

第二节　经济增长、固定资产投资与人力资本

一方面，根据浙江、陕西两省人均 GDP 增长率，结合两省的投资增长情况，笔者可以对两省的人均 GDP 增长率和社会固定资产投资增

长率进行对比分析（参见图 5-1、图 5-2、图 5-3 和图 5-4），发现两省在经济增长方面的不同特点；另一方面，通过对浙江、陕西教育指标（如各级教育水平的在校生人数、毕业生人数和入学人数等）与经济增长指标之间的因果关系，在一定程度上揭示人力资本与经济增长之间的关系。

一、数据指标

在这一部分研究中主要利用了以下三大类的指标：

1. 经济增长指标

人均 GDP 指标（Per Capital GDP，简称 pgdp）：该指标即为人均实际 GDP 值，是名义 GDP 值除以物价指数得到的。这一数据目前可以分别从浙江统计年鉴和陕西统计年鉴中取得。

人均 GDP 增长率指标：这一指标通过对人均实际 GDP 指标的计算取得。

2. 固定资产投资指标

社会固定资产投资增长率指标：这一指数笔者通过对全社会固定资产投资的增长计算取得。而全社会固定资产投资数据则可以分别从浙江统计年鉴和陕西统计年鉴中取得。由于受数据所限，浙、陕两省 1953~1978 年的全社会固定资产投资增长率，分别用两地同期的基本建设投资增长率进行替代。

3. 人力资本指标

笔者在这里选择了两大类的人力资本指标：一类是人口数与就业人数指标；另一类则是各级教育水平下的在校生人数、毕业生人数和入学人数等。各指标相应的增长率水平则通过相应的计算取得。

人口数指标：即统计指标中的总人口数（Total Population，简称 pop）。

从业人员总数指标：即统计指标中的从业人员总数（Employed Persons，简称 worker）。

小学指标：分别为小学的毕业人数（Graduates）、在校学生数（Students Enrollment）和招生数（New Students Enrollment），分别简称

为 pri1、pri2 和 pri3。

中学指标：分别为中学的毕业人数（Graduates）、在校学生数（Students Enrollment）和招生数（New Students Enrollment），分别简称为 mid1、mid2 和 mid3。

职业中学指标：分别为中等专业学校的毕业人数（Graduates）、在校学生数（Students Enrollment）和招生数（New Students Enrollment），分别简称为 tech1、tech2 和 tech3。

大学指标：分别为高等学校的毕业人数（Graduates）、在校学生数（Students Enrollment）和招生数（New Students Enrollment），分别简称为 high1、high2 和 high3。为了数据的连续性，笔者在这里忽略了研究生人数，仅指本专科学生数。

以上这些数据基本可以从统计年鉴中取得，而相应的增长率水平则通过计算取得。

二、两省社会固定资产投资增长率和人均 GDP 增长率对比

笔者准备分两个时段（1953~1978 年段、1979~2002 年段），分别对两地的全社会固定资产投资增长率—人均 GDP 增长率数据进行相应的分析。

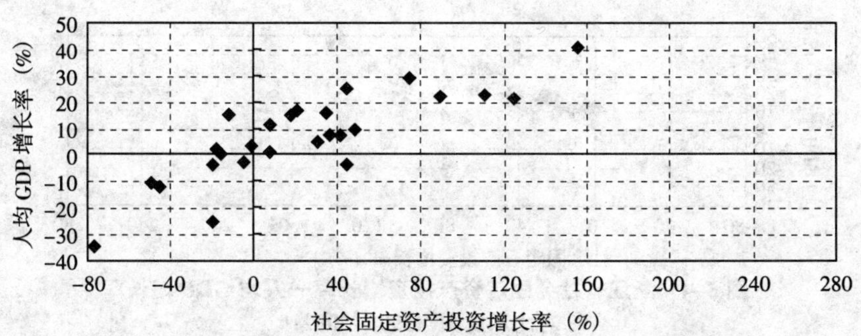

图 5-1 陕西省社会固定资产投资增长率—人均 GDP 增长率对比示意图（1953~1978）

资料来源：陕西统计年鉴（2003）。

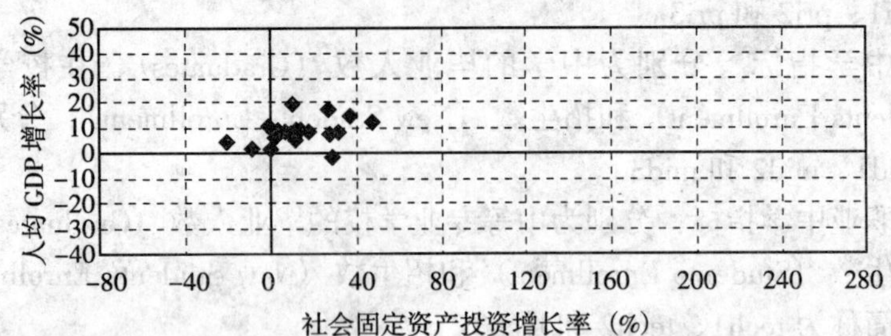

图 5–2　陕西省社会固定资产投资增长率—人均 GDP 增长率对比示意图（1979~2002）

资料来源：陕西统计年鉴（2003）。

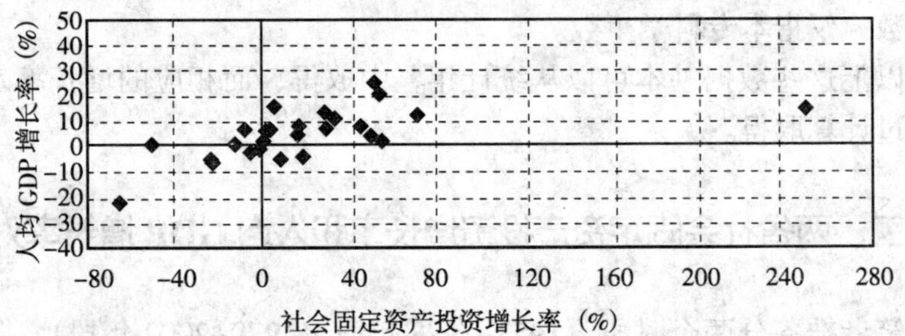

图 5–3　浙江省社会固定资产投资增长率—人均 GDP 增长率对比示意图（1953~1978）

资料来源：浙江统计年鉴（2003）。

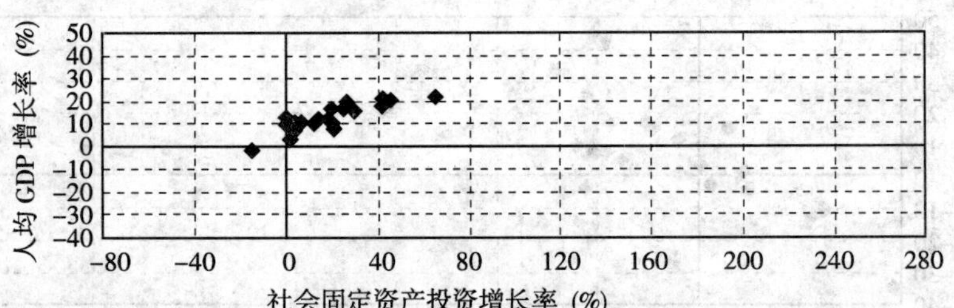

图 5–4　浙江省社会固定资产投资增长率—人均 GDP 增长率对比示意图（1979~2002）

资料来源：浙江统计年鉴（2003）、新中国 50 年统计资料汇编。

不难发现，陕西省在社会固定资产投资增长率和人均 GDP 增长率之间的关系在两个时间阶段内存在一定的差异。

与陕西省的数据相比，浙江省社会固定投资增长率与人均 GDP 增长率之间的关系相对稳定。两省的数据相比较，是不是可以认为陕西省的经济增长对社会固定投资增长率变动更为敏感呢？笔者用数据模型的推导来加以说明。

三、回归模型分析

假设多元回归模型为：

$$\Delta GDP_t=\alpha_1+\alpha_2\cdot p_t+\alpha_3\cdot(\Delta FI_t+\alpha_0)^{\alpha_5}+\alpha_4\cdot p_t\cdot(\Delta FI_t+\alpha_0)^{\alpha_5} \quad (5-1)$$

其中：ΔGDP_t：人均 GDP 实际增长率（可比价），单位：%；

ΔFI_t：全社会固定资产投资实际增长率（可比价）①，单位：%；

t：各数据的对应时间段，其对应时间跨度分别为 1953~1978、1979~2002；

p_t、$p_t\cdot(\Delta FI_t+\alpha_0)^{\alpha_5}$：模型中的虚拟变量，用以检验改革开放以来浙、陕两省人均 GDP 增长率的对应关系是否发生显著变化。

令 $p_t=\begin{cases}0 & t=1953,\cdots,1978\\ 1 & t=1979,\cdots,2002\end{cases}$

由式（5–1）有：

$$\ln(\Delta GDP_t-\alpha_1-\alpha_2\cdot p_t)=\ln(\alpha_3+\alpha_4\cdot p_t)+\alpha_5\cdot\ln(\Delta FI_t+\alpha_0) \quad (5-2)$$

参见图 5–1、图 5–2、图 5–3、图 5–4，令式（5–1）表示的曲线过坐标点（–80，–40），从而有：

$$\begin{cases}\alpha_0=80\\ \alpha_1=-40\\ \alpha_2=0\end{cases} \quad (5-3)$$

取 $\beta_0+\beta_1\cdot q_t=\ln(\alpha_3+\alpha_4\cdot p_t)$，$\beta_2=\alpha_5$，得：

$$\ln(\Delta GDP_t+40)=\beta_0+\beta_1\cdot q_t+\beta_2\cdot\ln(\Delta FI_t+80) \quad (5-4)$$

其中，$q_t=\begin{cases}0 & t=1953,\cdots,1978\\ 1 & t=1979,\cdots,2002\end{cases}$

① 考虑到部分年度的全社会固定资产投资存在负增长的情况，故在此引入参数 α_0（$\alpha_0>0$）作为修正。

1. 对浙江省的分析

针对浙江省，笔者有：

$$\ln(\Delta GDP\_zj_t+40)=2.141+0.141\cdot q_t+0.365\cdot\ln(\Delta FI\_zj_t+80)$$

(11.205)　　(3.989)　　(8.623)[①]

经修正（不考虑1958年点[②]），对浙江，有：

$$\ln(\Delta GDP\_zj_t+40)=1.937+0.125\cdot q_t+0.413\cdot\ln(\Delta FI\_zj_t+80) \quad (5-5)$$

(9.577)　　(3.602)　　(9.102)[③]

2. 对陕西省的分析

针对陕西省，笔者有：

$$\ln(\Delta GDP\_sx_t+40)=1.121+0.079\cdot q_t+0.590\cdot\ln(\Delta FI\_sx_t+80)$$

(5.418)　　(1.451)　　(12.896)[④]

经修正（取β_1=0[⑤]），对陕西，有：

$$\ln(\Delta GDP\_sx_t+40)=1.140+0.595\cdot\ln(\Delta FI\_sx_t+80) \quad (5-6)$$

(5.455)　　(12.872)[⑥]

3. 总体推导结果

由式（5-4）可得：

$$\frac{\partial\Delta GDP_t}{\partial\Delta FI_t}=\beta_2\cdot\frac{\Delta GDP_t+40}{\Delta FI_t+80}$$

$$R(t)=\frac{\left(\dfrac{\partial\Delta GDP\_zj_t}{\partial\Delta FI\_zj_t}\right)}{\left(\dfrac{\partial\Delta GDP\_sx_t}{\partial\Delta FI\_sx_t}\right)}=\frac{\beta_2\cdot\dfrac{\Delta GDP\_zj_t+40}{\Delta FI\_zj_t+80}}{\beta_2'\cdot\dfrac{\Delta GDP\_sx_t+40}{\Delta FI\_sx_t+80}} \quad (5-7)$$

---

① 经检验，R^2=0.678 F=49.548，该线性关系非常显著；t检验结果也表明，各系数值均不为0（置信度0.05）。

② 由于该点（1958年）所表示的全社会固定资产投资实际增长率数值巨大，为248.52%，而其前后两年的增长率仅为45.56%（1957年）、16.79%（1959年），再考虑到其他年度的投资增长率也均不超过80%，因此，本文认为，在模型修正过程中，考虑到上述年份（1958年）全社会固定资产投资实际增长率数值的特殊性，建议对该时点的数据不予采用。

③ 经检验，R^2=0.710 F=56.174，该线性关系非常显著；t检验结果也表明，各系数值均不为0（置信度0.05）。

④ 经检验，R^2=0.785 F=85.804，该线性关系非常显著。

⑤ t检验结果表明，置信度为0.10的条件下，β_1为0。

⑥ 经检验，R^2=0.775 F=165.685，该线性关系非常显著；t检验结果也表明，各系数值均不为0（置信度0.05）。

（1）令 $\Delta GDP\_zj_t=\Delta GDP\_sx_t$

则笔者有：

$$\beta_0+\beta_1\cdot q_t+\beta_2\cdot \ln(\Delta FI\_zj_t+80)=\beta_0'+\beta_1'\cdot q_t+\beta_2'\cdot \ln(\Delta FI\_sx_t+80)$$

$$\Rightarrow \ln(\Delta FI\_sx_t+80)=\frac{\beta_0}{\beta_2'}-\frac{\beta_0'}{\beta_2'}+\frac{\beta_1-\beta_1'}{\beta_2'}\cdot q_t+\frac{\beta_2}{\beta_2'}\cdot \ln(\Delta FI\_zj_t+80)$$

$$\Rightarrow \Delta FI\_sx_t+80=e^{\frac{\beta_0}{\beta_2'}-\frac{\beta_0'}{\beta_2'}+\frac{\beta_1-\beta_1'}{\beta_2'}\cdot q_t}\cdot(\Delta FI\_zj_t+80)^{\frac{\beta_2}{\beta_2'}} \tag{5-8}$$

笔者将式（5-8）代入式（5-7）中，可得：

$$R(t)=\frac{\beta_2}{\beta_2'}\cdot\frac{\Delta FI\_sx_t+80}{\Delta FI\_zj_t+80}=\frac{\beta_2}{\beta_2'}\cdot e^{\frac{\beta_0}{\beta_2'}-\frac{\beta_0'}{\beta_2'}+\frac{\beta_1-\beta_1'}{\beta_2'}\cdot q_t}\cdot(\Delta FI\_zj_t+80)^{\frac{\beta_2}{\beta_2'}-1} \tag{5-9}$$

$$则\frac{\partial R(t)}{\partial \Delta FI\_zj_t}=\frac{\beta_2}{\beta_2'}\cdot\left(\frac{\beta_2}{\beta_2'}-1\right)\cdot e^{\frac{\beta_0}{\beta_2'}-\frac{\beta_0'}{\beta_2'}+\frac{\beta_1-\beta_1'}{\beta_2'}\cdot q_t}\cdot(\Delta FI\_zj_t+80)^{\frac{\beta_2}{\beta_2'}-1}$$

$$\because\ \hat{\beta}_2=0.413\quad \hat{\beta}_2'=0.595\quad \frac{\hat{\beta}_2}{\hat{\beta}_2'}-1=\frac{0.413}{0.595}-1=-0.306<0$$

$$\therefore\ \frac{\partial R(t)}{\partial \Delta FI_t\_zj_t}<0$$

令 $R(t)=1$，又有 $\begin{cases}\hat{\beta}_0=1.937 & \hat{\beta}_1=0.125 & \hat{\beta}_2=0.413\\ \hat{\beta}_0'=1.140 & \hat{\beta}_1'=0 & \hat{\beta}_2'=0.595\end{cases}$，将其代入式（5-9）中可以得到：

$$R(t)=\frac{0.413}{0.595}\cdot e^{\frac{1.937}{0.595}-\frac{1.140}{0.595}+\frac{0.125}{0.595}\cdot q_t}\cdot(\Delta FI\_zj_t+80)^{\frac{0.413}{0.595}-1}=1$$

$$\Leftrightarrow R(t)=2.649\cdot e^{0.210\cdot q_t}\cdot(\Delta FI\_zj_t+80)^{-0.306}=1$$

$$\Leftrightarrow \Delta FI\_zj_t=2.649^{\frac{1}{0.306}}\cdot e^{\frac{0.210\cdot q_t}{0.306}}-80=24.134\cdot e^{0.686\cdot q_t}-80$$

其中：q_t=0，即在 1952~1978 年段内有：

$\Delta FI\_zj_t=-55.866$；

q_t=1，即在 1979~2002 年段内有：

$\Delta FI\_zj_t=-32.077$。

$$又\because\ \frac{\partial R(t)}{\partial \Delta FI\_zj_t}<0$$

$\therefore$ 在 1953~1978 年段（q_t=0），当 $\Delta FI\_zj_t > -50$ 时，有 $0<R(t)<1$

在 1979~2002 年段（q_t=1），当 $\Delta FI\_zj_t > -30$ 时，有 $0<R(t)<1$

也即 $0 < \frac{\partial \Delta GDP\_zj_t}{\partial \Delta FI\_zj_t} < \frac{\partial \Delta GDP\_sx_t}{\partial \Delta FI\_sx_t}$

（2）令 $\Delta FI\_zj_t = \Delta FI\_sx_t$

则笔者有：

$$\frac{1}{\beta_2}\cdot \ln(\Delta GDP\_zj_t + 40) - \frac{\beta_0}{\beta_2} - \frac{\beta_1}{\beta_2}\cdot q_t = \frac{1}{\beta_2'}\cdot\ln(\Delta GDP\_sx_t + 40) - \frac{\beta_0'}{\beta_2'} - \frac{\beta_1'}{\beta_2'}\cdot q_t$$

$$\Rightarrow \ln（\Delta GDP\_sx_t + 40）= \frac{\beta_2'}{\beta_2}\cdot \ln（\Delta GDP\_zj_t + 40）+ \beta_0 - \frac{\beta_0 \cdot \beta_2'}{\beta_2} + \left(\beta_1' - \frac{\beta_1 \cdot \beta_2'}{\beta_2}\right)\cdot q_t$$

$$\Rightarrow \Delta GDP\_sx_t + 40 = e^{\beta_0' - \frac{\beta_0 \cdot \beta_2'}{\beta_2} + \left(\beta_1' - \frac{\beta_1 \cdot \beta_2'}{\beta_2}\right)\cdot q_t}\cdot(\Delta GDP\_zj_t + 40)^{\frac{\beta_2'}{\beta_2}} \quad (5\text{-}10)$$

将式（5-10）代入式（5-7）中，可得：

$$R(t) = \frac{\beta_2 \cdot (\Delta GDP\_zj_t + 40)}{\beta_2' \cdot (\Delta GDP\_sx_t + 40)} = \frac{\beta_2}{\beta_2'}\cdot e^{\frac{\beta_0 \cdot \beta_2'}{\beta_2} - \beta_0' + \left(\frac{\beta_1 \cdot \beta_2'}{\beta_2} - \beta_1'\right)\cdot q_t}\cdot(\Delta GDP\_zj_t + 40)^{1-\frac{\beta_2'}{\beta_2}} \quad (5\text{-}11)$$

$$\frac{\partial R(t)}{\partial \Delta GDP\_zj_t} = \frac{\beta_2}{\beta_2'}\cdot\left(1 - \frac{\beta_2'}{\beta_2}\right)\cdot e^{\frac{\beta_0 \cdot \beta_2'}{\beta_2} - \beta_0' + \left(\frac{\beta_1 \cdot \beta_2'}{\beta_2} - \beta_1'\right)\cdot q_t}\cdot(\Delta GDP\_zj_t + 40)^{-\frac{\beta_2'}{\beta_2}}$$

$\because$ $\hat{\beta}_2 = 0.413$ $\hat{\beta}_2' = 0.595$ 即：$1 - \frac{\hat{\beta}_2'}{\hat{\beta}_2} < 0$，又取 $\Delta GDP\_zj_t > -40$

$\therefore \frac{\partial R(t)}{\partial \Delta GDP\_zj_t} < 0$

令 $R(t) = 1$，又有 $\begin{cases}\hat{\beta}_0 = 1.937 & \hat{\beta}_1 = 0.125 & \hat{\beta}_2 = 0.413 \\ \hat{\beta}_0' = 1.140 & \hat{\beta}_1' = 0 & \hat{\beta}_2' = 0.595\end{cases}$，将其代入式（5-11）中可以得到：

$$R(t)=\frac{0.413}{0.595}\cdot e^{\frac{1.937\cdot 0.595}{0.413}-1.140+\left(\frac{0.125\cdot 0.595}{0.413}\right)\cdot q_t}\cdot(\Delta GDP\_zj_t+40)^{1-\frac{0.595}{0.413}}=1$$

$$\Leftrightarrow R(t)=0.694\cdot e^{1.651+0.180\cdot q_t}\cdot(\Delta GDP\_zj_t+40)^{-0.441}=1$$

$$\Leftrightarrow \Delta GDP\_zj_t=18.455\cdot e^{0.408\cdot q_t}-40$$

其中：$q_t=0$，即在 1953~1978 年段内有：

$$\Delta GDP\_zj_t=18.455-40=-21.545$$

$q_t=1$，即在 1979~2002 年段内有：

$$\Delta GDP\_zj_t=18.455\cdot e^{0.408}-40=-12.248$$

又 $\because \frac{\partial R(t)}{\partial \Delta FI\_zj_t}<0$

$\therefore$ 在 1953~1978 年段（$q_t=0$），当 $\Delta GDP\_zj_t>-20$ 时，有 $0<R(t)<1$

在 1979~2002 年段（$q_t=1$），当 $\Delta GDP\_zj_t>-10$ 时，有 $0<R(t)<1$

也即 $0<\frac{\partial \Delta GDP\_zj_t}{\partial \Delta FI\_zj_t}<\frac{\partial \Delta GDP\_sx_t}{\partial \Delta FI\_sx_t}$

四、小结

以上的数量模型推导和因果关系检验的结果表明：

1. 改革开放对两省经济增长的影响不同

改革开放对浙江省投资增长与经济增长对比关系的影响明显。在全社会固定资产投资增长率相同的情况下，改革开放后的地区人均GDP增长率比改革开放前高（具体为：$(e^{0.125}-1)\cdot e^{1.937}\cdot(\Delta FI\_zj_t+80)^{0.413}=0.924\cdot(\Delta FI\_zj_t+80)^{0.413}$）。以浙江省 50 年来的平均投资增长率 14.20% 计算，人均 GDP 增长率改革后比改革前要高出 6.04%；对陕西省而言，改革开放对陕西省投资增长与经济增长对比关系的影响不甚明显。

2. 陕西省的经济增长稳定性较差。

两省经济增长率相同的情况下，即 $\Delta GDP\_zj_t=\Delta GDP\_sx_t$，关于经济增长率变化受投资增长率变化的影响，相比之下，无论改革前后，陕西省都更为敏感。在 1953~1978 年段，以浙江省平均投资增长率

11.2%计算，$R(t)=\frac{\left(\frac{\partial\Delta GDP\_zj_t}{\partial\Delta FI\_zj_t}\right)}{\left(\frac{\partial\Delta GDP\_sx_t}{\partial\Delta FI\_sx_t}\right)}=0.666$；在1979~2002年段，以浙江省平均投资增长率17.6%计算，$R(t)$=0.817。而以1953~2002年浙江省平均投资增长率14.20%计算，在1953~1978年段，$R(t)$=0.659；在1979~2002年段，$R(t)$=0.813；而在两省投资增长率相同的情况下，即$\Delta FI_zj_t=\Delta FI_sx_t$，关于经济增长率变化受投资增长率变化的影响，相比之下，无论改革前后，陕西省也都更为敏感。在1953~1978年段，以浙江平均经济增长率3.49%计算，$R(t)$=0.685；在1979~2002年段，以浙江省平均投资增长率17.6%计算，$R(t)$=0.725。而以1953~2002年浙江省人均GDP平均增长率7.53%计算，在1953~1978年段，$R(t)$=0.659；在1979~2002年段，$R(t)$=0.789。从这两方面的模型推导结果来看，不难发现陕西省的经济增长对社会固定投资增长率变动更为敏感，陕西省的经济增长波动较为明显，换句话说也就是经济增长的稳定性相对较差。

第三节　人力资本投资外部组合与区域经济增长

人力资本在经济增长中的作用由来已久，而教育又是作为人力资本投资的主要形式。总体来看，研究在经济增长中教育作用的模型主要可以归纳为三个大类：人力资本理论（Human Capital Theory）、追赶模型（Catch-up Model）和教育技术互动（Interactions with Technical Change）。人力资本理论把教育作为在技巧等人力资本方面的投资，因而教育可以提高工人的劳动生产率。Schultz（1990）、Mincer（2001）和Becker等经济学家都对此进行了大量的研究工作；追赶模型则认为教育在劳动生产率方面具有“追赶”（Catch-up）或者“收敛”（Convergence）的作用。这一观点也可以称之为“后发优势”（Advantages of Backwardness），即技术知识从发达的经济实体向不发达的经济实体传递的一种现象；而教育技术互动模型也就是所谓的“干中学”（learning-by-doing）。理论上，一个受过教育的劳动力应该比一个受教育较少甚至没有受过教育的劳动力在学习速度上更快一些，从而效率的提高也就更快。但是由于仅有个别年份的 R&D 经费支出项目的统计数据，因此本章节不涉及教育技术互动模型的实证。总体而言，这些模式都直接考虑了人力资本投资和物质资本投资对经济增长的影响问题。

一、人力资本模型（Human Capital Model）

人力资本模型的基本形式如下：

$$\ln(pgdp_1/pgdp_0)/(t_1-t_0)=b_0+b_1\cdot pgdp_0+b_2\cdot invrate+b_3\cdot rdgnp+b_4\cdot\Delta(educ)+\varepsilon \tag{5-12}$$

其中，pgdp 为真实人均 GDP 值（以 1978 年价格为可比价），数据可以直接取自年鉴；相对应 ln（$pgdp_1/pgdp_0$）/(t_1-t_0) 即为人均 GDP 从 t_0 到 t_1 时间段的年增长率；而 invrate 则为年均的投资率，即投资对 GDP 的比值。这里的投资笔者取自统计年鉴中全社会固定资产投资项目；rdgnp 是指 R&D 经费支出对 GNP 的比值；educ 为教育投资的计量值，在这里笔者用平均受教育年限数据。而 $\Delta(educ)$ 即为相应时间段内的教育投资变动率，这里笔者是用平均受教育年限变动率来代替；ε 即为随机误差项。

但是需要注意的是，由于 R&D 经费支出项目的统计数据量不足，使得笔者无法对 R&D 经费支出对人均 GDP 增长或者是教育技术互动进行实证考察，因此笔者将式（5-12）进行修改，形成如下形式：

$$\ln(pgdp_1/pgdp_0)/(t_1-t_0)=b_0+b_1\cdot pgdp_0+b_2\cdot invrate+b_3\cdot\Delta(educ)+\varepsilon \tag{5-13}$$

1. 浙江省的考察

笔者将（t_1-t_0）设为从 1 到 5 五个区间进行实证，得到数据结果如表 5-5 所示。从回归的结果来看，大部分数据的拟合度还是比较高的，像 pgdp 和 invrate 的系数基本上在 0.05 的水平下居于显著状态。但是教育水平即平均受教育年限的变化的拟合结果并不令人乐观：一方面，教育水平变动的拟合系数正负相间，显示教育水平变动对人均GDP增长率的影响并非始终是正向的影响，说明目前教育水平对浙江省经济增长的影响尚未充分发挥。而教育水平拟合系数的显著程度也并不高，也同样说明了这一点。另一方面，人均GDP值和投资率的拟合程度相当高，显示两者对人均GDP增长起到更为决定性的作用。但需要笔者注意的是，人均GDP值的拟合系数为负，显示时间区间起点处人均GDP值对未来经济增长反而起到负面影响，这在一定程度上也反映了“后发优势”的影响。而投资率对人均GDP增长的影响更为显著，而且影响系数为正说明浙江省投资率对经济增长具有相当明显的推动作用。

表 5–5　浙江省人力资本模型考察结果

t_1–t_0	pgdp	invrate	△(educ)	R^2	A. R^2	S. E.
1	–0.00003	0.01535	0.00679	0.90677	0.87181	0.03422
	(–3.80)**	(5.83)**	(0.09)			
2	–0.00004	0.01421	–0.06876	0.97775	0.96821	0.01692
	(–6.29)**	(9.48)**	(–2.15)*			
3	–0.00004	0.01019	–0.02379	0.98521	0.97782	0.01339
	(–4.94)**	(9.44)**	(–1.05)			
4	–0.00002	0.00797	0.01000	0.99141	0.98626	0.00945
	(–2.88)**	(10.57)**	0.51			
5	–0.00002	0.00661	0.00794	0.99258	0.98701	0.00780
	(–2.42)*	(7.46)**	(0.46)			

注：估计系数下方括号内数据为相应的 t 统计量；** 表示在 0.05 的水平下显著，* 表示在 0.10 的水平下显著。

2. 陕西省的考察

陕西省的回归结果如表 5–6 所示。

从陕西省的结果来看，人均GDP值的拟合系数为负，显示时间区间起点处人均GDP值对未来经济增长反而起到负面影响，同样反映了“后发优势”的现象。而教育的拟合系数均为负值，说明教育水平的提高对陕西省的经济增长作用不仅不明显，而且还起到逆向影响力。而投资率的系数正负不一，也说明投资率对陕西省经济增长的作用并非

表 5-6 陕西省人力资本模型考察结果

t_1-t_0	pgdp	invrate	△(educ)	R^2	A. R^2	S. E.
1	-0.00009	-0.00118	-0.09697	0.43531	0.22355	0.04242
	(-1.72)	(-0.33)	(-1.54)			
2	-0.00018	-0.00442	-0.10774	0.72377	0.60539	0.02943
	(-2.95)**	(-1.09)	(-2.27)*			
3	-0.00023	0.00493	-0.06243	0.92839	0.89258	0.01458
	(-5.87)**	(2.25)*	(-5.16)**			
4	-0.00016	0.00194	-0.02912	0.87676	0.80282	0.01789
	(-3.07)**	(0.53)	(-2.62)			
5	-0.00007	-0.00354	-0.01233	0.82923	0.70115	0.01867
	(-1.24)	(-0.86)	(-0.93)			

注：估计系数下方括号内数据为相应的 t 统计量。** 表示在 0.05 的水平下显著，* 表示在 0.10 的水平下显著。

起到直接的推动作用。

总体来看，比较表 5-5 和表 5-6 的结果，不难发现：

教育水平对经济增长的影响：就教育水平对经济增长的影响来看，虽然两省的指标拟合程度都不太显著，说明教育水平对经济增长的作用尚未完全发挥。但是从系数的正负向关系和系数的大小比较上笔者还是可以注意到，浙江省教育水平对经济增长的影响更为显著。即使是拟合系数为负值的情况下，浙江省负向作用的影响也要远小于陕西省。

人均 GDP 值对未来经济增长的影响：两省人均 GDP 值的拟合系数均为负值，显示时间区间起点处人均 GDP 值对未来经济增长反而起到负面影响，这充分符合“后发优势”的现象。但是如果再深究“后发优势”的话，理论上浙江省人均 GDP 值要大幅高于陕西省的数据，所以这种“后发优势”的影响应该是浙江省大于陕西省。但实证的结果却显示拟合系数反映陕西省的负向幅度反而要大于浙江省的指标，这也许可以解释虽然“后发优势”的影响使得两省的人均 GDP 增长率差距趋向于稳定，但浙江省无论从人均 GDP 的绝对值还是增长率都要高于陕西省。

投资率对经济增长的影响：投资率对经济增长的影响在两省也并

不相同，对于浙江省而言，投资率对经济增长起到决定性的正向推动作用，而且检验结果十分显著。但对于陕西省而言，投资率对经济增长的影响作用难以确定，而且检验结果也并不显著，显示投资率对陕西省经济增长的作用尚未完全发挥。

因此，就浙江省和陕西省的经济增长而言，主要体现在两个方面。一方面是教育水平对经济增长的影响。虽然浙江省教育水平的提高本身对经济增长的作用也并不明显，但是相比而言还是要远强于陕西省的发展结果。另一方面则是投资率对经济增长的影响。浙江省投资率对经济增长的影响作用是决定性的正向推动作用，但陕西省却并没有这种显著的关系存在。

二、追赶模型（Catch-up Model）

把人力资本模型基本形式中的教育投资变动率直接用教育水平绝对值指标来代替，就形成追赶模型的基本形式如下：

$$\ln(pgdp_1/pgdp_0)/(t_1-t_0)=b_0+b_1\cdot pgdp_0+b_2\cdot invrate+b_3\cdot rdgnp+b_4\cdot educ+\varepsilon \quad (5\text{-}14)$$

其中，pgdp 为真实人均 GDP 值（以 1978 年价格为可比价）；相对应 $\ln(pgdp_1/pgdp_0)/(t_1-t_0)$即为人均 GDP 从 t_0 到 t_1 时间段的年增长率；而 invrate 则为年均的投资率，即投资对 GDP 的比值；rdgnp 是指 R&D 经费支出对 GNP 的比值；educ 为教育投资的计量值，在这里笔者用平均受教育年限绝对值数据；ε 即为随机误差项。

由于 R&D 经费支出项目的统计数据量不足，使得笔者无法对 R&D 经费支出对人均 GDP 增长或者是教育技术互动进行实证考察，因此笔者将式（5–14）进行修改，形成如下形式：

$$\ln(pgdp_1/pgdp_0)/(t_1-t_0)=b_0+b_1\cdot pgdp_0+b_2\cdot invrate+b_3\cdot educ+\varepsilon \quad (5\text{-}15)$$

追赶模型的实证与上文的人力资本模型有所类似，笔者将（t_1-t_0）时间区间设为从 1 到 5 的五个区间进行分析。

1. 浙江省的考察

浙江省追赶模型的数据结果如表 5–7 所示。从拟合的结果来看，拟合的程度还是比较高的，大部分系数的 t 统计量都显示在 0.05 的水平下显著。从检验结果来看，追赶模型的“后发优势”效应还是相当明显的，pgdp 的系数均为负值，而且均在 0.05 的水平下显著，显示检验结果十分可靠。也就是说当前人均 GDP 值越高，反而越不利于后续经济增长的幅度。与人力资本模型的检验结果相类似，对投资率的考察显示在浙江省经济增长中影响最大的还是全社会固定资产投资的正向推动作用。投资率的相应拟合系数不仅均为正值，而且检验结果显著程度也相当高，显示拟合的可靠性。而教育水平绝对值的检验仍不尽如人意，结果显示教育水平对浙江省经济增长短期内有正向推动作用，但中期来看反而有逆向阻碍作用，表现与人力资本模型检验结果相类似的局面。但需要一提的是平均受教育年限拟合系数中为负的项目拟合程度都不高，而相比之下正向拟合系数显著性都较高，大部分在 0.05 的水平下显著，说明短期教育水平变化对浙江省经济增长的正向推动作用还是相当明显的。

表 5-7　浙江省追赶模型考察结果

t_1-t_0	pgdp	Invrate	Educ	R^2	A. R^2	S. E.
1	-0.00008	0.01451	0.40180	0.96651	0.95395	0.02051
	(-6.22)**	(9.37)**	(3.78)**			
2	-0.00007	0.00827	0.36653	0.98755	0.98221	0.01265
	(-6.32)**	(5.47)**	(3.72)**			
3	-0.00005	0.00734	0.18588	0.98634	0.97951	0.01287
	(-3.14)**	(3.43)**	(1.30)			
4	-0.00002	0.00916	-0.09665	0.99268	0.98829	0.00872
	(-1.94)	(7.20)**	(-1.09)			
5	-0.00002	0.00708	-0.03664	0.99272	0.98726	0.00772
	(-3.40)**	(8.40)**	(-0.55)			

注：估计系数下方括号内数据为相应的 t 统计量；** 表示在 0.05 的水平下显著，* 表示在 0.10 的水平下显著。

2. 陕西省的考察

陕西省追赶模型的数据结果如表 5-8 所示。相比之下陕西省的拟合程度弱于浙江省的水平，但从中笔者还是可以发现实证结果对经济

表 5-8 陕西省追赶模型考察结果

t_1-t_0	pgdp	invrate	Educ	R^2	A. R^2	S. E.
1	-0.00011	-0.00077	0.17561	0.34334	0.09709	0.04574
	(-1.11)	(-0.20)	(0.96)			
2	-0.00023	0.00082	0.33634	0.79248	0.70355	0.02551
	(-3.68)**	(0.38)	(3.03)**			
3	-0.00024	0.00152	0.32700	0.96238	0.94357	0.01057
	(-8.46)**	(1.00)	(7.48)**			
4	-0.00018	0.00016	0.23692	0.92701	0.88321	0.01377
	(-4.39)**	(0.06)	(3.87)**			
5	-0.00012	-0.00486	0.20986	0.89194	0.81089	0.01485
	(-2.20)*	(-1.51)	(1.92)			

注：估计系数下方括号内数据为相应的 t 统计量；** 表示在 0.05 的水平下显著，* 表示在 0.10 的水平下显著。

增长情况的反映。

从检验结果来看，追赶模型的“后发优势”效应还是相当明显的，pgdp 的系数均为负值，而且绝大部分指标都比较显著，显示检验结果较为可靠。也就是说当前人均 GDP 值越高，反而越不利于后续经济增长的幅度。教育水平对经济增长的影响也比较明显，平均受教育年限的拟合系数均为正值，显示教育水平对陕西省经济增长的正向推动作用。而且绝大部分系数的拟合效果都表现不错，t 统计量显示能在 0.05 水平下显著。但在投资率方面，与人力资本模型非常相似的是陕西省投资率的变化对经济增长的作用并不明显，不仅系数正负不定，而且 t 统计量并不表现出显著性，显示拟合程度并不高。

总体来看，比较表 5-7 和表 5-8 的结果，不难发现追赶模型的拟合结果与人力资本模型的拟合结果十分类似。陕西省的经济增长与浙江省之间的差距，主要仍是由教育水平和投资率两个方面的影响，而人均 GDP 值的影响主要体现在“后发优势”的收敛效应上。

教育水平对经济增长的影响：就教育水平对经济增长的影响来看，追赶模型的实证结果比人力资本模型的实证结果要强，在一定程度上显示了教育水平对经济增长的作用。当然，这种作用目前来看尚不稳定，表现仍不够突出。从系数的正负向关系和系数的大小比较上笔者还是可以注意到，就教育水平的正向推动作用来看，陕西省的表现比浙江省要好一些。但是如果按照浙江省拟合程度较好的短期教育水平指标来看，浙江省的拟合系数均比陕西省要高，显示浙江省短期教育水平对经济增长的影响更为显著。

人均 GDP 值对未来经济增长的影响：这一部分与人力资本模型的实证结果极为相似。两省人均 GDP 值的拟合系数均为负值，显示时间区间起点处人均 GDP 值对未来经济增长反而起到负面影响，这充分符合“后发优势”的现象。如果继续深究“后发优势”，实证的结果显示拟合系数反映陕西省的负向幅度要大于浙江省的指标，而且相差幅度较大。统计值的显著性应该说明这一实证的结论还是比较可靠的。这同样可以用来解释虽然“后发优势”的影响使得两省的人均 GDP 增长率差距趋于稳定，但浙江省无论是人均 GDP 的绝对值还是增长率都仍要高于陕西省。

投资率对经济增长的影响：投资率对经济增长的影响也与人力资本模型的检验十分类似。对于浙江省而言，投资率对经济增长起到决定性的正向推动作用，而且检验结果十分显著。但对于陕西省而言，投资率对经济增长的影响作用难以确定，而且检验结果也并不显著，显示投资率对陕西省经济增长的作用尚未完全发挥。这也是陕西省经济增长与浙江省经济增长的差距所在。

因此，就浙江省和陕西省的经济增长而言，追赶模型的检验结果也主要体现在两个方面。一方面是教育水平对经济增长的影响。虽然浙江省教育水平的提高本身对经济增长的作用也并不明显，但是相比而言短期教育水平对经济增长的显著性还是要远强于陕西省的发展结果。另一方面则是投资率对经济增长的影响。浙江省投资率对经济增长的影响作用是决定性的正向推动作用，但陕西省却并没有这种显著的关系存在。

三、人力资本的经济增长效应

笔者先沿用 Barro（1991，1992）对经济增长的内生模型的公式定义：

$$y = \alpha + \beta GDP_0 + \gamma H_0 \tag{5-16}$$

其中，y 为人均真实 GDP 增长率、投资率（即物理投资占总产出的比率）或者是出生率；GDP_0 最初的人均 GDP 水平；而 H_0 则是最初的人均人力资本水平。

在经济的外生模型中，y 则仅定义为 GDP 的增长率，而右侧的外生变量同式（5-16）。更进一步的是 Mankiw（1992）等，他们对 Solow 模型进行了扩张，在公式右侧加入了储蓄率、人口增长率等其他外生变量。还有其他学者对内生模型和外生模型进行了进一步的扩充和修改，比如将自变量中的人口增长率更改为从业人口增长，以及加入科学得分这一自变量指标作为教育水平的替代指标。

综合以上各类内生模型和外生模型，笔者选取了人均真实 GDP 增长率、投资率（即物理投资占总产出的比率）及出生率作为模型左侧的因变量，而最初的人均 GDP 水平（GDP_0）、最初的人均人力资本水平（$EDUC_0$）、投资率（INVRATE）和从业人口增长率（ΔL）作为模型右侧的自变量。由于浙江省和陕西省的科学得分数据难以取得，因此笔者还是延续了传统观点，即把平均受教育年限作为教育水平的衡量指标。

不过在实证检验的过程中，笔者发现无论是浙江省还是陕西省，在对式（5-16）进行拟合时，含有常数项时的方程拟合显著性程度大大低于不含常数项时的方程。因此在实证时笔者将式（5-16）进行进一步简化，省略了右侧的常数项内容。

（一）对浙江省的考察

对浙江省人力资本经济增长效应的检验结果如表 5-9 所示。

所有拟合方程中 GDP_0 的系数均为负值，而且显著性极高，基本上都在 0.05 甚至 0.01 的水平下显著。这再一次印证了前文中追赶模型“后发优势”的结论，也说明经济的快速增长与前期较低的人均 GDP 有关，GDP 绝对值越大，正常情况下其未来的增长率也就越低。教育水平对人均 GDP 增长率、投资率和出生率的影响作用也都是正向推动作用，而且这种正向推动作用的显著性也极高，基本上都在 0.05 甚至 0.01 的水平下表现显著。但是浙江省教育水平对总量增长的影响有两个特殊之处：一是教育水平对出生率的影响。国外研究如韩国的

表 5-9 浙江省人力资本经济增长效应考察

变量	人均 GDP 增长率	投资率	出生率	人均 GDP 增长率
GDP_0	-0.00350	-0.00024	-0.00103	-0.00344
	(-4.40)**	(-0.61)	(-19.29)**	(-1041)**
$EDUC_0$	14.54358	11.40672	5.92928	-6.69619
	(6.41)**	(10.00)**	(38.83)**	(-2.32)**
INVRATE				1.89023
				(7.76)**
△L				2.43687
				(2.90)**
R^2	0.53343	0.60725	0.89253	0.94665
A. R^2	0.48677	0.56797	0.88178	0.92665
S. E.	8.37736	4.20849	0.56360	3.16706

注：估计系数下方括号内数据为相应的 t 统计量；** 表示在 0.05 的水平下显著，* 表示在 0.10 的水平下显著。

DooWon Lee、TongHun Lee（1995）显示随着教育水平的提高人口出生率会下降，但是这里的检验结果显示浙江省的教育水平的提高对人口出生率的影响呈现出一种正向推动关系。事实上陕西省同样显示出这种结果，这一方面可能与两省经济发展水平有一定的联系，事实上陕西省的结果说明陕西省教育水平提高对人口出生率的影响更大；另一方面也可能与中国大陆城市与农村的二元化有一定的联系。整个省份教育水平提高的同时也伴随着农村人口的较大幅度增长。二是在同时考虑到投资率和从业人口增长率之后，教育水平对经济增长的推动作用竟然呈现出一种逆向关系，而且同样具有一定的显著性水平。由于教育水平的提高对投资率本身起到一种正向推动作用，因此笔者把这种现象联系到从业人口的增长上来，显示浙江省经济增长仍处于依靠固定资产投资和从业人口增长的规模扩大之中。

（二）对陕西省的考察

陕西省的检验结果如表 5-10 所示，其拟合结果也较为显著。

与浙江省的结果相类似，在所有拟合方程中 GDP_0 的系数均为负值，而且显著性极高，基本上都在 0.05 甚至 0.01 的水平下显著。这一现象也同样印证了前文中“追赶模型”“后发优势”的结论，也说明经

表 5-10 陕西省人力资本经济增长效应考察

变量	人均 GDP 增长率	投资率	出生率①	人均 GDP 增长率
GDP_0	-0.01431	-0.00200	-0.01365	-0.01337
	(-4.73)**	(-0.80)	(-9.17)**	(-4.04)**
$EDUC_0$	22.53308	16.06856	21.78066	19.68832
	(5.85)**	(5.03)**	(11.49)**	(2.41)**
INVRATE				0.08267
				(0.20)
△L				1.19258
				(1.25)
R^2	0.36784	0.86639	0.49870	0.47512
A. R^2	0.30463	0.85303	0.44857	0.27829
S. E.	4.58108	3.79381	2.25298	4.66703

注：估计系数下方括号内数据为相应的 t 统计量；** 表示在 0.05 的水平下显著，* 表示在 0.10 的水平下显著。

济的快速增长与前期较低的人均 GDP 有关，GDP 绝对值越大，正常情况下其未来的增长率也就越低。但是与前文中“人力资本模型”和“追赶模型”的检验结果一样，从系数的绝对值来看，陕西省拟合结果中 GDP_0 的系数绝对值均要大于浙江省检验结果中的相应指标，显示陕西省的“后发优势”的逆向影响力更为明显，这可能与陕西省和浙江省经济发展所处水平不同有一定联系。陕西省教育水平对出生率的影响也是正向推动作用，而且系数比浙江省的指标更大，说明这种推动作用也更强。不过，在同时涉及投资率和从业人口增长率时，陕西省教育水平对人均 GDP 的增长率仍具有较强的正向推动作用，但是联系到投资率和从业人口增长率拟合程度却很差的情况，应该也就不难理解了。

（三）对拟合常数项结果的解释

以常用的 Cobb-Douglas 形式的生产函数来看：

① 陕西省统计年鉴（2004）中缺 2000 年出生率数据，笔者根据陕西省政府公众信息网中 http：//news.shanxi.gov.cn/shownews.asp？id=29313 页面上陕西省“九五”期间平均出生率和统计年鉴中“九五”其他年份的出生率，推算得到陕西省 2000 年的人口出生率水平。

$$Y_t = A_t K_t^{\alpha}(L_t H_t)^{\beta} \tag{5-17}$$

其中，Y_t 是 t 时刻的真实 GDP；A_t 为 t 时刻的综合要素生产率，也就是俗称的科技水平；K_t 为 t 时刻的资本存量；L_t 为 t 时刻的就业人口；而 H_t 则为 t 时刻的人力资本存量。

笔者进一步对公式（5-17）进行对数化，即可得：

$$y_t = a_t + \alpha k_t + \beta(l_t + h_t) \tag{5-18}$$

这一形式与笔者的拟合模型已经基本类似。如果笔者把式（5-18）中的 a_t 看作是 t 时刻的一个常量，那么很显然，这个 a_t 将包含在上文式（5-16）中的常数项 α 之中。但是需要注意的是，包含这个常数项，笔者的拟合结果表现为显著性不足，拟合程度不够。而剔除这个常数项，笔者的拟合结果反而效果极佳，显示出极强的有效性。

两者结合，说明代表科技水平的 A_t 项在浙江省和陕西省经济增长中影响作用并不明显。也就是说，浙江省和陕西省目前的经济增长以低层次为主。这也可能一方面说明即使如浙江省经济那样的快速增长，从中体现出投资率对经济增长的影响要比教育水平对经济增长的影响要更大一些；另一方面也可以解释经济增长依然依靠固定资产投资和从业人员增长的这种片面的规模扩张化。

（四）浙江省与陕西省的对比

总体而言，就检验结果来看，浙江省的数据结果对比陕西省拟合程度更高一些。

1. 对人均 GDP 的分析

人均 GDP 系数为负，显示两省均表现出一定的“后发优势”效应影响，经济的快速发展与初始较低的 GDP 相联系。但是从两省的数据对比来看，经济发展较快的浙江省其“后发优势”效应反而不如陕西省更为明显，这一方面已经明显抑制了陕西省经济快速增长甚至追上浙江省的可能。从实际两省人均真实 GDP 增长率的比较来看，20 世纪 90 年代初两省差距较大，而后在“后发优势”效应的影响下两省经济增长率差距明显缩小，但是考察区间内最终两省的经济增长率差距只能保持一定的稳定性，而不是陕西省通过“后发优势”的影响超越浙江省的水平。

2. 对教育水平的分析

表面上来看，陕西省教育水平的提高对经济增长的正向作用更为明显，这一特征既表现在教育水平的拟合系数的大小上，也表现在拟合系数的正负向之上。但是从整体的拟合效果来看，陕西省的拟合结果仍不如浙江省的指标更为有效。

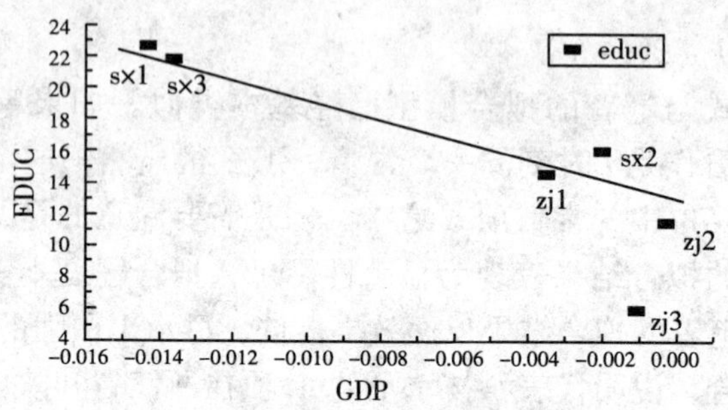

图 5-5 “后发优势”效应与教育水平

事实上，从图 5-5 中笔者可以清楚地看到，陕西省教育水平的拟合结果均处于图中直线的上方，而浙江省教育水平的拟合结果却均处于直线的下方。这种明确的点状分布说明要达到同样的总产出水平，浙江省所需的教育水平存量要远远小于陕西省的标准。也就是说，浙江省教育水平存量所产生的效率要远远大于陕西省。当然，这一方面也可能与人才流动有一定的关系，作为西部省份，陕西省可能是一个人才纯输出省，而浙江省作为东部发达地区，可能是一个人才输入省。

值得注意的是，从图中点状关系笔者也可以这么理解，正因为浙江省教育水平存量所产生的效率高，从而其人均 GDP 的“后发优势”效应也相对陕西省更小。

3. 投资率水平的分析

投资对我国经济增长的作用一直是比较大的，从区域经济的考察来看也是如此。但是与人力资本模型和追赶模型的结果相类似，笔者在检验人力资本的经济增长效应时不难发现，投资率对浙江省经济增长的作用十分明显，而且是一种强显著的关系。陕西省的检验结果却并不乐观，虽然投资率的系数显示投资率对经济增长仍是一种正向推动关系，但 t 统计量显示结果并不显著。

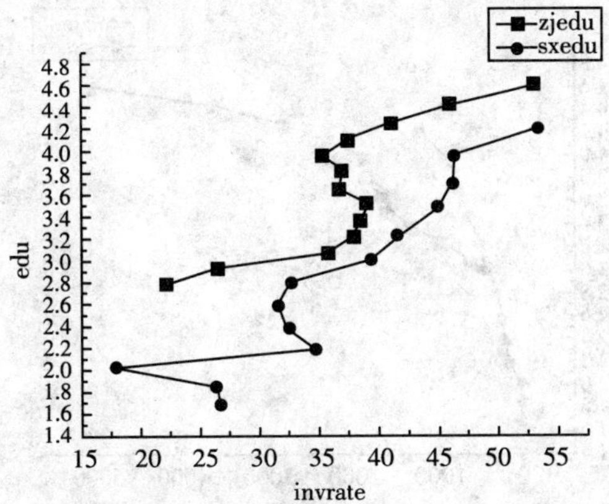

图 5-6 人力资本存量水平与物质资本投资增长率

图 5-6 显示了两省人力资本存量水平与物质资本投资增长率之间的关系。十分明显的是，浙江省的曲线始终处于陕西省曲线的上方，说明浙江省人力资本存量与物质资本投资增长率之间的配比关系比陕西省要好。

图 5-7 体现了两省人力资本存量水平与物质资本投资之间的关系，应该说比图 5-6 更能体现出浙江省人力资本存量与物质资本投资之间的类型组成配比关系强于陕西省。从图 5-7 来看，浙江省人力资本存量与物质资本投资呈现出一种向外扩张的趋势，两者具有一定的同比放大的效应，随着物质资本投资的增加，人力资本存量水平也在同步提高。而陕西省的人力资本存量与物质资本投资之间却缺乏这种同比向外扩张的趋势，这从另一个角度说明了为什么陕西省投资率的系数显示投资率对经济增长仍是一种正向推动关系，但 t 统计量显示结果并不显著。也就是说，陕西省人力资本外部类型组成配比不佳导致陕西省的经济增长并没有取得预期的结果。

总体来看，人均 GDP 自身的“后发优势”效应、教育水平和投资率三大因素最终使得陕西省的经济发展效果并不如浙江省来得顺利。

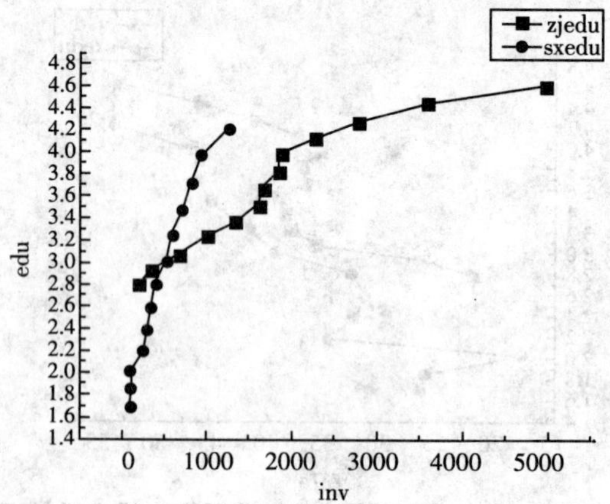

图 5-7 人力资本存量水平与物质资本投资

四、小结

从人力资本模型、追赶模型和人力资本的经济增长效应三个方面的检验结果来看：

1. 两省经济发展的层次相对较低

从检验结果的对比来看，不带常数项模型拟合效果远远高于带常数项模型的拟合效果。如果把常数项看作包含综合要素生产率项目（科技水平）的话，显然这种科技水平对浙江省和陕西省经济增长的作用尚未有所发挥。这一现象可能与教育水平对经济增长的作用尚未完全发挥有一定的联系。

2. 陕西省经济发展弱于浙江省的主要原因

人均 GDP 的“后发优势”效应、投资率和教育水平。这三个方面使得陕西省的经济增长仍然与浙江省存在着一定的差距。

3. 人均 GDP 对经济增长的影响

人均 GDP 的影响主要来自于“后发优势”的效应，这种“后发优势”效应在人力资本模型、追赶模型和人力资本经济增长效应检验中都有非常显著的体现。相比之下，作为经济发展速度较慢、人均 GDP 较低的陕西省反而其“后发优势”效应却更加强。从笔者实证的结果来看，这一现象的根源可能与各区域教育水平存量所产生的效率有一定的联系。

4. 投资率对经济增长的影响

投资率对经济增长的影响相当明显，尤其是对于浙江省而言，投资率的正向推动作用在三个部分的实证检验中都有显著的表现。但是，两省比较的结果，陕西省投资率带动经济增长的作用较为薄弱，缺乏十分显著的检验效果。这一因素也是使得陕西省经济发展不如浙江省的一个主要原因。

5. 教育水平存量的例外体现

从人力资本各个方面比如各级教育水平、科研创新等来说，陕西省人力资本水平在表现上比浙江省要高。但是从笔者根据人口普查结果推算出来的平均受教育年限指标来看，浙江省的人力资本存量水平要远远高于陕西省的水平。笔者推测造成这种现象的原因可能主要有两个方面：成人教育和人才流动。

6. 教育水平对经济增长的影响

与内地大部分实证研究的结论并不相同，虽然教育水平对经济增长的影响不能说是完全发挥，但笔者的研究发现教育水平对经济增长的作用十分明显，而且检验结果十分显著。但是对于浙江省和陕西省而言，教育水平存量表现并不尽相同。相比之下，浙江省教育水平的产出效率要高于陕西省水平。这也是造成浙江省经济增长要快于陕西省的主要原因之一。不仅如此，教育水平对区域经济增长的影响还表现在间接对“后发优势”效应的影响作用上。

第四节 人力资本内部企业家资源组成

人力资本与物质资本投资之间需要有一定的配比关系才能发挥更好的作用，在人力资本内部也是如此。在第三章人力资本绝对值指标和本章第一节人力资本存量水平中，笔者把整个地区的人力资本作为一个群体来进行实证考察，事实上人力资本内部也有各种资源配比关系，比如科研投入需要对应的科学家和学者群体，教育普及需要对应的教育者群体，医疗卫生投入需要对应的医务人员群体。作为经济增长中一个最重要成分的企业资源，其内部人力资本配比则主要是普通劳动者（普通职工）和企业家。

一、企业家资源是人力资本内部的重要成分

企业经营是推动经济增长的最重要成分，那么笔者需要了解两个方面的问题：一是企业类别与效率差异之间的关系；二是企业内部人力资本类别的差异。

一方面，企业类别与效率差异之间存在着明显的差别，田国强（1995）、刘小玄（1995）、周其仁（1996）、张维迎（1996）、姚先国和盛乐（2000）、盛乐和姚先国等（2001）、盛乐（2001）、姚先国和盛乐（2002）、盛乐（2002）以及盛乐和姚先国（2002）等一大批学者均明确指出乡镇企业和国有企业存在着明显的效率差异。姚先国、盛乐（2000）从国有企业工资总额增长、国有企业职工收入增长和国有企业工业增加值增长三个方面的指标对比中，发现虽然国企改革使得职工收入与利润挂钩，经营者也拥有了一定数量的企业剩余，但是国有企业工业总产值增长比率并未随职工收入增长比例的提高而增加。国有企业效率低下由此可见一斑。同时这些学者也从另一个角度证明了乡镇企业比国有企业经营效率高的原因，这一原因主要归结为人力资本产权的界定问题。比如盛乐（2001）认为国有企业和乡镇企业经营者人力资本产权界定完整性的差异导致两者的经济效率的差异。这种差别具体来说主要是经营决策权、剩余分配权和监督约束机制三个方面的差异。

另一方面，企业内部人力资本组成类别之间也存在着差异，也就是说企业的效率差异最终起决定作用的还是企业家资源。其一，周其仁（1996）指出人力资本天然属于个人的特性决定了它的运用只可“激励”不可“榨取”，所以在企业中有必要对所有个别成员的劳动贡献进行计量、监督和管理；其二，张维迎（1996）已经证明将企业的委托权安排给经营者比安排给生产成员更优，这不仅因为经营决策对

企业成败起关键作用，而且经营者的行为最难以监督；其三，姚先国、盛乐（2002）进一步证明普通劳动者的人力资本产权界定并不是构成企业经济效率差异的最主要原因。通过国有企业和乡镇企业职工人均工资水平变动情况的对比，姚先国、盛乐（2002）发现无论是从绝对水平还是从年均增长趋势和实际增长指数来看，国有企业职工的待遇都要明显高于乡镇企业。可见国有企业普通劳动者的人力资本产权激励要大于乡镇企业，但是国有企业的经济效率和劳动产出率却反过来低于乡镇企业。两者比较，显然说明普通劳动者的人力资本产权激励并不是构成影响企业经济效率高低的最主要原因。那么，企业家资源就成为推动企业经营的最主要力量，经营者人力资本产权界定问题也成为决定企业经济效率差异的根本原因。

综上所述，企业家资源成为人力资本内部组合中的重要成分，成为决定企业经济效率差异的根本原因，相应也成为影响经济增长的主要原因。

二、浙江省和陕西省企业家资源发展比较

按照前文所述，乡镇企业的经济效率要明显强于国有企业，因此考察浙江省和陕西省之间企业家资源发展情况只需要考察两省乡镇企业的发展情况即可。

从表 5-11 笔者不难发现，陕西省与浙江省相比很大的差距在于乡镇企业的发展上。陕西省乡镇企业数与浙江省相比差距并不大，但是在企业人数和产值等方面差距非常明显。比如，浙江省乡镇企业从业人数历年来均占总从业人口数的 30%以上，而乡镇企业的生产总产值历年来一直保持在浙江省 GDP 的 2 倍以上；相比之下，陕西乡镇企业从业人数仅占从业总人口数的 20%稍强，而乡镇企业的生产总产值历年来也仅能保持在其 GDP 的 1.2 倍左右，与浙江省的差距十分明显。

事实上，如果笔者直接以浙江省的乡镇企业总产值与陕西省的乡镇企业总产值相比的话，不难发现浙江省的乡镇企业总产值竟然能够达到陕西省乡镇企业总产值的 6 倍以上，20 世纪 90 年代中期竟达到

表 5-11 浙江省和陕西省乡镇企业对比

	年 份	1995	2000	2001	2002
浙江省	企业数	90.22	108.15	107.98	107.32
	企业人数(1)	795.71	880.39	929.52	993.64
	总从业人数(2)	2621.47	2726.09	2796.65	2858.56
	(1)/(2)比率	0.3035	0.3229	0.3324	0.3476
	总产值(3)	7478.16	13412.37	15464.52	18319.03
	GDP(4)	3524.79	6036.34	6748.15	7796.00
	(3)/(4)比率	2.1216	2.2219	2.2917	2.3498
陕西省	企业数	81.55	89.75	90.29	87.88
	企业人数(1)	359.52	400.99	398.64	400.83
	总从业人数(2)	1748	1813	1785	1874
	(1)/(2)比率	0.2057	0.2212	0.2233	0.2139
	总产值(3)	755.53	2010.73	2258.32	2498.46
	GDP(4)	1000.03	1660.92	1844.27	2101.6
	(3)/(4)比率	0.7555	1.2106	1.2245	1.1888
两省乡镇企业产值比		9.8979	6.6704	6.8478	7.3321

注：企业数人数单位为万，产值单位为亿元。

过9倍多。由此可见，陕西省与浙江省经济的差距在很大的程度上与乡镇企业的发展有一定的联系。

按照姚先国、盛乐（2002）的观点，乡镇企业和国有企业之间经济效率的差异主要来自于人力资本产权界定上尤其是经营者人力资本产权界定上的差异。那么显然，浙江省乡镇企业发达从而导致其在人力资本的产权界定上存在着优势，其经济增长强于陕西省也就有理可依了。如果从另一个角度来看问题，企业家资源是推动企业经营的最主要力量。那么浙江省乡镇企业发展形势要明显强于陕西省，也就说明浙江省乡镇企业中企业家资源的利用和发展情况也要明显强于陕西省。

第五节　人力资本类型组成差异性小结

1. 陕西省的经济增长稳定性较差

从第五章第二节第三部分模型推导结果来看，不难发现陕西省的经济增长对社会固定投资增长率变动更为敏感，陕西省的经济增长波动较为明显，换句话说也就是经济增长的稳定性相对较差。而且改革开放对浙江省投资增长与经济增长对比关系的影响明显，以浙江省 50 年来的平均投资增长率（14.20%）计算，人均 GDP 增长率改革后比改革前要高出 6.04%；对陕西省而言，改革开放对陕西省投资增长与经济增长对比关系的影响不甚明显。

2. 两省经济发展的层次相对较低

从各模型检验结果的对比来看，不带常数项模型拟合效果远远高于带常数项模型的拟合效果。如果把模型常数项看作包含综合要素生产率项目（科技水平）的话，显然这种科技水平对浙江省和陕西省经济增长的作用尚未有所发挥。这一现象可能与教育水平对经济增长的作用尚未完全发挥有一定的联系。这一结论与部分学者认为科技进步导致东西部区域经济增长差异有一定的偏差。

3. 浙江省人力资本存量水平明显高于陕西省

理论上在每年各级入学率和毕业率方面陕西省大部分的水平都要高于浙江省，那么平均受教育年限似乎也应该是陕西省高于浙江省水平，但实际的结果却是在平均受教育年限方面浙江省数据要明显高于陕西省数据。这里有两个方面的可能性，一方面是成人教育方面，如成人高考、电大、夜大和自考等各类成人教育可能受经济发展水平的影响程度较大，这一方面浙江省强于陕西省；另一方面是如同丁云祥、张文耀和吴克强（2000）提到的陕西高等教育效益外溢问题所导致的人才流动，在这一方面陕西省是受害区域，而浙江省可能恰恰是受益区域。这显然符合人力资本理论的结果。

4. 物质投资增长率对经济增长的影响

投资率对经济增长的影响相当明显，尤其是对于浙江省而言，投资率的正向推动作用在三个部分的实证检验中都有显著的表现。但是，两省比较的结果，陕西省投资率带动经济增长的作用较为薄弱，缺乏十分显著的检验效果。这也是陕西省经济发展不如浙江省的一个主要原因。需要注意的是，从笔者的分析来看，物质投资增长率对经济增长影响的不同主要来自于人力资本外部物质投资和人力资本投资组合配比。一方面，从图 5-6 来看浙江省的曲线始终处于陕西省曲线的上方，说明浙江省人力资本存量与物质资本投资的增长率之间的配比关系比陕西省要好；另一方面，从图 5-7 来看浙江省人力资本存量与物质资本投资呈现出一种向外扩张的趋势，两者具有一定的同比放大的效应，随着物质资本投资的增加，人力资本存量水平也在同步提高。而陕西省的人力资本存量与物质资本投资之间却缺乏这种同比向外扩张的趋势。也就是说，陕西省人力资本外部类型组成配比不佳导致陕西省的经济增长并没有取得预期的结果。

5. 教育水平对经济增长的影响

与内地大部分实证研究的结论并不相同，虽然教育水平对经济增长的影响不能说是完全发挥，但笔者的研究发现教育水平对经济增长的作用十分明显，而且检验结果十分显著。但是对于浙江省和陕西省而言，教育水平存量表现并不尽相同。相比之下，浙江省教育水平的产出效率要高于陕西省。这也是造成浙江省经济增长快于陕西省的主要原因之一。不仅如此，教育水平对区域经济增长的影响还表现在间接对“后发优势”效应的影响作用上。

6. 浙江省企业家资源的利用和发展情况明显强于陕西省

一方面，乡镇企业的经济效率要明显强于国有企业；另一方面，企业家资源又是决定企业经济效率的根本原因。因此，乡镇企业的发展情况从一个侧面体现出各地区对企业家资源利用和发展情况。

第六章　人力资本区域增长作用机制差异性研究

人力资本的作用机制差异性主要体现在人力资本的资源配置能力和资源转换能力上。从第五章图 5-5 中不难发现，陕西省教育水平的拟合结果均处于图中直线的上方，而浙江省教育水平的拟合结果均处于直线的下方，说明要达到同样的总产出水平，浙江省所需的教育水平存量要远远小于陕西省的标准。而从图 5-6 和图 5-7 的结果中也体现出浙江省人力资本与物质资本组合配比较好，使得浙江省相应的投资率带动经济增长的作用较强。这些表现实际上也都说明浙江省人力资本的资源配置和资源转换能力较强，从而使得产出率较高，相应经济增长情况较好。一般而言，对于普通劳动者而言，人力资本回报或激励主要体现为工资收入；而对于整个地区或区域而言，相应的职工工资收入就应该是该地区或区域的人力资本投入。

第一节　基于工资收入的区域人力资本投入

因为本文主要研究人力资本差异性导致区域经济增长差异性问题，所以笔者把主体放到浙江省和陕西省这两个区域，由此笔者把普通劳动者作为人力资本回报的职工工资收入转换角度，使得职工工资收入相应成为浙江省和陕西省的人力资本投入。

许多学者都提到人力资本的投入不同是导致不同国家和地区产出不同的一个主要因素。在研究人力资本投入方面目前主要有两大类方法：一类是基于成本方法来考察人力资本投入的成本问题，对成本考察最为常见的衡量方法则是受教育的年限；另一类是基于收入的衡量方法，利用不同国家和地区的工资收入的不同来考察人力资本投入的不同水平。在这里，笔者准备利用浙江省和陕西省的职工工资收入水平的变动来考察两省的人力资本投入。

一、研究回顾

工资收入的不同在一定程度上体现了相应人力资本的市场价值，同时工资收入在很大程度上也由相应人力资本投入的多少而决定。所以如果能够消除其他因素的影响，那么工资收入的不同显然可以用来解释人力资本投入的不同。目前看来这一方面的研究并不多见，较早时期 Krueger（1968）利用 21 个国家不同教育水平、年龄和所处地区类别（城市或乡村）的职工样本，通过不同职工类别在相应美国市场的平均工资收入水平来衡量每个国家的人力资本投入水平。而 Mulligan、Sala-i-Martini（1997）对美国各州的人力资本投入进行了研究。他们提出一种以给定年限内职工收入来衡量当年该州的人力资本投入的方法。同时，这一职工收入利用当年未受教育的职工平均收入来进行标准化。也就是说他们假设未受教育职工所提供的人力资本投入在各州和各年份相等，而职工所提供的人力资本投入与他们所得到的平均工资收入成正比。Byeongju Jeong（2002）则在 Mulligan、Sala-i-Martini（1997）的基础上对职工收入来衡量人力资本投入的方法进行了改进。他认为职工工资收入与经济总量或者说总产出成正比，这样通过一个国家职工的平均收入就可以衡量这个国家的总体人力资本投入。他认为这种方法相比教育年限来衡量人力资本的成本问题更具有优势。因为一方面基于受教育年限衡量的方法无法正确考察教育年限以外人力资本的投入问题；另一方面不同国家和地区的教育质量并不相同，以受教育年限为基础显然无法回避这一问题。正因为如此，笔者在这里也主要依据 Byeongju Jeong（2002）的方法进行实证。

二、方法和数据

1. 方法推导

假设技术水平在浙江省和陕西省相类似，这样生产函数可以用下式来表示：

$$Y=AH^{\alpha} \tag{6-1}$$

其中，Y 是总产出；H 是总体人力资本投入；A 则代表除人力资本投入以外的其他影响因素，如物质资本投入等；而 $\alpha\in(0,1)$ 则代表人力资本投入共享参数，在这里笔者还是沿用 Jeong（2002）的假设，即在不同国家和地区这一参数值相同。如果人力资本的总体投入是单个人力资本投入的线性累加，而且在各地区之间流动性不大，则可以假设：

$$H=\int_{0}^{1} h(j)dj \tag{6-2}$$

其中，j 为单个经济总体（比如浙江省或者陕西省）中每个人的索引序列号，笔者设 $j\in(0,1)$。

如果假设在单个经济总体中每单位人力资本投入的工资率为 $\overline{w}$，于是：

$$\overline{w}=\alpha AH^{\alpha-1} \tag{6-3}$$

对每一个职工 j 的工资率则为：

$$w(j)=\overline{w}h(j) \tag{6-4}$$

从经济增长的一般模型又可得到：

$$H=\frac{\alpha Y}{\overline{w}} \tag{6-5}$$

也就是说，总体的人力资本投入是全部的劳动收入除以每单位人力资本投入的工资率水平。如果考虑浙江省和陕西省两个经济总体的话，有：

$$\frac{H_z}{H_s}=\frac{Y_z}{Y_s}\cdot\frac{\overline{w}_s}{\overline{w}_z} \tag{6-6}$$

这样，如果有不同的总产出和不同的每单位人力资本工资率，那么就可以推导出不同的人力资本投入。如果进一步用（z，$\bar{z}$）和（s，$\bar{s}$）来分别代表可提供相同量的人力资本投入的两个职工，前者属于浙江省，而后者则属于陕西省。也即：

$$h(z,\overline{z})=h(s,\overline{s}) \tag{6-7}$$

显然，从式（6-1）和式（6-4）不难得到：

$$\frac{\overline{w}_z}{\overline{w}_s}=\frac{w(z,\overline{z})}{w(s,\overline{s})} \tag{6-8}$$

代入式（6-3）可得：

$$\frac{H_z}{H_s}=\frac{Y_z}{Y_s}\cdot\frac{w(s,\overline{s})}{w(z,\overline{z})} \tag{6-9}$$

据此，如果浙江省和陕西省的总产出不同，提供同样人力资本投入量的职工工资率也不同，那么笔者很容易推导出浙江省和陕西省的总体人力资本投入并不相同。

2. 数据

本部分实证数据来自浙江统计年鉴（2004）、陕西统计年鉴（2004）和中国统计年鉴（2004）。平均工资取自样本中的城镇单位职工平均工资项目（Average Wage），人均GDP则取自人均国内生产总值项目（Per Capita GDP）。为数据对应和连续起见，对各部分数据进行了调整，因此实际有效样本周期为13年。

三、人力资本投入的衡量（省际对比）

根据平均工资和人均真实GDP值，笔者不难得到相应的工资率水平，即平均工资/人均真实GDP。表6-1即是浙江省与陕西省工资率的对比结果。表面上来看，陕西省的工资率要远远高于浙江省，如果把工资率水平看作是衡量人力资本投入的一种标准的话，那么陕西省的人力资本投入似乎比浙江省要高。但是究其实质分析，浙江省的人均GDP产值和平均工资远远高于陕西省，从这一方面来看反而说明浙江省人力资本投入的产出效率要远远高于陕西省，即较低的工资率水平产出的人均GDP值却远远高于陕西省。

表 6-1　浙江省与陕西省工资率对比

年份	浙江省			陕西省			H_s/H_z
	平均工资（元）	人均GDP（元）	工资率	平均工资（元）	人均GDP（元）	工资率	
1991	2422	2540	0.953543	2198	1410	1.558865	0.611691
1992	2884	3187	0.904926	2434	1591	1.529855	0.591511
1993	3932	4431	0.887384	2890	1926	1.500519	0.591385
1994	5597	6149	0.910229	3803	2344	1.622440	0.561025
1995	6619	8074	0.819792	4396	2843	1.546254	0.530179
1996	7413	9455	0.784030	4882	3314	1.473144	0.532215
1997	8386	10515	0.797527	5184	3634	1.426527	0.559069
1998	9259	11247	0.823242	6029	3834	1.572509	0.523521
1999	10632	12037	0.883277	6931	4101	1.690076	0.522626
2000	12414	13309	0.932752	7804	4549	1.715542	0.543707
2001	15770	14655	1.076083	9120	5024	1.815287	0.592789
2002	18227	16838	1.082492	10351	5701	1.815646	0.596202
2003	20853	20147	1.035042	11461	6480	1.768673	0.585208

笔者进一步进行分析：

$$\frac{H_s}{H_z}=\frac{Y_z}{Y_s}\cdot\frac{w(s,\overline{s})}{w(z,\overline{z})}\Rightarrow\frac{H_s}{H_z}=\frac{Y_s/w(s,\overline{s})}{Y_z/w(z,\overline{z})}$$

$$\Rightarrow\frac{H_s}{H_z}=\frac{w(z,\overline{z})/Y_z}{w(s,\overline{s})/Y_s} \tag{6-10}$$

据此，笔者不难得到表 6-1 中最右侧一栏的以从业人员工资为基础的陕西省人力资本投入与浙江省人力资本投入的比值——H_s/H_z。数据实证的结果十分清楚，实际上陕西省人力资本的投入远小于浙江省的水平，而且投入的比值从 1991 年到现在形成一个两头高、中间低的凹形结构。

四、人力资本指标对比（省内指标比较）

表 6-2 是浙江省和陕西省分别用工资率（h）和平均受教育年限（s）来代表的人力资本投入的省内指标比较。不论是浙江省还是陕西

省，随着人均GDP值的不断上升，总人口平均受教育年限也在不断上升，说明人力资本水平也在不断上升。但工资率的变动却是一种两头高、中间低的凹形结构，但是在工资率上升的右肩部，总人口平均受教育年限上升的幅度更快，从而导致h/s比值形成一种不断下降的趋势。

表6–2 人力资本指标对比

年份	浙江省				陕西省			
	人均GDP（元）	工资率（h）	教育年限(s)（年）	h/s	人均GDP（元）	工资率（h）	教育年限(s)(年)	h/s
1991	2540	95.35	2.7877	34.20575	1410	155.89	1.6779	92.90685
1992	3187	90.49	2.9291	30.89476	1591	152.99	1.8446	82.93808
1993	4431	88.74	3.0679	28.92507	1926	150.05	2.0143	74.49339
1994	6149	91.02	3.2110	28.34715	2344	162.24	2.1903	74.07267
1995	8074	81.98	3.3573	24.41789	2843	154.63	2.3800	64.96982
1996	9455	78.40	3.5028	22.38298	3314	147.31	2.5801	57.09581
1997	10515	79.75	3.6548	21.82165	3634	142.65	2.7907	51.11682
1998	11247	82.32	3.8039	21.64208	3834	157.25	3.0090	52.2605
1999	12037	88.33	3.9585	22.31351	4101	169.01	3.2366	52.21833
2000	13309	93.28	4.1034	22.73102	4549	171.55	3.4660	49.49675
2001	14655	107.61	4.2631	25.24159	5024	181.53	3.7095	48.93616
2002	16838	108.25	4.4290	24.44124	5701	181.56	3.9563	45.89208
2003	20147	103.50	4.5963	22.51905	6480	176.87	4.2031	42.08066

这也基本符合国外学者如Byeongju Jeong（2002）所认为的总收入高的国家和地区相对的人力资本投入也较大的结论。

1. 基于工资收入的人力资本投入

图6–1构画出基于工资收入的人力资本投入与人均GDP值之间的折线图。图中上半部分为陕西省数据，下半部分为浙江省数据（以下各图相同）。不难看出，随着人均真实GDP值的上升，人力资本的投入并非直线上升，而是一种先下降后来再上扬的“V”字形结构。存在着这种可能性，在检验期最初的阶段，人力资本发挥作用的效果不是很明显，在经济增长中其他要素的投入大大限制了人力资本投入量，从而形成一种人力资本投入量下降而经济却继续增长的局面。而在检

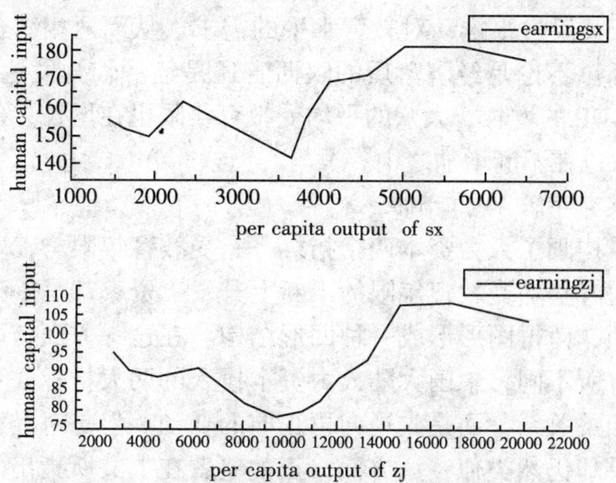

图 6-1　基于从业人员工资收入的人力资本投入

验期的后半段，其他要素的投入有所减退或者是投入的边际效应下降，导致人力资本投入再度不断增长，从而促进经济的不断发展。

2. 基于平均受教育年限的人力资本投入

图 6-2 为基于平均受教育年限的人力资本投入与人均 GDP 值之间的点状图。大众的平均受教育年限与相应的人均真实 GDP 值数据形成一种正向的相关关系。教育水平增加对经济增长起到正向推动作用，

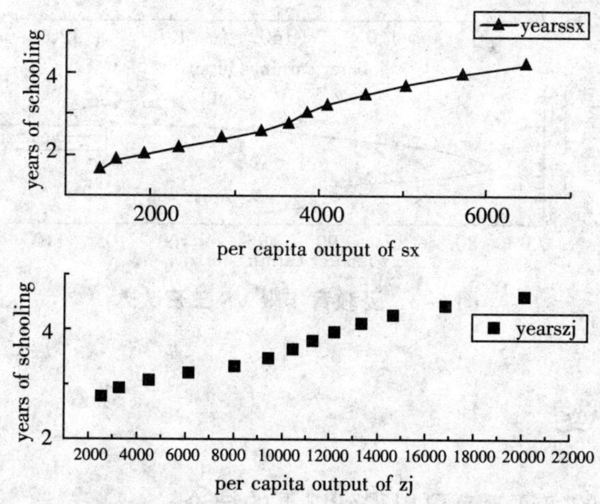

图 6-2　基于平均受教育年限的人力资本投入

而经济增长又反过来推动对教育水平的需求。从而两相结合形成一种良性的循环。不论是经济落后的陕西省还是经济较为发达的浙江省，随着人均 GDP 的增长，大众的平均受教育年限也在增长，也就是说人力资本投入也在不断增加之中。

3. 受教育年限 VS 工资收入

图 6-3 构画了人力资本两个指标——受教育年限与工资收入之间的关系。随着平均受教育年限的不断上升，工资率却是一种先缩小再扩大的变动，使得图形形成一种凹形结构。在这一方面与国外学者的研究结论有所不同，中国大陆人力资本投入的两大指标并不是一种完全的正向相关关系，而是先逆向再正向的变动。但是对经济增长的最终检验结果却仍然类似：一方面，正如笔者在上文所指出的那样，在工资率上升的右肩部，总人口平均受教育年限上升的幅度更快，从而导致 h/s 比值形成一种不断下降的趋势；另一方面，陕西省和浙江省的基于工资收入的人力资本投入检验说明，基于工资收入的人力资本投入和经济增长仍然是一种同步的正向关系。

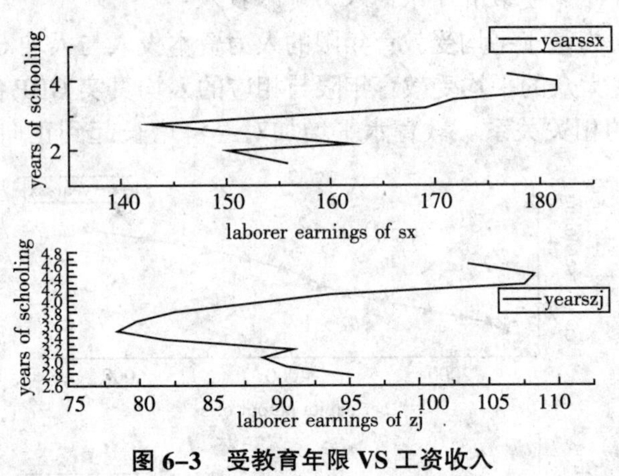

图 6-3 受教育年限 VS 工资收入

五、小结

从上文的实证笔者可以得到以下的结论。

1. 基于工资收入的人力资本投入对经济增长的作用也体现正向关系

人力资本投入的指标不仅仅是上一章所介绍的平均受教育年限，笔者也可以用工资收入所引申出来的工资率指标来作为人力资本的投入指标。虽然与平均受教育年限这一指标有比较大的差异，但是基于工资收入的人力资本投入的实证结果仍然表明，经济较为发达的浙江省人力资本投入明显高于陕西省的投入，后者的人力资本投入仅占前者人力资本投入的 2/3 以下。因此，如果从普通劳动者的角度来分析问题，那么显然浙江省人力资本的回报要明显高于陕西省人力资本的回报，从而浙江省人力资本回报的激励就比陕西省要强，相应的经济增长高、人力资本转换能力也强。

2. 两省人力资本指标的表现有其特殊性

与国外的结果并不尽相同，虽然浙江省和陕西省随着人均 GDP 值的不断上升，总人口平均受教育年限也在不断上升。但是代表人力资本投入的另一指标——工资率的变动却表现出两头高中间低的凹形结构。不过即使如此，人力资本投入对经济增长的最终检验结果仍然与国外的研究相类似：一方面，在工资率（h）上升的右肩部，总人口平均受教育年限（s）上升的幅度更快，从而导致 h/s 比值形成一种不断下降的趋势；另一方面，陕西省和浙江省的基于工资收入的人力资本投入检验说明，基于工资收入的人力资本投入和经济增长仍然是一种同步的正向关系。

第二节 人力资本积聚与区域经济增长

除了在人力资本投入促进区域经济增长上作用机制不同，浙江省人力资本的回报要明显高于陕西省，我们还可以从人力资本积聚作用机制上来进行分析。笔者使用浙江省和陕西省的数据，对 Stephan 和 Dayuan Hu（1996）的模型变量进行了一定的修改，从两个方面来分析区域经济增长和人力资本积聚方面的关系。一方面，区域经济增长受到人力资本的影响；另一方面，对人力资本的需求又受到区域经济增长的影响。

一、经济增长与教育需求变动模型

1. 模型

根据 Barro 和 Sala–i–Martin（1995）的《经济增长》一书，普通的经济增长模型一般的公式如下：

$$Dy_t = F(Y_{t-1}, H_{t-1}, S) \tag{6-11}$$

其中，Dy_t 是人均的总收入增长，我们可以用人均 GDP 增长来代替；Y_{t-1} 是原始的人均总收入，我们可以用原始的人均 GDP 值来代替；H_{t-1} 则是原始的人力资本存量，比如平均的受教育年限等；而 S 则是其他的影响因素。一般来说，我们把函数 F 的形式往往看作是一种线性的关系。根据公式（6–11）我们可以引申出相应的总收入增长的实证模型：

$$Dy_t = \alpha_0 + \alpha_1 Y_{t-\tau} + \alpha_2 H_{t-\tau} + \alpha_3 DH_t + \lambda S_{t-\tau} + u_t \tag{6-12}$$

其中，$Y_{t-\tau}$ 即是我们所假设的原始的人均总收入；而 $H_{t-\tau}$ 则是原始的人力资本存量，可以用总人口中中学以上学历数所占比例来代替；S 作为环境变量，是指其他影响因素，比如人均土地、税收等影响因素。

而根据 Mankiw 等（1992）和 Jones（1995）等诸多学者的研究，人力资本增长也可以看作是总产出和原始人力资本存量的模型。因此，我们也可以把人力资本的变动模型写成如公式（6–13）的形式。

$$Dh_t = \beta_0 + \beta_1 Y_{t-\tau} + \beta_2 H_{t-\tau} + \beta_3 Dy_t + \theta T + v_t \tag{6-13}$$

其中，T 是影响人力资本的其他影响因素，比如税收、受教育的花费、失业率等。

由此形成区域经济增长和人力资本变动的联立方程组合模型。

2. 数据

为了进行对比，我们选取了 1991~2003 年作为考察区间。其中，因为这里的人力资本存量选取的是总人口中中学以上学历所占比例，我们采用了与平均受教育年限类似的方法进行推算。即以 2000 年人口普查为基数，利用每年的毕业学生数进行推算。

而总收入增长模型中的 S 变量，我们选取了对经济增长效果显著的固定资产投资率，即全社会固定资产投资占 GDP 的比率；人力资本存量变动模型中的 T 影响因子，我们则选取了从业人员工资率，即人均工资占人均 GDP 的比率。

二、数据计算及分析

根据联立方程组，$Y_{t-\tau}$ 对 Dy_t 的直接影响作用，由系数 α_1 来体现。这一方面是经济增长自身的作用力；而 $Y_{t-\tau}$ 通过 Dh_t 对 Dy_t 的影响力，则通过 $\alpha_3 \cdot \beta_1$ 来体现。这一方面是教育增长对经济增长的贡献和原始经济发展水平对教育增长的影响作用。当然，我们还可以同样推导出其他的影响作用力系数。比如 $Y_{t-\tau}$ 对 Dh_t 的作用由 β_1 来体现，$H_{t-\tau}$ 对 Dh_t 的影响作用可以由 β_2 来体现，而 $H_{t-\tau}$ 对 Dy_t 的影响作用则可以由 α_2 来体现，等等。

1. 对浙江省的考察

浙江省联立方程的拟合结果如表 6-3 所示。总体来看，拟合效果相当不错，绝大部分拟合系数都显示在 0.05 的水平下显著。首先，α_3 和 β_3 均大于零，而且在 $\tau=2$ 和 $\tau=3$ 时在 0.05 水平下显著，显示在经济增长和教育增长之间有一种同步的影响作用关系；其次，β_2 为负值，说明原始人力资本存量越高，其后续的人力资本增长越慢，体现一种收敛的“后发优势”效果；最后，考虑经济增长自身的作用力系数 α_1 及教育增长对经济增长的贡献和原始经济发展水平对教育增长的影响作用系数 $\alpha_3 \cdot \beta_1$。前者分别为−0.015、−0.034 和−0.041，体现一种收敛的“后发优势”效果；而后者分别为 0.00355、0.036 和 0.020，具有明显的正向推动作用。显然，这两种影响作用是相反的。

如果再继续深入下去，原始人均 GDP 水平对其后的增长率可以进一步用系数 $(\alpha_1+\alpha_3\beta_1)/(1-\alpha_3\beta_3)$ 来表示。不过这一系数经计算分别为−0.013、0.0985 和−0.0385，显然比 α_1 都要小许多。而比较 α_1 和 $\alpha_3 \cdot \beta_1$ 的绝对值大小，不难发现，α_1 的绝对值明显大于 $\alpha_3 \cdot \beta_1$，说明经济增长自身的收敛效果大于教育增长对经济增长的促进作用。而原始教育

表 6-3 浙江省经济增长与人力资本积聚

变量	τ = 1		τ = 2		τ = 3	
	Dy_t	Dh_t	Dy_t	Dh_t	Dy_t	Dh_t
常数项	-533.874	18.051	-1182.981	60.895	-1286.677	37.215
	(-5.44)**	(1.77)*	(-12.82)**	(4.31)**	(-5.46)**	(2.81)**
$Y_{t-\tau}$	-0.015	0.0004	-0.034	0.002	-0.041	0.001
	(-6.67)**	(1.96)*	(-16.22)**	(4.60)**	(-7.80)**	(3.09)**
$H_{t-\tau}$	11.135	-0.390	24.493	-1.350	28.605	-0.699
	(5.57)**	(-1.62)	(13.86)**	(-4.03)**	(6.58)**	(-2.29)**
$S_{t-\tau}$	1.642		1.418		-1.534	
	(4.42)**		(4.36)**		(-2.13)**	
T		0.024		0.043		-0.022
		(1.28)		(2.36)**		(-1.44)
Dh_t	8.878		18.114		19.776	
	(1.55)		(5.64)**		(2.62)**	
Dy_t		0.011		0.044		0.023
		(1.03)		(4.33)**		(2.56)**
R^2	0.919	0.767	0.991	0.933	0.987	0.934
A. R^2	0.873	0.633	0.985	0.888	0.976	0.881
S. E.	4.159	0.234	3.504	0.220	7.551	0.279

注：估计系数下方括号内数据为相应的 t 统计量；** 表示在 0.05 的水平下显著，* 表示在 0.10 的水平下显著。

水平对经济增长的影响我们也可以分解为两个方面的作用：一个是以 α_2 代表的教育水平对经济增长的直接作用，分别为 11.135、24.493 和 28.605。这一直接作用是明显的正向推动作用，而且随着时间的递延，教育水平对经济增长的正向推动作用更强。这一方面可能与毕业生进入工作后逐步适应工作，从而越来越产生更大的效能有一定的联系。另一个是以 $\alpha_3 \cdot \beta_2$ 表示的间接作用，分别为-3.462、-24.454 和-13.823。这一间接作用体现的是教育水平增长自身的收敛效应。当然，两个方面的作用相比较，直接的正向作用还是能够大于间接的负向效应，因此浙江省教育水平对经济增长的净影响仍可以体现出正向的推动作用来。

2. 对陕西省的考察

陕西省联立方程的拟合结果如表 6-4 所示。虽然与浙江省的结果相比拟合程度较差，但大部分指标还是具有相当的显著性。

表 6-4 陕西省经济增长与人力资本积聚

变量	$\tau=1$		$\tau=2$		$\tau=3$	
	Dy_t	Dh_t	Dy_t	Dh_t	Dy_t	Dh_t
常数项	-235.734	-20.523	-523.907	-55.607	-654.411	-37.031
	(-2.61)**	(-2.50)**	(-3.79)**	(-2.80)**	(-5.51)**	(-0.87)
$Y_{t-\tau}$	-0.024	-0.002	-0.057	-0.005	-0.080	-0.001
	(-3.17)**	(-1.83)*	(-5.50)**	(-2.11)*	(-9.65)**	(-0.25)
$H_{t-\tau}$	8.022	0.705	17.610	1.909	22.129	1.020
	(2.80)**	(2.26)**	(4.02)**	(2.66)**	(5.95)**	(0.70)
$S_{t-\tau}$	-0.132		-0.164		-0.435	
	(-0.44)		(-0.45)		(-1.62)	
T		-0.006		-0.018		0.035
		(-0.38)		(-0.85)		(1.60)
Dh_t	-5.80		-4.226		0.705	
	(-1.22)		(-1.06)		(0.32)	
Dy_t		-0.035		-0.062		0.020
		(-1.27)		(-1.45)		(0.31)
R^2	0.691	0.933	0.923	0.964	0.986	0.969
A. R^2	0.515	0.895	0.871	0.940	0.975	0.943
S. E.	3.825	0.274	4.387	0.391	3.121	0.529

注：估计系数下方括号内数据为相应的 t 统计量；** 表示在 0.05 的水平下显著，* 表示在 0.10 的水平下显著。

首先，α_3 和 β_3 正负不一，而且检验指标并不显著，显示经济增长和教育增长影响作用并不明显。但是分别从 τ=1、τ=2 和 τ=3 时各自的状态来分析，经济增长和教育增长影响作用仍然同步，不过在 τ=1 和 τ=2 时竟然系数为负值，显然陕西省经济增长和教育增长的作用并非体现为纯粹的正向推动力。其次，β_2 均为正值，说明陕西省人力资本增长还没有体现一种收敛的“后发优势”效果。最后，考虑经济增长自身的作用力系数 α_1 及教育增长对经济增长的贡献和原始经济发展水平对教育增长的影响作用系数 $\alpha_3 \cdot \beta_1$。前者分别为-0.024、-0.057和-0.080，体现一种收敛的“后发优势”效果；而后者分别为0.0116、0.0211和-0.0007，在 $\tau=1$ 和 $\tau=2$ 时具有一定的正向推动作用。

如果再继续深入，原始人均GDP水平对其后的增长率可以进一步用系数 $(\alpha_1+\alpha_3\beta_1)/(1-\alpha_3\beta_3)$ 来表示。不过这一系数经计算分别为-0.0156、-0.0486和-0.0819，前二者比 α_1 都要小许多。而比较 α_1 和 $\alpha_3 \cdot \beta_1$ 的绝对值大小，这一结果与浙江省类似，α_1 的绝对值明显大于 $\alpha_3 \cdot \beta_1$，说明经济增长自身的收敛效果大于教育增长对经济增长的促进作用。我们继续将原始教育水平对经济增长的影响分解为两个方面的作用：一个是以 α_2 代表的教育水平对经济增长的直接作用，分别为8.022、17.610和22.129。这一直接作用是明显的正向推动作用，而且随着时间的递延教育水平对经济增长的正向推动作用更强。这一方面可能与毕业生进入工作后逐步适应工作，从而越来越产生更大的效能有一定的联系。另一个是以 $\alpha_3 \cdot \beta_2$ 表示的间接作用，分别为-4.089、-8.067和0.719。表现上，两个方面作用的结果仍然体现为正向的推动作用，但是检验指标并不显著说明这一结果。

三、小结

从浙江省和陕西省的计算结果来比较，显然浙江省的拟合效果明显强于陕西省，说明浙江省人力资本积聚与经济增长的相互作用比陕西省更为有效，作用力更强。

1. 两省经济发展仍处于一定的低水平状态

从国外的研究结果来看，如Stephan J. Goetz和Dayuan Hu（1996）的检验结果来看，拟合的常数项一般为极度显著的正向数值。如果常数项包含对科技水平等综合要素影响力系数的话，那么无论是浙江省还是陕西省其拟合常数项均为负值，而且检验指标相当显著，说明浙江省和陕西省的经济发展层次还比较低，还没有从粗放型进入集约型的发展状态。

2. 两省经济增长具有相应的收敛性，即“后发优势”效应

经济增长自身的影响效应均为负值，而且其绝对值随着时间的推

移逐步扩大，显示出原始人均真实 GDP 水平越高，后续的人均 GDP 增长率反而越低这种收敛效应，即所谓的“后发优势”。

3. 浙江省人力资本积聚所起的作用明显强于陕西省

这不仅体现在方程组的拟合显著性上，也体现在影响作用系数的大小上。在两省方程组的拟合效果上，浙江省的结果明显在检验显著性上强于陕西省的结果，尤其是在 Dh_t 和 Dy_t 的系数表现上更是明确反映了这一点；而教育水平对经济增长的影响力度上，浙江省也要明显强于陕西省的水平。直接以 $H_{t-\tau}$ 和 Dh_t 为例，前者对 Dy_t 的影响作用系数 α_2 方面，浙江省的数值明显大于陕西省的相应数值，而后者对 Dy_t 的影响作用系数 α_3 方面，浙江省的数值也要明显大于陕西省的相应数值。可见，陕西省与浙江省的经济发展差距在很大程度上有着人力资本积聚方面的原因。

4. 东西部区域经济发展差异在相当程度上也受到人力资本积聚程度的影响

与朱晓明、宁熙（2005）的结果有所不同，从我们实证的结果来看，浙江省和陕西省的经济增长差异受到人力资本积聚水平的影响很大。这从模型的拟合显著性和影响作用系数上得到了直接的体现，说明即使是粗放型经济中人力资本因素也存在相应的影响力。因此，中部和西部地区的发展不能仅仅依靠于物质资本的投入和制度创新，也要在人力资本积聚方面加大投入。当然制度创新最终也仍需要依靠人的力量。

第三节　人力资本与区域经济收敛

笔者已经从人力资本投入和人力资本积聚两个角度讨论了浙江省和陕西省的人力资本对区域经济增长作用机制的差异性。需要注意的是，我们已经在第五章第三节重点讨论人力资本投资外部组合与区域经济增长之间关系时发现“后发优势”的问题，也就是说人力资本作用机制具有一定的收敛效应。Serge Coulombe 和 Tremblay（2001）曾经利用 Barro 等（1995）的成长模型分析框架来对加拿大 10 个省份的数据进行实证研究，结果发现贫困省份的人均收入、产出和生产力指标的增长速率与富有省份相比往往较高，而且自 1950 年以来各省份的这些经济指标的差异性是越来越小。笔者也准备利用这些模型对浙江和陕西两省的人力资本和区域经济指标进行考察，来分析两省的人力资本和区域经济收敛特征。

一、人力资本作用和数据

在第五章第三节第三部分中我们曾给出一个常用的 Cobb-Douglas 形式的生产函数即公式（5–17），事实上此式的原形如公式（6–14）所示。

$$Y = AK^{\alpha}(Le^{gt})^{1-\alpha} \tag{6–14}$$

其中，g 是有效劳动的增长率；A 是一个外生的技术的变量；而产出 Y 关于资本 K 的弹性是指数 α。

Mankiw 等（1992）认为把资本的概念进一步扩大到包括人力资本和物质资本，可以解决新古典增长模型与实际可能不符的问题。因为资本积聚应该是为了增加未来产出而放弃当前消费的价值。教育和在职培训代表人力资本积聚的投入形式，由于人力资本积聚的投入回报默认包括工资在内，这导致资本积聚对产出增长的贡献度被低估。由此 Barro 等（1995）对公式（6–14）进行了一定的改进，对资本的概念进一步放宽。

$$Y = AK^{\alpha}H^{\eta}(Le^{gt})^{1-\alpha-\eta} \tag{6–15}$$

其中，η 是产出关于人力资本积累的弹性。Mankiw（1995）根据美国平均工资和最低工资的差异，估计 η 约为 0.5。

Barro 等（1995）对人力资本投入同样进行一定的分析。他们认为，人力资本投入主要来自于国内的储蓄，因为国内居民不可能以人力资本或原始劳动力作为抵押向国外贷款，因此一般来说人力资本投入主要依靠家庭。正是由于人力资本和物质资本两种资本形态在经济增长模型中的作用，物质资本、人均收入和人均产出的收敛速度受制于或者应该等于人力资本的收敛速度。即如果最初的人力资本/劳动力比率低于稳定状态，那么即使物质资本在各地区间可自由流动，物质资本/劳动力比率也只能逐步向其稳定状态调整。如果一个地区物质资本/劳动力比率低于全国平均水平，理论上该地区的边际产出会比较高从而使得其他地区的资本可能会流入该地区。但事实上根据 Barro 等（1995）的研究，贫困地区的人力资本相对稀缺，从而导致物质资本的边际产出快速下降。本书第五章的实证也表明了这一观点，从实证的结果来看，一方面浙江省经济增长中投资率的作用效率比陕西省高；另一方面浙江省人力资本存量和物质资本投入呈现同步增长而陕西省却缺乏这种同步向外扩张的关系。

对于人力资本指标数据衡量有各种方法，Barro 和 Lee（1993）认为重要的是统计教育的质量而不是教育的数量；而 Romer（1993）则是用各级教育程度的人口占总人口的比例。笔者对人力资本指标仍然采用了第五章的方法（具体数据见表 5–4），即利用平均受教育年限作为人力资本的替代指标。一方面，平均受教育年限实际上已经考虑到了各级教育程度人口占总人口的比例；另一方面，由于浙江省和陕西省教育体系基本相同，因此，我们也无须考虑两省教育质量不同的问题。而人均产出指标笔者仍使用第五章中人均实际 GDP 指标及其增长（具体数据见表 5–1）。

二、σ 收敛效应

在 σ 收敛效应的研究上，笔者从人力资本存量指标和人均产出两个方面进行分析。如上文所述，这里人力资本存量指标使用的是平均受教育年限；而人均产出则使用人均实际 GDP 及其增长。

1. 人力资本存量

假设浙江省各年的平均受教育年限为 h_t^{zj}，陕西省各年的平均受教育年限为 h_t^{st}，我们很容易得到浙江和陕西两省各年的平均受教育年限的平均值 H_t。

$$H_t = \frac{h_t^{zj} + h_t^{sx}}{2} \tag{6–16}$$

这样就可以用两省各年平均受教育年限的平均值分别来除以这个

平均值，不难得到浙江和陕西两省的人力资本的相对指标 h^{rzj}_t、h^{rsx}_t。

$$h^{rzj}_t = \frac{h^{zj}_t}{H_t} \tag{6-17}$$

$$h^{rsx}_t = \frac{h^{sx}_t}{H_t} \tag{6-18}$$

根据两省人力资本相对指标的计算结果，笔者拟合出图 6-4。

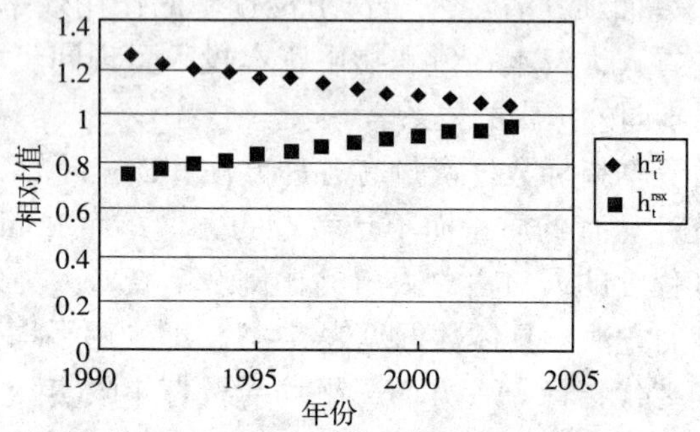

图 6-4　浙江和陕西两省的人力资本相对指标

从图 6-4 明显可以看出两省人力资本相对指标呈现出一个收敛形态格局。对比而言，教育存量水平较落后的陕西省在 1991~2003 倾向于接近平均，而教育存量水平较高的浙江省倾向于向平均值回归。当然，两省的绝对人力资本存量指标平均受教育年限都是增加的，但增加的速度不同，导致两者相对人力资本指标呈收敛态势。笔者进一步计算了浙江和陕西两省的人力资本相对指标的标准偏离（标准差），结果如图 6-5。

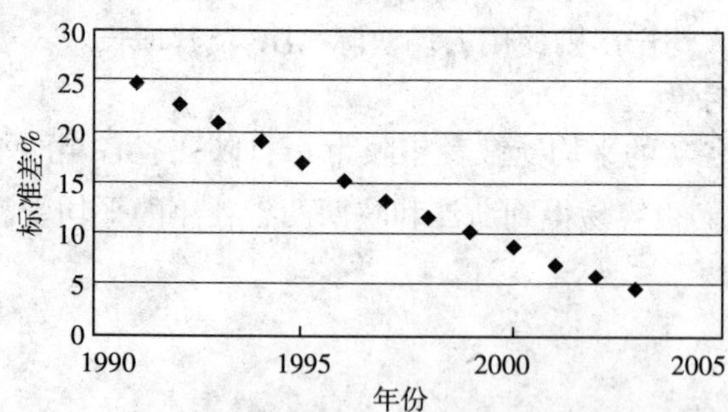

图 6-5　浙江和陕西两省的人力资本相对指标的标准偏离

十分明显，浙江和陕西两省的人力资本相对指标的标准偏离在1991~2003年几乎呈直线下降，从1991年的25%到2003年的5%。由于这里我们用的是相对指标，标准偏离可以看作是变化系数。为了精确起见，标准差的数值转换为百分比。

2. 人均产出

假设浙江省各年人均实际GDP增长率为 g_t^{zj}，而陕西省各年人均实际GDP增长率为 g_t^{sx}，很容易得到浙江和陕西两省的各年人均实际GDP增长率的平均值 G_t。

$$G_t = \frac{g_t^{zj} + g_t^{sx}}{2} \tag{6-19}$$

与人力资本相对指标所用的方法相同，可以用两省各年人均实际GDP增长率平均值分别去除两省人均产出的平均值，不难得到浙江和陕西两省人均产出增长的相对指标 g_t^{rzj} 和 g_t^{rsx}。

$$g_t^{rzj} = \frac{g_t^{zj}}{G_t} \tag{6-20}$$

$$g_t^{rsx} = \frac{g_t^{sx}}{G_t} \tag{6-21}$$

同样，我们根据这两个相对指标可以拟合出图6-6。

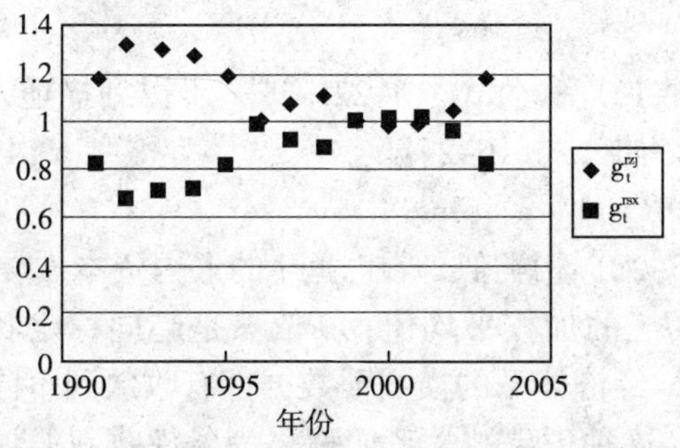

图6-6 浙江和陕西两省人均GDP增长的相对指标

图6-6与图6-4比较类似，人均产出增长率较落后的陕西省在1991~2003年倾向于接近平均值，而人均产出增长率较高的浙江省倾向于返回到平均值。不过这种变动与人力资本相对指标有所差异，呈

现出一种曲折的收敛形态。

总体来说，浙江省的人力资本绝对指标和相对指标都强于陕西省。相对应，其人均产出、人均产出增长的相对指标和绝对指标也都强于陕西省。

三、人力资本的 β 收敛效应

Barro 和 Sala-i-Martin（1995）认为在达到稳定状态前的过滤期内，人均产出存在着一个对数线性关系。即，在时间 t 的人均产出 y_t 是初始产出 y_0 和稳定状态时的产出水平 $y*$ 两者的加权平均值。

$$\ln y_t = e^{-\beta t}\ln y^0 + (1-e^{-\beta t})\ln y^* \tag{6-22}$$

其中，参数 β 是趋向稳定状态时的收敛速度。Barro 等（1995）认为公式（6-22）可用于开放经济体系中的人均产出拟合。不仅如此，Barro 等（1995）还把生产函数作了进一步的修改，变更为如公式（6-23）的形式。

$$y = Bh^{\frac{\eta}{1-\alpha}} \tag{6-23}$$

其中，B 是一个常量，它是外生变量的函数（独立于资本/劳动力比率）；h 则是人力资本/劳动力比率。如果 $\alpha+\eta$ 小于 1，那么资本积聚的回报将比较低。

从公式（6-15）和公式（6-22）进一步得到描述人力资本指标动态变化的议程，如公式（6-24）。

$$\ln h_t = e^{-\beta t}\ln h^0 + (1-e^{-\beta t})\ln h^* \tag{6-24}$$

与公式（6-22）相类似，在时间 t 的人力资本 h_t 是其初始值 h_0 和其稳定状态值 $h*$ 的加权平均值；β 依然是趋向稳定状态时的收敛速度。一般来说，经济体系的横截面数据都有收敛到不同稳定状态值 $y*$ 和 $H*$ 的现象。这种现象被学者们称之为条件收敛假说。根据 σ 收敛效应的研究，笔者在这里也假设浙江省和陕西省也将具有这一条件收敛特征。事实上，许多学者如 Coulombe 和 Lee（1993）、Lefebvre（1994）、Coulombe 和 Day（1999）等都曾发现过加拿大 10 个省的人均收入、产出和生产指标具有绝对收敛的特征。

我们仍然使用 Serge Coulombe 和 Tremblay（2001）的方法，浙江省和陕西省人力资本指标的β收敛速度的估计方程为：

$$\frac{1}{2}\ln\left(\frac{h_{t+p}^{i}/H_{t+p}}{h_t^i/H_t}\right)=-\left(\frac{1-e^{-M\beta_h}}{M}\right)\ln\left(\frac{h_t^i}{H_t}\right)+u_i \qquad (6\text{–}25)$$

其中，i 是指省份，H 是指两省的人力资本指标的非加权平均值；h 是人力资本存量指标；u_i 代表残差；p 是检验周期长度或相邻数据相隔时间，即 1 年；M 设定为 1，是相邻数据间隔时期的平均长度。一方面，笔者用两省各年的平均受教育年限平均值分别除以两省各年的平均受教育年限，这在一定程度上排除了共线性；另一方面，不管是独立还是非独立变量，这里都用变量与其样本平均偏离来进行测量，故检验方程式右边的常数项等于零或者不显著。而且，我们可以把公式（6–25）通过适当的变形成为公式（6–26）。

$$\ln\left(\frac{h_{t+1}^{ri}}{h_t^{ri}}\right)=-2\left(1-e^{-\beta_h}\right)\ln(h_t^i)+2\left(1-e^{-\beta_h}\right)\ln(H_t)+u_i \qquad (6\text{–}26)$$

分别取 $c(1)=-(1-e^{-\beta_h})$、$c(2)=(1-e^{-\beta_h})$，不难得到：

$$\frac{|c(1)|+|c(2)|}{2}=2(1-e^{-\beta_h}) \qquad (6\text{–}27)$$

使用公式（6–27）我们不难得到人力资本的收敛速度β值。这样，利用浙江省和陕西省的横截面数据，就可以得到人力资本相对指标的收敛性检验结果如表 6–5。

表 6–5　浙江和陕西人力资本 β 收敛效应计算结果

	$\ln(h_t)$	$\ln(H_t)$	β	R^2
$\ln\left(\frac{h_{t+1}^{rzj}}{h_t^{rzj}}\right)$	−0.053	0.046	0.025	0.791
	(−16.347**)	(12.447**)		
$\ln\left(\frac{h_{t+1}^{rsx}}{h_t^{rsx}}\right)$	−0.078	0.085	0.042	0.958
	(−25.667**)	(32.482**)		

注：系数下方括号内数据为相应的 t 统计值；** 表示在 0.01 的水平下显著。

一方面，变量前的系数在 0.01 的水平上显著，而且不等于 0，也就是说收敛速度（β=0）的假设可以在 0.01 的水平被拒绝。陕西省 1991 年的平均受教育年限（初始人力资本存量）为 1.68 年，浙江省

1991 年的平均受教育年限（初始人力资本存量）为 2.79 年。初始人力资本存量较低的陕西省其人力资本收敛的速度反而比浙江省更快，印证了前面第五章第三节第三部分的实证计算结果。另一方面，两省估算的收敛速度差别很大，浙江省的 β 值为 0.025，而陕西省的 β 值为 0.042。Barro 等（1995）认为在有人力资本信贷约束的开放式经济新古典主义增长模型中，人力资本收敛速度应该在［0.014，0.035］区间内。不过，我们的计算结果却表明，经济较发达的浙江省位于该区间内，而陕西省却稍微高于该上限。这在一定程度上说明陕西省的经济发展与 Barro 等（1995）认为的开放经济有所偏差。

四、人均产出和人力资本指标的收敛速度

紧接着上一部分的内容，我们可以继续使用公式（6-25）至公式（6-27）的方法来估算浙江省和陕西省的人均产出指标的收敛速度。

$$\ln\left(\frac{y_{t+1}^{ri}}{y_t^{ri}}\right)=-2\left(1-e^{-\beta_y}\right)\ln(y_t^i)+2\left(1-e^{-\beta_y}\right)\ln(Y_t)+u_i \tag{6-28}$$

也同样可以用 c（1）和 c（2）来计算 β 值。

$$\frac{|c(1)|+|c(2)|}{2}=2\left(1-e^{-\beta_y}\right) \tag{6-29}$$

利用浙江省和陕西省人均实际 GDP 数值，不难得到人均产出相对指标的收敛性检验结果如表 6-6。

表 6-6 浙江和陕西两省人均产出 β 收敛效应计算结果

	ln（y_t）	ln（Y_t）	β	R^2
$\ln\left(\frac{y_{t+1}^{rzj}}{y_t^{rzj}}\right)$	–0.503	0.526	0.297	0.666
	(–4.260**)	(4.267**)		
$\ln\left(\frac{y_{t+1}^{rsx}}{y_t^{rsx}}\right)$	–0.393	0.362	0.209	0.665
	(–4.746**)	(4.700**)		

注：系数下方括号内数据为相应的 t 统计值；** 表示在 0.01 的水平下显著。

从表 6-6 的数据同样可以发现，人均产出具有一定的收敛速度，收敛速度不等于 0 的检验结果非常显著。人均产出的收敛性表现出与

人力资本收敛性所不同的特征，人均产出更高的浙江省在收敛速度上要高于陕西省。值得注意的是，一方面，估算出来的人均产出收敛速度差别并不大，但人力资本收敛速度却差异十分明显，显然说明了陕西省的人力资本发挥的效应并没有浙江省那么高，也就是说浙江省的人力资本边际产出优于陕西省；另一方面，浙江省人均产出达到稳定状态的收敛速度比陕西省快反过来说明浙江省的经济增长更稳定，有利于物质资本投入对经济增长的贡献。这一结论同样印证了第五章的实证结果，也与 Barro 等（1995）认为贫困地区的人力资本相对稀缺导致物质资本的边际产出快速下降的这一结论相匹配。

不过需要注意的是，Barro 等（1995）认为物质资本、人均收入和人均产出的收敛速度受制于或者应该等于人力资本的收敛速度。从表 6-5 和表 6-6 的计算结果来看，无论是浙江省还是陕西省，人均产出的收敛速度都要远远高于人力资本的收敛速度。笔者认为这一结果说明无论是浙江省还是陕西省，经济发展中人力资本的作用尚未得到充分发挥，经济增长仍处于粗放型的阶段。即浙江省和陕西省经济发展仍处于低水平状态。

五、人均产出增长的收敛速度

通过人力资本和人均产出收敛速度的估算，我们可以进一步利用公式（6-25）至公式（6-27）来计算人均产出增长率的收敛速度。即：

$$\ln\left(\frac{g^{ri}_{t+1}}{g^{ri}_{t}}\right)=-2\left(1-e^{-\beta_g}\right)\ln(g^{i}_{t})+2\left(1-e^{-\beta_g}\right)\ln(G_t)+u_i \tag{6-30}$$

$$\frac{|c(1)|+|c(2)|}{2}=2\left(1-e^{-\beta_g}\right) \tag{6-31}$$

这样利用浙江省和陕西省的人均产出增长率数据，不难得到表 6-7 的计算结果。

人均产出增长率收敛速度的检验结果比前两个检验显著程度稍低，但同样也比较有效地证明了人均产出增长的收敛速度显著不为 0。与国外的研究类似的是，人均产出增长率更高的浙江省其收敛速度要高

表 6-7　浙江和陕西两省人均产出增长 β 收敛效应计算结果

	ln (gt)	ln (Gt)	β	R^2
$\ln(\frac{g_{t+1}^{rzj}}{g_t^{rzj}})$	−0.355	0.371	0.200	0.564
	(−2.381*)	(2.404*)		
$\ln(\frac{g_{t+1}^{rsx}}{g_t^{rsx}})$	−0.332	0.314	0.176	0.665
	(−2.593*)	(2.539*)		

注：系数下方括号内数据为相应的 t 统计值；* 表示在 0.05 的水平下显著。

于陕西省。不过两省的收敛速度就数值而言差别并不大，联系到人力资本的收敛速度，同样印证了陕西省人力资本发挥的效应并没有浙江省强，人力资本的边际产出要低于浙江省。

六、人力资本在人均产出增长中的贡献度

前面的结果并没有直接体现人力资本在人均产出中的贡献程度，我们可以通过人均产出对人力资本的弹性来估计人力资本在人均产出中的贡献度。利用公式（6-23）的对数模型，把其中的人均产出替换为人均产出增长，浙江省和陕西省的人均产出增长与两省平均人均产出增长的比值可以表示为两省的人力资本存量与两省平均人力资本存量比值的函数。

$$\ln(\frac{g_t^j}{G_t}) = \eta\ln(\frac{h_t^i}{H_t}) \tag{6-32}$$

其中，η 表示人均产出增长对人力资本的弹性。

把公式（6-32）进行变形，得到公式（6-33）。

$$\ln(\frac{g_t^j}{G_t}) = \eta\ln(h_t^i) - \eta\ln(H_t) \tag{6-33}$$

同样可以用 c(1) 和 c(2) 来计算 β 值。

$$\frac{|c(1)|+|c(2)|}{2} = \eta \tag{6-34}$$

利用两省的数据，可以得到表 6-8。

两省人力资本存量水平对人均产出增长的具有明显的贡献度，系数明显大于 0，而且检验结果较为显著。从贡献度具体数据来看，浙

表 6-8　浙江省和陕西省人力资本贡献度计算结果

	$\ln(h_t)$	$\ln(H_t)$	η	R^2
$\ln(\frac{g_t^{zj}}{G_t})$	1.415	-1.484	1.449	0.690
	(5.025**)	(-4.821**)		
$\ln(\frac{g_t^{sx}}{G_t})$	1.447	-1.370	1.408	0.678
	(4.408**)	(-4.613**)		

注：系数下方括号内数据为相应的 t 统计值；** 表示在 0.01 的水平下显著。

江省的 η 值要大于陕西省，说明浙江省人力资本存量水平对人均产出增长的贡献度更高。由此，不难解释浙江省的经济发展水平要强于陕西省了。

第四节　小结

1. 基于工资收入的人力资本投入对经济增长的作用也体现正向关系

基于工资收入的人力资本投入的实证结果仍然表明，经济较为发达的浙江省人力资本投入明显高于陕西省的投入，后者的人力资本投入仅占前者人力资本投入的 2/3 以下。因此，如果以普通劳动者的角度来分析问题，那么显然浙江省人力资本的回报要明显高于陕西省人力资本的回报，从而浙江省人力资本回报的激励就比陕西省要强，相应的经济增长高、人力资本转换能力也强。

2. 两省人力资本指标的表现有其特殊性

人力资本投入对经济增长的最终检验结果仍然与国外的研究相类似：一方面，在工资率（h）上升的右肩部，总人口平均受教育年限（s）上升的幅度更快，从而导致 h/s 比值形成一种不断下降的趋势；另一方面，陕西省和浙江省的基于工资收入的人力资本投入检验说明，基于工资收入的人力资本投入和经济增长仍然是一种同步的正向关系。也就是说，浙江省和陕西省的情况并非不符合人力资本理论的结果。

3. 两省经济发展仍处于一定的低水平状态

无论是浙江省还是陕西省其拟合常数项均为负值，而且检验指标相当显著，说明浙江省和陕西省的经济发展层次还比较低，还没有从粗放型进入集约型的发展状态。

4. 浙江省人力资本积聚所起的作用明显强于陕西省

这不仅体现在方程组的拟合显著性上，也体现在影响作用系数的大小上。在两省方程组的拟合效果上，浙江省的结果明显在检验显著性上强于陕西省的结果，尤其是在 Dh_t 和 Dy_t 的系数表现上更是明确反映了这一点；而教育水平对经济增长的影响力度上，浙江省也要明显强于陕西省的水平。可见，陕西省与浙江省的经济发展差距在很大程度上有着人力资本积聚方面的原因。

5. 两省经济增长具有相应的收敛性，即“后发优势”效应

经济增长自身的影响效应均为负值，而且其绝对值随着时间的推移逐步扩大，显示出原始人均真实 GDP 水平越高，后续的人均 GDP 增长率反而越低，这种收敛效应，即所谓的“后发优势”。不过收敛效应的表现不尽相同，人力资本相对指标的收敛呈现一种直线收敛的现象；而人均产出的收敛则呈现出一种曲折的状况。

6. 人均产出的收敛速度远远高于人力资本的收敛速度

从比较来看，浙江省和陕西省的检验结果都显示人均产出的收敛速度远远高于人力资本的收敛速度，这一方面与国外的研究有所不同。说明无论是浙江省还是陕西省，经济发展中人力资本的作用尚未得到充分发挥，经济增长仍处于粗放型的阶段。

7. 省际对比来看，通过人力资本、人均产出、人均产出增长和人力资本在人均产出增长中的贡献度等指标，发现陕西省人力资本的边际产出较低，人力资本发挥的效应并没有浙江省强。同时，浙江省人力资本存量水平对人均产出增长的贡献度更高。这些正是浙江省经济增长强于陕西省的一大原因。

第七章　人力资本产权机制作用差异性研究

对于企业家资源而言，人力资本回报或激励则主要也体现在经营者人力资本产权界定上，第五章第四节中笔者对此已经有所涉及。盛乐（2001）认为国有企业和乡镇企业经营者人力资本产权界定完整性的差异导致两者的经济效率的差异。这种差别具体来说主要是经营决策权、剩余分配权和监督约束机制三个方面的差异。当然，如果把范围扩大，那么也可以归结到人力资本相关的制度因素的内容。

第一节　产权结构及人力资本产权研究

在分析完普通劳动者角度的人力资本回报问题之后，笔者继续分析人力资本产权问题，或者说笔者可以进一步把问题的视角放到制度因素之上。浙江作为资源小省却取得了相当大的经济增长成绩，这一现象曾被称之为“浙江奇迹”。也有不少学者曾经讨论过“浙江奇迹”的原因，更多的视角放在企业家精神、浙江精神或者乡镇企业发达等角度。谈到企业家精神或者乡镇企业，势必就要涉及人力资本的产权问题。事实上，也有学者曾经就此进行过相应的研究，如朱晓明、宁熙（2005）曾经就浙江省和陕西省人力资本与经济错位进行过讨论，认为人力资本水平更高的陕西省之所以在经济上远落后于浙江省，是由于其人力资本的产权残缺程度比浙江省要高。

一、关于产权及产权结构性问题的论述

西方产权经济理论的代表人物登姆塞茨就指出："产权是一种社会工具，其重要性就在于事实上它们能帮助一个人形成他与其他人进行交易时的合理预期。"因此，"科斯定理"与其说是在阐明交易费用为零的条件下经济效率与产权无关的结论，还不如说是说明了在存在交易费用的情况下产权制度是如何作用并影响经济效率诸结果的。"产权不是指人与物之间的关系，而是指由物的存在及关于它们的使用所引起的人们之间相互认可的行为关系。产权安排确定了每个人相应于物时的行为规范，每个人都必须遵守他与其他人之间的相互关系，或承担不遵守这种关系的成本。"当笔者今天再使用这一定理时，更多的是指只要交易费用不为零，就可以利用明确界定产权的资源之间的交换来达到资源配置的最佳效率，从而克服"外部效应"。从中也不难看出，产权制度的初始界定对经济效率的影响是直接的、明显的，也是重要的。

通过上文的分析，笔者可以得出产权的核心功能就是产生价格信号进而指导人们发挥自己的比较优势。实际上笔者也能从西方学者对产权定义中得出这一结论。西方学者给出的产权的定义主要有以下几种：

(1) 所谓产权，"是一种通过社会强制实施的选择一种经济品使用的权利"（阿尔钦，1991）。

(2)"产权是界定人们如何受益及如何受损，因而谁必须向谁提供补偿以使他修正人们所采取的行动"。"产权是一种社会工具，其重要性就在于事实上它们能帮助一个人形成他与其他人进行交易时的合理预期"（德姆塞茨，1991）。

(3)"产权是因为存在稀缺物品和其特定用途而引起的人们之间的关系"（配杰威齐，1991）。阿尔钦是把产权作为一种规则来加以定义的。德姆塞茨是从产权的功能角度对产权进行定义，他把产权理解为人与人之间的关系，而不是简单的对物品的关系。实际上是对阿尔钦的定义清晰化。配杰威齐的定义基本上和德姆塞茨给出的相同。以上

的定义实际上给出了人们在一定的规则下，会产生一定的预期与激励，进而会有一定的行为。对于何种产权结构对财富增长有利，笔者必须回到经济学的基本问题上来，如果不能否认个人是自己利益的最好看守者，其他人并不拥有比行为者本人更多的信息和更了解行为人的偏好及比较优势，清晰界定的产权，即签约自由就会带来更高的经济效率。笔者面临的是一个信息不完全及不确定的世界，信息是分散于每个个体之中的，只有充分利用这些分散的信息才会使总信息量上升，才会更有效地进行分工和发挥比较优势，进而带来经济效率。

关键的问题是，只有在权利清晰界定的情况下，市场才会形成，进而才会产生有作为人们行为指示器的价格信号。也正是这一信号，才会使分散于不同个体中的信息发生聚集，人们才会根据自己的优势进行选择，才会最大限度地发挥每个人的能力，才会带来更高的经济绩效。任何对私有产权的干预，无不直接或间接地使市场机制不能发挥作用，价格这一信号就会失真或不存在，人们根据自己的优势进行选择的机会就会受到限制，经济绩效也就无从谈起。

因此，产权的功能在于它构成了对社会经济行为的激励并决定谁是经济系统的主角（利贝卡普，2001）。只有作为基本经济单位的个人成为经济系统的主角，才会形成市场机制，才会出现真正的市场价格，才会产生有效的激励，比较优势和机会成本这一经济学的核心概念才会存在，人们才会有真正的“正确选择”，人们用于生产性努力的激励才会达到最大，总财富量才会上升。

按阿尔钦（2000）的观点，人类面临一个稀缺的世界，有稀缺就会有竞争，凡是竞争就要有规则，这里的规则就是产权结构。不同的产权结构，就会有不同的竞争方式，进而就会带来不同的经济绩效。只有在产权清晰界定的规则下，才是没有租金消散的。而在产权受到限制的情形下，人们行为的指示器就不会是价格，而是其他信号，其他信号的缺陷在于，人们或是从事不创造财富的活动去获取财富，在没有付出对等财富的情形下得到财富（如寻租及价格管制下的排队），或是人们会降低从事经济活动的积极性（如过高税负），或是人们从事的活动会使经济资源的价值降低（如公地悲剧），从社会角度讲无疑就会发生租金消散。而在产权清晰界定的情形下，真正有效的交易才会发生，市场价格才会形成，价格会使经济资源的价值得到真实的反映，进而任何经济活动都会与创造财富有关。

张五常（2000）认为，完整意义上的产权包括三种权利：使用权、收益权、转让权。对这三种权利的任何限制都会使经济效率下降。对转让权的限制，明显地破坏了市场机制，使价格的功能不能正常发挥。对使用权和收益权的限制会影响到转让权的收益，经济物品的价值就不能得到正确的反映，同样也会破坏价格机制。因此，对产权中的任何一项权利的限制无不以破坏市场机制为代价的。产权中哪一项权利重要，就是看这项权利是否影响到了这一经济物品的市场价格。产权中任何权利的重要性是针对整个社会而言的，笔者不能由于某项权利对某个具体的人不重要就说这项权利不重要，对某个个体而言不重要的某项权利可能对其他个体是重要的。看似不重要的某种权利，实际上笔者是忽略某些约束条件。但某些约束条件也并非一成不变，约束条件的任何细小的变化也只有拥有这项资源的经济个体才能正确地感觉到，当约束条件发生变化而对私有产权实施限制者又感觉不到（当然也无法真正知道），进而继续进行限制时，市场机制就会受阻，经济效率就会降低。从下文的分析笔者可以看出，即使在某些约束条件下，不受干预的产权至少不会比产权受到某种限制时差。

人们的行为本质在于约束条件下的最大化，在产权受到限制的情形下，人们的行为也是最大化自己的效用，但这个最大化与产权完整情形下的最大化相比，或多或少地会带来租金消散。这样经济学的任务也就要回到最为根本的层面上来，也就是如何改变约束条件。当然这和经济学是研究资源配置的科学或是人的选择的科学的定义并不冲突，这是因为，有什么样的约束条件（产权规则），人们就会有什么样的选择，进而就会有什么样的配置效率。因此，借用奥尔森（2000）对经济增长机制的比喻，笔者也可以这样说，如果把资源配置效率比喻成河水流量的话，那么人的选择就是河流的源头——小溪和湖泊，而约束条件（产权规则）就是决定了注入这些小溪和湖泊的雨水如何形成。因此，资源配置效率的活水源头是约束条件，即产权结构。

国内的有关产权研究，可以说是与改革开放的进程直接相关的。作为一场“先交易后产权”的全方位的、渐进式的改革，其主要的手段是通过对传统制度的微调和逐渐推进，从而达到在稳定的社会环境下实现制度改革、经济发展的最终目标。因此，国内在对产权制度的研究与实际运用过程中，往往倾向于从产权的权利束（a bundle of rights）特征出发，通过对权利束进行细致的或深入的分解，以达到逐级推动改革进程的目的。如纪坡民在其著作《产权与法》中，从民法学角度给出了财产权利的规范体系的缩略图。①

事实上，在我国“交易先于产权”的改革过程中，对权利束的过细划分很可能并不具有明确的可操作性。为此，结合我国改革开放的发展实际，对产权权利束的划分往往倾向于从功能角度出发，进行一个粗略划分。一个最主要的划分，就是从尚未明确界定（或无法明确界定）的剩余权利空间出发，将产权细分为两个部分，一部分称为收益权，另一部分称为控制权。如果对某一物品或资源，只有收益权而没有控制权，或者只有控制权而没有收益权，就表明对该物品的或资源的产权就是不完整的，或者说是残缺的；收益权和控制权相脱节，产权残缺，结果就是资源利用的低效率或浪费。②

从更全面的角度看，产权可看作是由占有权、使用权、处分权、收益权四项基本权利组成的权利束。第一，占有权是产权构成中的基础权利。在单人业主制、合伙制企业等产权形式下，产权的基础权能表现为直接的占有权，因为所有者和经营者为同一主体，所以占有是直接的占有；在公司制企业中，由于所有者和经营者的分离，资本的价值形态与实物形态的分离，所有权主体占有了资本的价值形态——股权，产权主体占有了资本的使用价值形态——企业资产，因而产权主体的占有完全是由制度规定派生出来的占有。第二，使用权或经营权是产权的核心权利。它是指产权主体对资产进行使用或营运的权利。对于资本增值的本性来说，使用权是产权各项权能中最有意义的权能，因为资本只有在使用中才能增值。第三，处分权是使用权的延伸，它包括对资产进行转让、赠与、抵押等项权利。处分权可以通过资产的实物形态与价值形态的转换实现资产使用效率的最大化，促进企业技

① 纪坡民. 产权与法. 生活·读书·新知三联书店，2001

② 肖耿. 产权与中国的经济改革. 中国社会科学出版社，1995

术的发展。第四，收益权是产权的目的性权能。它是指产权主体在经营中获取利润分配的利得权。如在公司制企业中，公积金就是产权主体的收益权的实现形式。收益权可以对产权主体产生激励作用。一个完备的产权束主要由上述四项基本权能构成，失去任何一项都有可能造成产权权能的残缺，从而影响其他权能的正常运作。例如，没有收益权，产权主体就失去利益激励的动力；没有使用权，企业就无法运营；没有处分权，就会造成资源的闲置与浪费；没有占有权，其他产权权能就无法正常操作。可见产权功能的正常输出有赖于产权各项权能之间的有机联系及其构成的完整性。

此外，从产权权能（Powers of Rights）、产权权益（Benefits of Rights）、产权权责（Duties of Rights）[①] 角度，同样可以对产权权利束的结构性进行划分。不过，从实质内容上看，这些划分大同小异，所强调的目标也在于希望实现最终的责、权、利的统一。

二、人力资本产权问题的研究

（一）人力资本产权的含义

从产权经济学的角度看，产权与传统的物权是不同的，产权的核心是对人的行为、人与人之间利益关系的界定（杨瑞龙、周业安，1997）。就企业生产要素的产权而言，它所描述的主要是要素所有者的行为关系问题。这个问题包括两种关系，一是要素所有者与要素之间的关系，二是不同要素所有者之间的关系。由此看来，人力资本产权与人力资本是不同的，人力资本是指人的知识、经验、技能等，而人力资本产权重在研究拥有这些人力资本的人与其人力资本的关系，以及不同人力资本所有者之间的关系。正如前文所说，人力资本与非人力资本的不同，并不是作为企业投入要素方面的不同，其真正的区别在于它们体现了不同的产权关系。人力资本产权，至少可以从两个层面上来考虑：首先，个人作为人力资本这一生产要素的承载者所享有的天然权利，即人力资本的控制权；其次，个人使用他所拥有的人力

① 徐伟红、盛乐. 劳动力产权理论：一种博弈分析. 浙江社会科学，2001(2)

资本时享有的经济权利，即人力资本的索取权。

1977年，巴泽尔（Barzel）在美国《法律和经济学报》上发表的论文，提出奴隶经济中的一个有趣的问题。尽管在奴隶制下，奴隶在法权上属于奴隶主，是其主人财产的一部分，奴隶主也因此“有权”支配奴隶的劳动并拿走全部产出，但是，在历史上仍有一部分奴隶不但积累了自己的私人财产，而且最后居然还“买”下了自己，从而成为自由民。巴泽尔在对奴隶经济的研究中发现，奴隶是一种“主动的财产”（full-fledged property），不但会跑，而且事实上控制着劳动强度或工作努力程度的供给；奴隶主要强制地调度奴隶的体力和劳动努力，即使支付极其高昂的“监控（supervision）和管制（policing）的成本”，奴隶主也不能尽如其意。为了节约奴隶制的运转费用，一部分奴隶主不但必须善待奴隶（Fogel，1972），而且只好实行定额制（quota），即允许奴隶将超额部分归已，于是一些能干的奴隶因此拥有“自己的”私产，直到积累起足够的私家财富，最后有钱“赎买”自由身份。这里，复杂劳动、知识劳动高监督成本的事实为有关人力资本产权的分析更添丰富内容。人力资本是“主动资产”，天然属于个人，并且只能由其天然的所有人控制着这种资产的启动、开发和利用。因此，当人力资本产权束的一部分（或全部）被限制或删除时，产权的主人可以将相应的人力资本“关闭”起来，以至于这种资产似乎从来就不存在。即使是在奴隶制下，仅仅为了利用奴隶的劳动也不能只靠棍棒和鞭子，更何况发达的市场经济条件下种种更复杂、更高级的人力资本利用形式。激励的对象是人，更准确地说，是个人，因为只有每个具体的个人才是其自身人力资本的具有技术不可分性的所有者和实际控制者。激励的内容就是把人力资本开发利用现时或预期的价值信号，传递给相关的个人，由他自主决策在何种范围内、以多大强度来利用其人力资本。

关于人力资本产权问题，张五常在《卖桔者言》中就此作了一番精彩的发挥。“劳力和知识都是资产。每个人都有头脑，会作自行选择，自作决定。我要指出的重要特征，是会作选择的人与这些资产在生理上合并在一身，由同一的神经中枢控制，不可分离。”“跟这些资产混在一身的人可以发愤图强，自食其力，自加发展或运用，也可以不听使唤，或反命令而行，或甚至宁死不从。”①

(二) 人力资本的产权特性

与非人力资本产权相比，人力资本产权主要有如下五方面特征：

1. 人力资本与其所有者天然融为一体，不可分离

众所周知，非人力资本与其所有者是可以分离的，非人力资本的所有权能够相对容易地在不同的所有者之间进行转让，而人力资本却做不到这一点。周其仁（1996）的研究表明，不管在什么样的社会中，人力资本与其所有者不可分离的状况都是无法改变的。不仅在罗森（Rosen，1985）所说的“自由社会”里，人力资本与其所有者是不可分离的，人力资本的“所有权限于体现它的人”；而且在巴泽尔（Barzel，1977）所考证的奴隶社会里，即便是在蓄奴合法的制度下，由于人力资本的独特性，人力资本天然属于个人的产权特征依旧没有改变。此外，在马克思设想的社会主义社会里，尽管一切非人力资本都已经归全社会公有，市场也已消亡，但还要“默认不同等的个人天赋，因而也就默认不同等的工作能力是天然特权”。人力资本作为一种天然的个人私产，任何文明社会制度都无法在事实上无视其存在；也就是说，人力资本与其所有者不可分离的产权特征是一种天然属性，不会因社会制度的变迁而改变。

2. 人力资本的产权权利一旦受损，其资产可以立刻贬值或荡然无存

人力资本是“主动资产”，天然属于个人，并且只能由其天然的所有人控制着这种资产的启动、开发和利用。因此，当人力资本产权束的一部分（或全部）被限制或删除，即发生人力资本产权残缺的情况时，人力资本及其所有者用来反制产权残缺和残缺产权的转移的基本机制，就是“主动”将相应的人力资本“关闭”起来（人力资本的自动贬值），使这种资产的经济利用价值一落千丈，甚至瞬时为零。更特别的是，这部分被限制和删除的人力资本的产权，根本无法被集中到其他主体的手里加以开发利用。其中的道理，就是人力资源的“主动资产”特性，使这种资本拥有反制“产权残缺”的特别武器。

---

① 张五常. 卖桔者言. 四川人民出版社，1988

3. 人力资本的价值难以度量，而且价值信息易于隐蔽

无论是实物形态的非人力资本，如机器设备，还是价值形态的非人力资本，如有价证券，其价值的大小，都可以通过一定的尺度来度量；而对于人力资本，如管理能力，以及更为复杂的企业家才能的经济价值，是难以用得到普遍认可的标准来进行度量的，所以，人力资本的定价问题一直是经济学中一个悬而未决的难题，如一度在浙江闹得沸沸扬扬的“冯根生难题”就是对这一问题最典型的说明。作为中外合资“青春宝”集团的董事长，冯根生先后担任了28年的厂长经理，带领杭州中药二厂发展到“青春宝”集团，从当初的37万元资产的中药作坊小厂发展为一个拥有30多家全资、合资及参股企业，净资产5.8亿元、总资产11亿多元、年利税2.6亿元、年利润1.5亿元的以中药生产为核心的综合性企业集团。1997年10月，正大青春宝董事会全票决定从公司现有净资产中划出20%作为个人股卖给员工和经营者。冯根生作为经营者需认购其中2%的股票，合计300万元，从而出现了家喻户晓的“冯根生难题”。对于冯根生而言，他的难题在于一个规规矩矩的国有企业经营者怎么可能会有那么多钱来认购这2%的个人股？在1992年合资前冯根生的月工资仅为48元，合资后到目前工资也才数千元，巨额的认购资金根本无从谈起。对于社会而言，冯根生作为对企业有重大贡献的经营者，该不该在企业的经营业绩如此辉煌的情况下，直接享受这些需个人认购的股票，或者该不该多拿一点个人报酬以便他可以认购企业的股票？2000年3月24日，浙江浙经资产评估事务所组织专家，通过对中国青春宝集团公司创建和发展历程中各项生产要素的综合评价，在充分肯定国家对国有企业发展积极扶持的前提下，经分析、比较，测算资本、劳动、技术、管理四大要素对企业经济效益价值的贡献率，冯根生的管理效益贡献价值为2.8亿元。按照资产收益规律，有多少贡献，拿多少报酬，那是不是冯根生就应该拿2.8亿元的报酬呢？就目前来看，社会显然无法接受这一分配方案。从数千元的工资，到300万的经营者股权，再到2.8亿企业家管理效益贡献价值，之所以会出现上百倍、甚至上万倍的差距，这反映出人力资本产权价值在不同评估方法下的巨大差异，归根结底，就在于人力资本产权价值是很难度量的。

在非人力资本市场上，虽然也存在卖方与买方的信息不对称问题，但非人力资本所显示出来的市场信号，总是可以让双方据此做出大致的估计。而在人力资本市场上，虽然也存在学历证书、职业证书、个人履行等人力资本价值显示信号，但相对非人力资本信息而言，这些信息是残缺的，而且是难以直观量化的。同时，由于人力资本价值更多的是在人力资本运用的过程中体现出来的——正如上述“冯根生难题”里每月数千元工资与2.8亿元企业家管理效益贡献价值中反映出的巨大差距，这必然决定了人力资本价值信息具有更大的可隐蔽性。即一个人能够做什么，不能够做什么，在工作中付出了多大的努力，只有他（她）自己最清楚，别人是无法知晓的。

4. 在既定的行为空间下，人力资本具有自发寻求实现自我价值的主动性

人力资本产权还有一个特性，就是千方百计会找机会实现自身的价值。正如笔者过去在计划经济体制下所看到的，农民在公家地里与自留地里干活中存在的积极性差异，“脸难看”的国营商场售货员在走“后门”时的干劲、热情和“服务质量”的巨大反差，均是对人力资本自发寻求实现自我价值主动性的充分展现；这说明，作为私产的人力资本从来没有“干净彻底”地被消灭过。人力资本的经济价值要么一落千丈，要么就顽强地表现自己，“发现市场”，积极主动地寻求实现自我价值最大化的机遇。

5. 人力资本具有一定的专用性与人力资本运用的协作方式

人力资本的专用性是指个人在工作中具有的某种专门技术、工作技巧或拥有某些特定信息，人力资本一旦投入企业，人力资本所有者便会对该企业产生依赖性和长远效益预期，使人力资本只有在该企业时才能发挥自身价值，一旦转移到另一个不相关的领域，就会损失许多只有在该企业才被承认的独特资源。常说的“隔行如隔山”，指的就是这个道理。

随着生产力的发展、社会的进步和企业生产的日趋社会化，从而带来的社会分工充分而广泛的发展，人力资本的专用性呈现越来越强的趋势；社会分工发展就是人力资本专用性（specific）的强化，这是生产力发展的必然结果。生产力越发展，人力资本的专用性越强。由

于人力资本与其所有者在自然状态上不可分离，在社会形态上具有专用性特征，当其所有者进入某一特定行业中的企业，就会因过高的退出成本而长期滞留在该企业，从而人力资本具有抵押品的基本属性，并带有人质的特性。因此一旦进入适合自己专长的企业，人力资本所有者就会对该企业产生依赖性和长远性的效用预期，希望自己投入企业的时间和精力能在企业中得到回报。人力资本的专用性使人力资本所有者有一种退出企业的障碍，以及承担企业生产经营的自觉性和主动性。

人力资本的专用性决定了单个人的人力资本的应用范围是非常狭窄的，如果不参加社会协作体系便没有用武之地；人力资本使用过程中必然对其他专用性人力资本具有依赖性，人力资本作用的发挥必须依靠其所有者之间的协作。企业是一种典型的以团队生产为特征的经济组织。一方面，人力资本所有者加入到分工协作体系，除了有人力资本专用性形成的退出障碍外，各人力资本所有者共同努力而形成的集体协作体系的凝聚力也会造成其退出企业的障碍；而人力资本团体形成的有形和无形财产，只有在人力资本所有者参加特定的集体后才得以分享，离开集体就意味着丧失分享的机会。另一方面，无论是决策与管理工作，还是生产线上的工作，都表现为一种协作性的工作。所以，在生产车间，要求有不同工种之间的配合，在管理阶层，同样需要不同知识结构、性格结构和年龄结构等管理人员的合作。一般说来，协作能够使人力资本的价值产生“1+1>2”的效果。相反，离开协作，人力资本的价值也会大打折扣。企业之所以用团队生产的方式取代了市场的交易，在很大程度上与这种协作生产带来的合作收益有关。

三、内地学者对人力资本产权的研究成果

随着经济的转型，内地学者对人力资本产权问题的研究也取得了不少的成绩。这些成果主要可以划分为理论和实证两大类，但主要以理论综述类为多。

1. 理论综述类

周其仁（1997）通过对浙江横店集团的产权制度考察，着重探讨了企业家的控制权回报问题；王连娟、姚中良和田旭（2001）对我国家族企业的产权制度变迁因素从制度变迁的需求、供给和路径依赖等多方面进行了分析；李小明（2001）对人力资本产权界定的原则和价值实现进行了探讨；刘大可（2001）着重讨论了人力资本的产权特征；罗明忠（2002）对人力资本产权的认定和定价等问题进行了理论综述；盛乐、黎洁（2002）对人力资本的产权界定从企业所有权的角度进行了分析；马剑虹、姜文锐（2002）认为应该在企业经营者的激励方案设计中更多关注企业产权关系及经营者业绩与企业的长远目标关系；盛乐、姚先国（2002）从人力资本产权界定差异的角度分析公有制和私有制企业的经济效率问题；黄乾（2002）从产权缺位的角度描述了人力资本效率问题；李宝元（2002）认为应当把人力资本要素股份化，转化为股权参与公司经营管理和利润分配；赵杰（2002）则从新制度经济学的角度分析了人力资本的产权问题；钟庆才（2003）从知识经济、经济发展需要和深化国企改革的角度分析了人力资本产权研究的现实价值；孔令锋、黄乾（2003）从马克思理论、人力资本理论和企业理论等多方面论述了人力资本产权理论的历史演变；张铭、裴俊（2003）对人力资本产权研究的三大方面进行了理论述评；崔建华（2003）从数量和结构两个方面讨论了企业家人力资本收益权问题；盛乐（2003）从委托代理关系的契约关系角度分析了人力资本产权的界定问题；付维宁（2003）提出了一个基于企业家人力资本产权的企业家人力绩效关系的分析模型；郑海航、时永顺（2004）对人力资本产权问题从产权要求、产权实现等角度进行了理论综述；宋晓梅（2004）利用经济增长理论对人力资本产权制度的变迁进行了探讨；盛艳、盛乐（2004）则对人力资本产权核心的控制权问题进行了探讨；黎洁、盛乐（2004）以人力资本产权作为切入点，对浙江民营企业的委托代理契约演变问题进行了研究；王为一（2004）认为人力资本产权问题不在于产权权能的划分，而在于人力资本产权的结构及行使产权的方式；胥德勋（2004）归纳出人力资本产权的六大特征。

2. 实证研究类

姚先国、盛乐（2002）对乡镇企业和国有企业的经济效率进行了实证比较，发现两者之间经济效率的差异主要来自于人力资本产权界定上尤其是经营者人力资本产权界定上的差异；付秀彬（2004）通过对国民收入的分析，利用横截面数据对人力资本产权及非人力资本产权与经济增长指标之间的关系进行了实证，并对数量结果进行了分析。

总体来看，有关人力资本产权方面的研究一方面以理论研究的文献为多，实证类文献并不多见。这可能与其中实证数据难以获得有着很大的关系。另一方面目前大量的人力资本产权研究主要着重于微观企业层面的分析，与企业家或者经营者的激励问题息息相关，与宏观经济的直接联系有所脱节。

第二节　人力资本产权界定问题及浙江经济奇迹

正如前文所探讨的那样，当人力资本产权的一部分（或全部）被限制或删除时，笔者认为就是发生了人力资本产权界定不清的情况。

一、从人力资本角度看产权界定问题

1. 人力资本的人力性特征探讨

人力资本，其实质就是指体现在人身上的技能和生产知识的存量，它是由某特定经济主体预先投资形成的、并能够作为生产经营要素或获利手段来使用以取得预期收益。“笔者之所以称这种资本为人力的，是由于它已经成为人的一部分，又因为它可以带来未来的满足或者收入，所以将其称为资本。”① 人力资本提高了社会资源的适应性和分配

① 西奥多·W.舒尔茨. 论人力资本投资. 吴珠华等译. 北京经济学院出版社，1990

有效性。它允许代理人更有效地通过任务分配资源。它增强了代理人适应变化和抓住新机会的能力（Schultz，1975）。[①] 传统研究往往从投资收益、价值评估、能力结构等角度，探讨人力资本的资本性特征，而忽视对人力性特征的考查，导致对特定经济现象解释乏力。

考查人力性特征，人力资本主要由两大要素构成：一是作为载体的人，其主动性是区别于物质资本的根本；二是依附于载体上的人类能力（人力），其经济价值是资本化的基础。从自然属性上看，“会作选择的人与这些资产（指劳力和知识）在生理上合并在一身，由同一的神经中枢控制，不可分离”（张五常语），这决定了人力资本个人占有的天然性，以及价值实现的自发性与自抑性，“跟这些资产混在一身的人可以发奋图强，自食其力，自我发展或运用，也可以不听使唤，或反命令而行，或甚至宁死不从”。[②] 从社会属性上看，劳动者（人力载体）掌握其人力的法定所有权而让渡使用权，[③] 形成生产过程中的劳动依附关系；其结果是，经济价值的创造与最终归属从过程上看相互独立，从权利主体上看相互分离。

由于自然属性与社会属性的不一致长期存在，因此，要充分展现人力资本的经济价值，就必须进行合理的产权制度设计，以激励或约束人力资本主动性的发挥。具体地说，激励就是把人力资本开发利用的价值信号传导给个人，由他决策在何种范围内、以多大强度来利用其人力，进而影响人力资本投资方向和投资强度；约束就是限定人力资本权利行使、利益分配等的活动范围，以保证其主动性发挥不致“越界侵权”。但是，当自然属性与社会属性发生冲突（人力使用权的行使侵害了人力所有者利益，或人力所有者主动性的不当发挥侵害了其他权利方利益）时，人力资本产权残缺由此产生；此外，交易成本过高、产权制度供求失调，同样可能导致人力资本产权残缺问题。

---

① [美] 詹姆士·丁·海克曼，提升人力资本投资的政策.曾湘泉译.复旦大学出版社，2003

② 张五常. 卖桔者言. 四川人民出版社，1988

③ 奴隶社会中劳动者（人力载体）丧失对其人力的所有权而形成对奴隶主（法定的人力所有者）的人身依附关系，这一情况不在本文讨论范围以内。

2. 从科斯定理看产权界定

根据斯蒂格勒（George Stigler）对科斯定理的归纳，科斯定理的成立是以新古典经济学的严格假设为前提的，即完全竞争的市场和完备的信息条件，但现实中不存在没有交易费用的世界。因此，现代经济学家们继承并发展了斯蒂格勒的“科斯定理”，将其分解为如下三个子定理。

（1）科斯第一定理：在交易费用为零的情况下，不论权利初始安排如何，资源配置最终都能实现帕累托最优，“财产的法定所有权分配不影响经济运行的效率”（参见《新帕尔格雷夫经济学大辞典》）。

（2）科斯第二定理：在交易费用为正的情况下，权利的初始界定会对经济制度的运行效率产生影响，不同的产权制度安排会导致不同的资源配置效率。有效率的资源配置结果不会在每种规则中出现，而合理的制度选择就要减少交易成本，使外部效应内在化，从而使资源得到合理的配置——产权制度成为决定经济效率的内在变量。

（3）科斯第三定理：如果没有产权制度，没有产权的界定、划分、保护、监督等规则，产权交易就难以进行。产权制度的供给是人们进行交易、优化资源配置的前提条件，合理、清晰的产权界定有助于降低交易费用，激发人们对界定产权、建立详细产权规则的热情。

根据科斯定理，任何产权制度的最终形成都必须经历三个环节的运动过程：一是产权的初始界定，二是产权主体间的交易规则，三是产权交易结果及最终经济效率。科斯第一定理重点讨论了首尾两种状态，即初始的产权界定和最终的交易结果，不过，由于科斯的出发点是交易成本为零，从初始到最终的运动过程可以瞬间完成，因此，对整个运动过程的考查并未在科斯定理中有所体现；尽管改进的科斯第二定理引入了不为零的交易成本，但因将整个交易过程浓缩抽象为成本概念，其讨论重点仍是从状态（初始）到状态（最终），过程本身并不在讨论范围以内；至于科斯第三定理，对状态的讨论仍是其重点，只是由于交易成本过高而导致产权制度供求失调，交易活动无从启动。由此可见，科斯定理的讨论重点在于首尾两种状态，从初始状态到最终结果的产权交易与资源再配置过程并不在科斯定理的讨论范围以内——即使考虑到了，也只是在交易成本为零的情况下，以前后状态的静态变化来描述动态过程。

在交易成本不为零的前提下，产权交易与资源配置应是从初始界定、到各方谈判、到权利让渡、到资源运用、到效益实现的动态过程；不过，由于考虑问题的角度不同，科斯定理将这一动态的运动过程简化为从状态到状态的“惊人一跃”，关注的重点在于首尾两种状态，不同过程的差别仅在于交易成本的大小，而各方为实现这“惊人一跃”所做的各种准备工作以及所涉及的运动过程未得到充分表述。

事实上，笔者所处的社会是一个复杂的动态系统，对于像中国这样的转型国家，其经济快速增长、制度灵活调整的转型过程的考虑重点，不仅包括初始的权利界定与最终的效率实现，而且，由于改革本身不确定性的长期存在，改革的推动者对于改革过程的关注程度甚至将超过对最终理想状态的关注程度。目前，中国正处于转型过程中，产权交易的外部环境、谈判力量对比、甚至产权的初始界定均处于调整过程中，前一轮改革的结果、甚至改革过程都可能成为新一轮改革的起点，相对成熟的、严格确定的产权制度并不存在，因此，在不断推进的改革过程中，产权界定不明问题将无法避免。

二、人力资本产权界定不明的类型

（一）人力资本权利主张过度扩张

在资本所有者监控乏力的情况下，人力资本权利主张的过度膨胀可能使得利益分配的最终结果侵害资本所有者的利益诉求，如“工资侵蚀利润”，就是在缺乏有效约束机制的前提下，国有企业员工权利诉求过分扩张，诱使企业经营者为笼络各层级员工、确保个人经济利益，不注重积累、大量分配经营剩余（甚至有少数经营者为扩大可分配利益数额，以少提或不提资产折旧等方式来夸大经营剩余），对企业发展和出资人长远利益造成实质损害。①

正如笔者所看到的那样，进入转型经济以后，国有企业开始取得

① 戴园晨、黎汉明. 工资侵蚀利润——中国经济体制改革中的潜在危险. 经济研究，1988(6)

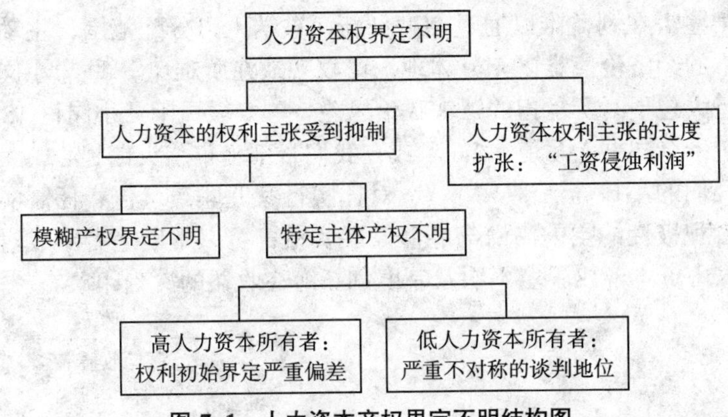

图 7-1　人力资本产权界定不明结构图

用人自主权并逐步扩大，劳动力配置主体渐渐由国家向企业转换。但是，这一阶段国有部门的用人主体地位仍然是残缺的，这主要体现在企业的固定工（包括工人和干部）身上。因为除非职工违法或企业破产倒闭，国有企业很难仅凭市场供求变动炒职工的"鱿鱼"。正如世界银行经济考察团对中国企业的研究所表明的那样：虽然"从原则上讲，经理人员有权解雇职工"，但"运用这一权力的能力是极其有限的"。因为"劳动力和住房市场以及由政府支持的社会保障体系，使得解雇工人和劳动力流动充满困难"。[①] 企业对固定工的所谓用人主体地位只是体现在他们对企业内部岗位的优化组合以及对工资和奖金水平的制定上。

（二）人力资本权利主张受到抑制

经济生活中，更频繁发生的是因人力资本权利主张受到抑制而引起的产权残缺，导致人力资本所有者"关闭"相应的人力资本，使其经济价值贬值、甚至不复存在。具体分为如下两种类型：

第一种，是模糊性的人力资本产权界定不明。产权制度是人们进行交易、优化资源配置的前提，信息不完全、谈判成本过高、不确定性、有限理性等因素都可能导致产权制度供求失调。由于交易费用过

① 世界银行经济考察团.中国：经济过渡时期的产业政策.中国财政经济出版社，1992

高，某些潜在利益难以通过制度创新而被纳入可分配范围，主动性人力资本的经济价值难以充分体现，产权残缺在所难免。① 联想小岗村当年试行大包干时所承担的巨大政治风险——安徽凤阳县小岗村 18 户农民在包干合同书上写道，“如不成，我们干部坐牢杀头也甘心，大家保证把我们的小孩养活到 18 岁”，对比实行家庭联产承包责任制实施后劳动者积极性的空前高涨与经济发展实绩，可以帮助笔者形成对模糊性的人力资本产权界定不明及制度创新潜在收益的深刻印象。

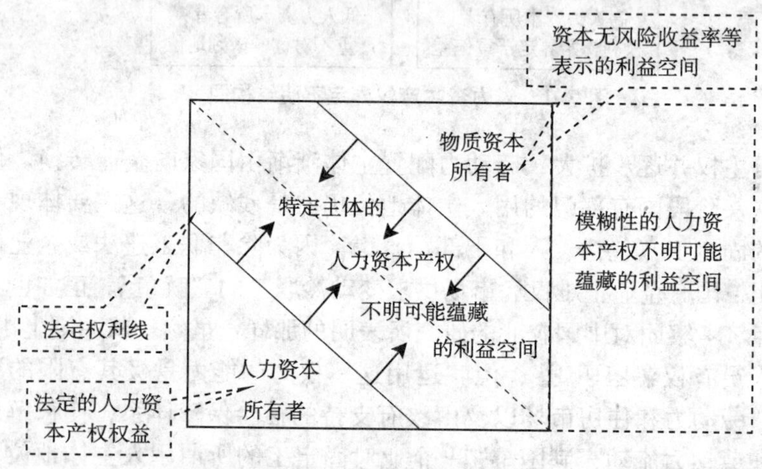

图 7–2　人力资本权利主张受抑制条件下的利益空间划分结构示意图

第二种，是特定主体的人力资本产权界定不明。笔者将劳动者分为高人力资本所有者和低人力资本所有者两类主体，分别对应不同机制的产权界定不明：

1. 针对高人力资本所有者的人力资本产权界定不明

根据科斯定理，不同的权利初始安排会导致不同的资源配置效率；不合理的权利初始安排可能严重偏离人力资本所有者、特别是高人力资本所有者的利益诉求，但因交易成本过高，其与资本所有者的利益

① 姚先国、盛乐. 乡镇企业和国有企业经济效率差异的人力资本产权分析. 经济研究，2002(3)

再分配谈判难以展开，而最终引起产权残缺。如传统的国有企业，除留足必要的生产基金与消费基金，利润全额上缴，平均主义是主要的收入分配方式，劳动者积极性普遍不高；后来陆续推行利润留成、利润包干和递增包干、利改税、承包经营责任制等改革措施，可自主支配的企业留利增多，奖金逐渐成为调动职工积极性和提高收入的主要方式，但人力资本的存量高低始终未成为企业制定收入分配政策的主要依据，高人力资本所有者也难以与资本所有者（国家）进行谈判，甚至其人力资本也被界定归国家或单位所有（“国家人”、“单位人”），因此，其工作热情终难持久，他们只需发挥部分能力，即可确保工资及奖金收入。

2. 针对低人力资本所有者的人力资本产权界定不明

在既定权利空间 PMON 内（如图 7–2 所示），在人力资本法定权利空间 OAB①（如劳动时间、最低工资收入、劳动安全保障）与物质资本基本权利空间 PCD（如无风险利息收入）明确界定情况下，人力资本所有者与物质资本所有者通过谈判，最终达成对剩余利益空间 ABMDCN 的分配契约。

对普通劳动者而言，由于其人力资本存量较低，人员的流动性与可替代性较强，统一组织和协调的难度较大，在与企业主的谈判力量对比中明显处于弱势，导致最终确定的收入水平有时只能维持基本的人力资本再生产需要，甚至可能迫于市场竞争压力，接受低于法定水平的劳动收入（如图 7–3 中 UV 线所示）。当前社会重点关注的劳动安全保障迟迟得不到落实，就是对这一问题的集中反映。当然，对于普通劳动者的人力资本回报问题，笔者已经利用区域经济的人力资本投入角度在第六章第一节中对浙江省和陕西省进行了实证考察。

在此，笔者以农村劳动力（即通常所说的“农民工”）为例，探讨其中的人力资本产权界定不明问题。改革开放之初，农业剩余劳动力

---

①《中华人民共和国劳动法》对劳动者的法定权利做出了明确规定，“劳动者享有平等就业和选择职业的权利、取得劳动报酬的权利、休息休假的权利、获得劳动安全卫生保护的权利、接受职业技能培训的权利、享受社会保险和福利的权利、提请劳动争议处理的权利以及法律规定的其他劳动权利”。

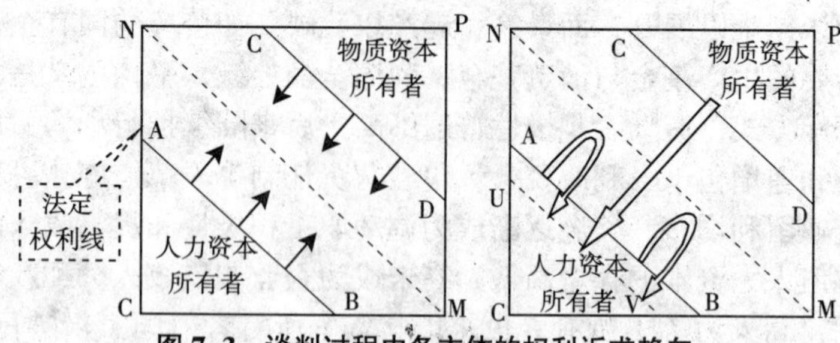

图 7-3 谈判过程中各主体的权利诉求趋向

表 7-1 改革促进农村人口转移就业机制的转换及其社会经济影响

年份	改革政策内容	对就业机制及其转换的影响	社会经济作用
1978~1984	实行农业家庭联产承包责任制；土地由农户自主经营	就业、收益主权，劳动力解放；农户家庭成为投资、就业、发展经济的主体和市场劳动要素的供应者	大农业就业迅增，多种经营速增；粮食丰收，温饱稳定，为向非农业转移打下基础
1984~1988	允许家庭联户主体利用计划空隙、市场需求空间自主创业，发展乡镇企业	在非农领域生成多种成分的投资就业主体；乡镇企业用工自主，成为市场用工主体	乡镇企业开辟了农村工业化的路子，小城镇随之发展，成为农村剩余劳动力就业转移的主体
1989~1994	允许农村劳动力跨地区流动就业（打破城乡分割的单纯计划用工）	打破行政计划安排就业，促使城乡开放的劳动力市场形成；打破城乡分割，劳动资源的大范围配置带动其他资源的大范围配置	开辟了劳动力国内外的社会转移空间；非农就业转移创造了新的城市发展机制
1994~2000	允许农民有条件的进城，符合条件的办理城市户口	活跃城乡就业机制，促进了服务业的全面发展；激发了农民积累人力资本的积极性和动力	促进了城市化进程，创造新的社会需求，牵动国内经济（GDP）增长

大量涌现。从实际出发，根据城市的经济状况和历史传统来制定城市的经济发展规划，解决劳动力的就业问题，将城市的发展和劳动力转移紧密结合起来，一方面通过城市的发展为农村剩余劳动力向城镇的迁移提供就业机会，另一方面通过农村剩余劳动力的合理分流转移促进城市的发展。不可否认，农村劳动力为改革开放以来所取得的经济

建设成就作出了不可磨灭的贡献。

面对市场经济发展带来的劳动力大流动，政府政策陆续放开了对农村劳动力的限制，并以政策支持劳动力市场的建立。譬如在浙江省，市场上的劳动者主要来自浙江农村，后来也有大量外省打工者，他们集中在乡镇、区街、三资和城镇个体私营企业，最初大都是承担苦、累、脏、险的第一线劳动，随着发展，在接受不同程度的劳动培训后也走上技能性岗位。

与城市劳动力因人力资本产权扩张而可能侵蚀资本所有者利益不同，农村劳动力由于谈判力量过于弱小、又缺乏必要的制度安排或“身份”保护，面对劳动力供给严重过剩的市场竞争压力，其人力资本产权、甚至是法定的人力资本产权（如《劳动法》中对劳动时间、劳动安全与保障的规定）在劳动过程中极易受到侵蚀。他们不得不从事劳动强度大、工作环境差、低技术或无技术的简单劳动，无法获得相对稳定的劳动收入，其劳动收入随着劳动总量及劳动强度的增加递增并且弹性较大；而且农村劳动力除根据其所提供劳动的质和量取得劳动收入外不享受来自企业的任何福利性待遇，他们与企业之间的契约关系随劳动及分配过程的结束而终止；由于这部分劳动力自身人力资本含量有限，市场上这类劳动力的供应极其充沛，再加上其通常从事的是简单劳动，可替代性极强，在此情况下，劳动者与企业间现有的合同形式往往使劳动者处于人力资本产权受到侵蚀的不利局面。

三、利用人力资本产权等制度因素解释浙江经济奇迹

作为一个资源小省，又受历史、政治等因素和国家对浙江省的投资的影响，浙江省的经济发展压力不可小觑。由于人口的增长以及对自然资源的过度利用，近年浙江全省人均资源迅速减少，人均资源的明显减少与劳动力就业人数的相对增加构成了一对难以缓解的矛盾。在此，笔者不妨以土地资源为例，来说明浙江省经济发展所面对的日趋严重的资源约束现实。表 7-2 为近年全省人均耕地变动情况。

在改革开放大好时机的推动下，通过制度创新，人力资本产权界定不明的情况极为减少，依靠大量只接受过中、低等教育的劳动者实

表 7-2 浙江省近年来全省人均耕地变动情况明细

年 份	1951	1965	1978	1985	1990	1995	1999	2001
总人口（万人）	2162.4	2957.4	3751.0	4030.0	4234.9	4369.6	4446.9	4655.0
耕地面积（千公顷）	2041.4	1867.3	1838.0	1776.7	1723.5	1617.8	1609.1	1524.6
耕地面积递减速度(%)	—	−0.635	−0.122	−0.483	−0.606	−1.258	−0.135	−0.489
人均耕地（亩）	1.4160	0.9465	0.7350	0.6615	0.6105	0.5550	0.5445	0.4920
人均耕地递减速度（%）	—	−2.832	−1.891	−1.494	−1.592	−1.888	−0.476	−0.917

资料来源：王雅莉、黄祖辉、陈欣欣著. 城市化中的劳动力再配置. 中国社会科学出版社，2002

现了地区经济的增长奇迹。从浙江省的发展经验来看，所采取的人力资本产权界定的制度创新措施主要包括大力发展乡镇企业、民营经济与培育并扶持小商品市场的发展等多方面内容，以下将分别就此展开论述。

（一）乡镇企业、民营经济发展有利于人力资本产权界定

1. 浙江省乡镇企业发展动因

在农业生产力大幅提高、农村劳动力过剩的背景下，以乡镇企业形式出现的民营经济的迅速增长，为高人力资本所有者、特别是企业家提供了巨大发展空间。从经济学角度来说，劳动力的区域分布特点，是由产业结构的分布特点来决定的。通常，农业经济分布在广大的农村地区，而工业、商业、金融业等则分布在城市中心。但是，我国建国初期，由于市场发育极端落后，不得不采取了政府主导型的优先工业化的发展模式，动用工业化和城市化的前期发展成果作为发展的资金积累，相应的在制度上实行了保证工业经济优势产业为相对集中封闭式的发展政策。于是，在城乡关系上长期以来实行城乡严格分割政策，户籍制度使劳动力的区域分布一方面决定于产业特点，另一方面更重要的决定于制度设计，从而使劳动力的区域分布脱节于经济发展所需要的区域分布。如表 7-3 所示。

我国原有的国有经济，全部纳入国家计划管理之下，在这种环境下，企业按照国家指令性计划组织生产，投入的劳动力也由国家根据全国就业计划实行统一配置，国有部门职工享受终身的福利保障。在建国后至城市经济体制改革前三十余年的发展中，国有部门企业表现

表 7-3 浙江省产业结构及从业人口结构变动

年 份	1952	1965	1978	1990	1995	1999
人均 GDP（1952 不变价，元）	112.0	191.0	273.5	913.1	2120.0	3149.4
国内生产总值（%）	100	100	100	100	100	100
其中：第一产业（%）	66.37	46.65	38.06	25.07	15.88	11.78
第二产业（%）	11.33	30.41	43.26	45.45	52.04	54.11
第三产业（%）	22.30	22.94	18.68	29.48	32.07	34.11
第一产业比重递减速度（%）	—	–2.68	–1.55	–3.42	–8.73	–7.19
城市人口比重（%）	12.73	13.12	14.05	16.45	18.37	21.21
乡村人口比重（%）	87.27	86.88	85.95	83.35	81.63	78.79
乡村人口比重递减速度（%）	—	–0.03	–0.08	–0.24	–0.46	–0.88
城市从业人员比重（%）	5.70	13.52	17.52	19.80	23.12	23.01
乡村从业人员比重（%）	94.30	86.48	82.48	80.20	76.88	76.99
乡村从业人员比重递减速度（%）	—	–0.66	–0.36	–0.23	–0.84	+0.04
总产出（%）	100	100	100	100	100	100
其中：城市	32.01	50.34	52.50	51.89	46.78	40.05
乡村	67.99	49.66	47.50	48.11	53.22	59.95
乡村总产出比重递减速度（%）	—	–2.39	–0.34	+0.11	+2.04	+3.02

资料来源：王雅莉、黄祖辉、陈欣欣著. 城市化中的劳动力再配置. 中国社会科学出版社，2002

出与其体制的固有特点相适应的内部职工群体的共同品质特征。这些特征主要包括：①职工工作岗位相对长期固定但专业技能差，业务能力主要来自连续的经验积累，因而工作年限一直是职工收入分配的重要变量；②职工工资水平低且刚性化，结果导致该部门劳动力再生产主要依靠企业福利来维持；③职工对计划环境的逐步适应过程同时表现为职工对企业依附的加深过程和对市场风险厌恶的累积过程。对国有经济部门职工而言，就业所获得的是社会福利而不是劳动报酬；失业的含义也不在于推动工作本身，重要的是失去了与之相关的“身份收益”（俗称“丢饭碗”），这些国有部门职工的品质特征是计划体制特征在职工行为上的具体化，带有明显的制度性烙印。它们在转轨经济中仍不同程度地存在着，并且对劳动力要素的合理流动构成种种限制。

非国有部门劳动力群体一般有两部分：一是集体所有制企业中的劳动者，一是个体劳动者。前者在旧体制下表现为城市与乡村两大群体，有着广泛的不同特征。城市中的集体企业职工其行为特征如同国有企业，虽然与国家预算不发生直接的拨付关系，但是通过主管局（国家机构）的管理往往比照国有企业规则行事，实际上可以称之为准国有企业，因而其职工行为特征可以视同为国有企业职工的行为特征，只是程度上轻微一些。而在乡村中，集体劳动者主要表现为集体劳动者和自由劳动者的双重特征，作为集体劳动者，服从国家农业生产计划和集体组织劳动的安排，参与集体收入分配；作为自由劳动者，从事自留地的生产和其产品的自由经营活动，是改革前最接近于市场经济特征的领域。

区别于国有部门干部与工人之间、正式工与临时工之间，各种所有制职工之间以及城镇劳动者与农民之间的身份差别以及社会保障福利的封闭化、分散化，工资不能完全反映要素收益水平，进而影响了劳动者的竞争和流动的情况，在 20 世纪 70 年代末改革开放开始以后，非国有部门、特别是民营经济部门劳动力群体迅速地发生着重大变化。改革开放以后，农业劳动力获得了身份和择业自由。在农民进城就业的体制障碍和制度环境没有任何改变的情况下，农业剩余劳动力迫切需要在农村内部寻找非农就业机会。乡镇企业的异军突起，为农业剩余劳动力的就地转移提供了坚实的载体，使农民压抑已久的非农化冲动得到了释放。从 1978 年到 1985 年，浙江省农村非农劳动力比例从 11.2%增加到 30.3%；同期，乡镇企业吸纳的农村劳动力增加了 3.27 倍。由于大多数乡镇企业是适应当地农民消费需求而建立的劳动力密集型小企业，因此，在吸收农村剩余劳动力中发挥了重要作用。分散化的乡镇企业成了吸纳浙江省农业转移劳动力的主要渠道，乡镇企业的就业创造能力直接影响着浙江省农业劳动力的非农化进程。

不同于国有企业的体制僵化与人才压抑，乡镇企业、特别是民营乡镇企业的企业家在创业之初就成为企业发展的主动力；与国有企业拥有多年发展积累、监督机制不能很好抑制内部人的利益再分配冲动不同，白手起家的民营企业不存在多少可供再分配的利益积累，企业家面对的是生死存亡的竞争压力和血缘、地缘等硬约束控制，以求生做大为第一要务；部分企业家自己就是实际出资人，其双重身份为企业长远发展提供了机制保证；此外，企业家们往往具有地方政府背景，这不仅为民营企业的发展提供了政治保障，更重要的是，在国有企业因交易成本过高被长期阻断的人力资本所有者与物质资本所有者的谈判通路，在民营企业中却较为畅通，企业家谈判实力与谈判地位大为提高，其与地方政府及其他出资人谈判的政治风险大为降低。

在城门还没有完全打开的情况下，随着乡镇企业、民营经济的快速发展，使浙江省出现了国内其他省市没有明显出现的现象：第二、第三产业已经占国内生产总值的88.22%，而城市的总产出却仅占社会总产出的40.05%，乡村的总产出高出城市19.9%。它表明，浙江省相当一部分第二、第三产业不是在城市中进行，而是在乡村中进行，乡村劳动者大量从事着非农产业。尽管浙江省乡村总产出在社会总产出中的比重虽然在1978年以前是递减的，可是1978年以后不但不递减，反而超越了城市，每年持续递增，1990年以后每年平均持续上升2.47%。

2. 浙江省和陕西省乡镇企业发展比较

这一部分内容在第五章第四节中已经进行了论述。从表7–4中不难发现，陕西省与浙江省相比很大的差距在乡镇企业的发展上。陕西省乡镇企业数与浙江省相比差距并不大，但是在企业人数和产值等方面差距非常明显。比如，浙江省乡镇企业从业人数历年来均占总从业人口数的30%以上，而乡镇企业的生产总产值历年来一直保持在浙江省GDP的两倍以上；相比之下，陕西省乡镇企业从业人数仅占从业总人口数的20%稍强，而乡镇企业的生产总产值历年来也仅能保持在其GDP值的1.2倍左右，与浙江省的差距十分明显。同时，浙江省的乡镇企业总产值竟然能够达到陕西省乡镇企业总产值的6倍以上，20世纪90年代中期竟达到过9倍多。由此可见，陕西省与浙江省经济的差距在很大的程度上与乡镇企业的发展有一定的联系。

按照姚先国、盛乐（2002）的观点，乡镇企业和国有企业之间经济效率的差异主要来自于人力资本产权界定上尤其是经营者人力资本产权界定上的差异。那么显然，浙江省乡镇企业相对发达说明在人力资本的产权界定问题上比陕西省存在着较大的优势，其经济增长强于陕西省也就有据可依了。

表 7-4 浙江省和陕西省乡镇企业对比

	年　份	1995	2000	2001	2002
浙江省	企业数	90.22	108.15	107.98	107.32
	企业人数（1）	795.71	880.39	929.52	993.64
	总从业人数（2）	2621.47	2726.09	2796.65	2858.56
	（1）/（2）比率	0.3035	0.3229	0.3324	0.3476
	总产值（3）	7478.16	13412.37	15464.52	18319.03
	GDP（4）	3524.79	6036.34	6748.15	7796.00
	（3）/（4）比率	2.1216	2.2219	2.2917	2.3498
陕西省	企业数	81.55	89.75	90.29	87.88
	企业人数（1）	359.52	400.99	398.64	400.83
	总从业人数（2）	1748	1813	1785	1874
	（1）/（2）比率	0.2057	0.2212	0.2233	0.2139
	总产值（3）	755.53	2010.73	2258.32	2498.46
	GDP（4）	1000.03	1660.92	1844.27	2101.6
	（3）/（4）比率	0.7555	1.2106	1.2245	1.1888
两省乡镇企业产值比		9.8979	6.6704	6.8478	7.3321

注：企业数人数单位为万，产值单位为亿元。

（二）小商品市场的发展也是人力资本产权界定的另一类表现

不仅仅是乡镇企业的发达使得浙江省在人力资本产权界定上存在优势，而且严格资源约束条件下"逼出"的民间制度创新与人力资本产权界定也得到了地方政府的认可与保护，并最终为当地经济带来了巨大收益。

面对严酷的农地约束现实，无数浙江人为了生存，从改革开放前走街串巷、修鞋补伞、鸡毛换糖，到改革开放初期数十万推销大军踏遍千山万水、使浙江省的产品走向全国，到如今走向省外、国外投资兴业、办厂建店；遍布浙江全省的专业市场，就是一个典型的、由地方政府从驱赶、到疏导、到扶持、到规范而发展起来的民间制度创新形式，它的成功完全应归功于浙江人长期以来的商业经营实践，以及政府对实践者人力资本利益诉求的肯定与保护——正如张曙光教授在"山东惠民'大市场'与浙江义乌小市场"的对比案例分析中所揭示的那样，正是经营户追求人力资本价值实现的自发行动，再加上政府对经营户行为因势利导的强力推进和制度规范，大大加快了浙江省长期以来的商业人力资本积累向价值实现的转化进程；"成功的关键和秘诀不在于政府积极地跑在前面，充当主角，制造市场，而在于紧紧追随个人的寻利行为，并沿着它的方向，根据它的要求，为其清障铺路，提供服务，加以引导，给以保护"。①

在此，笔者不妨重点研究一下浙江的义乌小商品市场的发展历程。

从义乌市的情况来看，没有特别优越的地缘优势，而且改革开放前，本地工业并不发达，但是有经商的历史。改革开放之初，义乌人又响起了经商的拨浪鼓，一批小商品批发商出现在稠城镇和廿三里镇。开始，义乌市当局采取了劝告、堵截、驱赶、处罚的做法，结果是劝不听，堵不住，这里赶，那里冒，处罚之后重新搞。当局认真总结了经验教训，改变了传统做法，采取了"四个允许"的开明政策（即允许农民经商，允许长途贩运，允许开放城乡市场，允许多渠道竞争），开启了人们自由活动和自由创造的空间，从而拨动了滚滚商潮，奠定了今日的基础。四个允许的实质在于，确立农民的经济自由权利，承认农民作为独立商品生产者和经营者的地位，解除政府对个人正当经济行为的干预，让人们在不损害他人和社会利益的前提下，按照自己选择的方式去追求自身的利益。

1982 年，在敲糖帮基础上形成的义乌小商品市场有两种形态：一是传统的走街串巷式的叫卖行商，另一种是沿街设摊式的马路市场；当时摊位数七八百个。1984 年，外地客商进入，敲糖帮逐渐解体，乡镇工业和家庭工业出现，摊位数增至 1800 多个，成交额 2700 多万元，义乌大街小巷挤满了小商品摊位，市场管理成了一个大问题。义乌市当局没有重走驱赶关闭的老路，而是由工商局出面，筹资 58 万元，建设了占地 20 亩的水泥地面、钢架玻璃瓦、固定摊位、排列有序的第二代市场，市场工商所、税收征稽组、银行分理处、个体劳协、治安委员会、寄存、食宿服务应运而生。小商品市场的迅速崛起，显示出巨

① 张曙光. 政府、农民和市场——山东惠民"大市场"要灭"小"市场与浙江义乌小市场变成大市场案例的比较和分析. 中国制度变迁的案例研究（第二集）. 中国财政经济出版社，1999

大的示范效应，“要先富，就从商”成了义乌人的口头禅。随着外地客商云集义乌，农村剩余劳动力大批转移，争先恐后地进入流通领域，对市场摊位提出了巨大需求。1986年10月，投资440万元、占地4.4万平方米、设有4000多个固定摊位、1000多个临时摊位、配有商业服务大楼的第三代市场开业，市场管理委员会成立，形成了条块结合、立体交叉的管理网络。1992年中国的市场化改革有了新的突破，义乌小商品市场也进入了一个新的发展阶段，投资1.05亿元、建筑面积13.8万平方米、设有1.4万个摊位的第四代市场建成，一座现代化商品交易市场在浙中大地出现，交易额比上年翻了一番，达到20.54亿元，创造了村镇办厂、市场设摊的发展格局，实行了按商品类别划行归市的规范化管理，建立了持照经营、凭（信誉）卡交易（卡内有商品质量、文明经营、重合同守信用等三项内容）、监督处罚和税收征管等项制度，形成了薄利多销、直接进货、快速进货、及时出货、前摊后厂的经营方式和经营作风（陆崎嵘，1994）。随着市场主客体的变化，大中型商贸企业和工业企业进入市场，市场商品向高档化发展，第五代市场——宾王市场于1995年正式开业，义乌人开始了第二次创业。从义乌小商品市场的发展可以看出，义乌市当局既是顺其自然，又没有放任自流，而是成为市场化的推动者和组织者，既解除了管制，又加强了管理，充分发挥了政府在市场化中的作用，即寓规范于服务之中，规范之目的在于建立良好的市场秩序，推动而不是强制、指导而不是代替个人的市场活动和寻利行为，促其更快更好的发展。①

与此同时，各个方面也作出了一系列新的安排，支持人们在市场中的创新活动。当个体工商户被允许开业经营以后，按立脚点对银行金融业提出了要求，要求融通资金，提供服务。义乌农行率先打破了原先不能向个体工商户贷款的限制，发放了第一笔个体工商户贷款1万元，从而推动了金融业的发展，不仅存贷款数量大幅度增长，而且各专业银行争相在小商品市场设置金融网点，开设“个体专柜”；不仅

① 张曙光. 政府、农民和市场——山东惠民“大市场”要灭“小”市场与浙江义乌小市场变成大市场案例的比较和分析. 中国制度变迁的案例研究（第二集）. 中国财政经济出版社，1999

原有的金融组织得以扩大，而且促进了城镇集体信用组织的发展，稠州城市信用社和华川城市信用社相继开业；不仅为个体户办理一般存贷款业务，而且为个体户开立结算账户，办理汇票结算和支票结算业务，其中，稠州城市信用社已与全国40多个大中城市的信用社建立了特约通汇和全国联行业务。反过来，金融管制的放松和金融服务的扩展，促进了小商品市场的繁荣和兴旺。

义乌通过开发小商品市场吸引农村剩余劳动力进城经商，实现了大量剩余劳动力转移，同时通过农村剩余劳动力进城从事商业活动，促进了城市的发展。其小商品市场的建设经验，总的关键点就在于，由于建立和实行了数十年的计划经济，已经中断了市场经济自然发育的过程，今天，从计划经济向市场经济转型，一方面，政府要退出很多曾经由其垄断和管制的经济活动领域，扩大个人经济自由活动的空间；另一方面，政府要解除禁令，放开和激活各个经济主体自发追求自己利益的积极性，并为各个经济活动主体中个人能力的充分发挥与人力资本产权的不断完善构建必要的制度保障。义乌小商品市场的发展为笔者提供了有益的启示。①

实际上，浙江省专业市场中义乌小商品市场的发展仅是一个典型。潘捷军（2002）指出，浙江省目前有各类商品交易市场4000多个，年成交额4000多亿元，成交量连续十多年居全国第一，全省4000多万人口中几乎每万人就有一个相当规模的大市场。市场背后支撑它们的是无数企业和产品……于是就有了成千上万人去经营市场、推销市场……浙江人也由此而真正把握了市场经济的真谛。

（三）制度创新中政府因素不容忽视

值得注意的是，正如笔者在第四章中所提到的那样，无论是诱致性变迁还是强制性变迁，制度创新离不开政府的相关作用。在“自下而上”的制度变迁过程中，初级行动团体有相关利益集团，而次级行动团体是作为立法者和执法者的政府。初级行动团体制定行动方案，

---

① 张曙光. 政府、农民和市场——山东惠民“大市场”要灭“小”市场与浙江义乌小市场变成大市场案例的比较和分析. 中国制度变迁的案例研究（第二集）. 中国财政经济出版社，1999

并说服次级行动团体与之合作。因此制度创新中政府因素并不容忽视。而樊纲等（2001a，2001b，2003）设计了一系列指标来考察全国各地区的市场化进程，指标中就有直接涉及政府与市场的关系的部分。由此也可见一斑。同时，政府的作用在政策支持、乡镇企业发展和专业市场的形成等多方面都有所体现。比如钟亚晖（2001）指出，从1985~1992年，东部仅由于工业企业享受的税收优惠就相当于中西部获得的全部优惠，其数量由19亿元增加到225亿元，年均增加近30亿元。可见，东部从这些税收优惠政策中获取了巨额的无形收入。再如政府以政策支持劳动力市场的建立，大量的农村劳动力和外省打工者，最初是一线的体力劳动者，随着生产力的发展也在接受各种不同程度的劳动培训，也可能走上了技能性岗位。

需要注意的是，上乡镇企业和商品交易市场的繁荣在一定程度上体现出了浙江省在人力资本产权具有一定的优势，这种优势的本身促进人力资本资源配置和资源转换能力的加强，从而使得浙江省相比陕西省相同的人力资本存量水平却产生出更高的效率，实现更强的生产率和经济增长。

第三节　小结

如上所述，人力资本产权界定等制度因素对浙江奇迹的产生起着重要作用，其作用实际上是加强了人力资本的资源配置和资源转换能力。作为一个资源小省，而又受历史、政治等因素影响，国家对浙江省的投资，浙江省的经济发展压力不可小觑。由于人口的增长以及对自然资源的过度利用，近年浙江省人均资源迅速减少，人均资源的明显减少与劳动力就业人数的相对增加构成了一对难以缓解的矛盾。浙江省在改革开放大好时机的推动下，通过制度创新，人力资本产权界定不明的情况极为减少，依靠大量只接受过中、低等教育的劳动者实现了地区经济的增长奇迹。当然普通劳动者的激励还是主要依靠人力资本回报——职工收入的角度来说明问题。

从浙江省的发展经验来看，所采取的人力资本产权界定的制度创新措施主要包括大力发展乡镇企业、民营经济与培育并扶持小商品市场的发展等多方面内容。前者实际上一方面促进了经济效率的提高，也就是加大了人力资本资源配置和转换的能力；另一方面则是大力发展了企业家资源，利用企业家资源促进经济增长。后者则是主要通过市场加强资源配置和资源转换的能力。同时，政府在制度创新推动资源配置和资源转换过程中的作用也不容忽视。比如政府的政策支持，又或者推动劳动力市场这样的专业市场的建设。这些方面的制度创新结果，无一不是推动了人力资本资源配置和转换能力的提高，间接促进了经济的增长。

第八章 结 论

第一节 人力资本差异性与区域经济增长研究总结

通过前文的理论综述和实证检验，笔者得到以下结论：

1. 人力资本绝对值指标与经济发展水平不尽相同

从人力资本绝对值指标的比较来看，浙江省与陕西省的人力资本绝对值指标与两省相应的经济发展水平并不体现出一定的对应关系。就笔者在第三章第一节中所列举的医疗卫生保健、教育普及程度、科研投入和创新能力等多种方面来看，除了在创新能力方面浙江省要强于陕西省以外，其余的医疗卫生保健水平、教育普及程度尤其是中学教育与高等教育普及程度、科研投入和科技发展水平等方面衡量的人力资本量来看，陕西省都要明显强于浙江省的水平。事实上，从因果关系考察的结果来看，教育水平对经济增长的影响也不尽相同。虽然浙江省和陕西省的教育水平变动对经济增长的影响有许多共同之处，比如大学绝对值指标和大学增长指标对人均 GDP 的影响作用和中等职业学校指标对经济增长的促进作用，等等。但需要注意的是，在初等教育水平对经济增长的影响水平上，两省具有比较大的差异。浙江省小学绝对值指标或者增长率指标对经济增长指标均无明显的 Granger 原因特征体现；但陕西省在小学绝对值指标及增长率指标上却明确体现出对经济增长的带动作用。比如在绝对值指标上，小学的在校学生数和招生数体现为人均 GDP 值的 Granger 原因；而在增长率指标上，小学的在校学生数增长率和招生数增长率与人均GDP值增长率之间具有比较明显的互为因果关系。

2. “浙—陕之谜”的重点在于人力资本差异性对经济增长的影响

也就是说，通过笔者第四章的理论推测，“浙—陕之谜”尚不能说是违反了人力资本理论，而是目前笔者对人力资本理论的认识不够，只看到人力资本部分绝对值指标的表面现象，而没有看到人力资本的无形资本因素并不能完全用个别绝对值指标来衡量。据此，笔者提出“浙—陕之谜”从本质上而言其实是人力资本的差异性对区域经济增长的影响问题。这种人力资本的差异性一方面体现在两省的人力资本类型组成的差异性上，即外部的物质资本与人力资本组合和内部的企业家资源要素；另一方面也体现在两省的人力资本发挥作用的机制差异性上，这种作用机制差异性体现资源的配置和转换能力上，也就是如何发挥人力资本作用的制度因素上。由此，笔者提出两个方面的问题：一方面在人力资本的类型组成上，两省的人力资本存量、人力资本的外部组合以及企业家资源的开发这三个方面的差异性问题；另一方面在人力资本的作用机制差异上，发挥人力资本作用的制度因素的差异性问题，其中人力资本的产权问题也是一个重点问题。

3. 浙江省人力资本存量水平明显高于陕西省

理论上在每年各级入学率和毕业率方面陕西省大部分的水平都要高于浙江省，那么平均受教育年限似乎也应该是陕西省高于浙江省水平的可能性更大，但实际的结果却是在平均受教育年限方面浙江省的数据要明显高于陕西省的数据。这里有两个方面的可能性，一方面是成人教育方面。如成人高考、电大、夜大和自考等各类成人教育可能受经济发展水平的影响程度较大，这一方面浙江省会强于陕西省。另一方面是如同丁云祥、张文耀和吴克强（2000）提到的陕西省高等教育效益外溢问题所导致的人才流动，在这一方面陕西省是受害区域，而浙江省可能正恰恰是受益区域。这显然符合人力资本理论的结果。

4. 物质投资增长率对经济增长的影响取决于人力资本外部类型组成配比

投资率对经济增长的影响相当明显，尤其是对于浙江省而言，投资率的正向推动作用在三个部分的实证检验中都有显著的表现。但是，两省比较的结果，陕西省投资率带动经济增长的作用较为薄弱，缺乏十分显著的检验效果。这也是陕西省经济发展不如浙江省的一个主要原因。需要注意的是，从笔者的分析来看，物质投资增长率对经济增长影响的不同主要来自人力资本外部物质投资和人力资本投资组合配比。一方面，从图 5-6 来看浙江省的曲线始终处于陕西省曲线的上方，说明浙江省人力资本存量与物质资本投资的增长率之间的配比关系比陕西省要好；另一方面，从图 5-7 来看浙江省人力资本存量与物质资本投资呈现出一种向外扩张的趋势，两者具有一定的同比放大的效应，随着物质资本投资的增加，人力资本存量水平也在同步提高。而陕西省的人力资本存量与物质资本投资之间却缺乏这种同比向外扩张的趋势。也就是说，陕西省人力资本外部类型组成配比不佳导致陕西省的经济增长并没有取得预期的结果。

5. 教育水平对经济增长的影响

与内地大部分实证研究的结论并不相同，虽然教育水平对经济增长的影响不能说是完全发挥，但笔者的研究发现教育水平对经济增长的作用十分明显，而且检验结果十分显著。但是对于浙江省和陕西省而言，教育水平存量表现并不尽相同。相比之下，浙江省教育水平的产出效率要高于陕西省水平。这也是造成浙江省经济增长要快于陕西省的主要原因之一。不仅如此，教育水平对区域经济增长的影响还表现在间接对“后发优势”效应的影响作用上。两省经济增长具有相应的收敛性，即“后发优势”效应。经济增长自身的影响效应均为负值，而且其绝对值随着时间的推移逐步扩大，显示出原始人均真实 GDP 水平越高，后续的人均 GDP 增长率反而越低这种收敛效应，即所谓的“后发优势”。不过收敛效应的表现不尽相同，人力资本相对指标的收敛呈现一种直线收敛的现象；而人均产出的收敛则呈现出一种曲折的状况。

6. 浙江省企业家资源的利用和发展情况明显强于陕西省

一方面，乡镇企业的经济效率要明显强于国有企业；另一方面，企业家资源又是决定企业经济效率的根本原因。因此乡镇企业的发展情况从一个侧面体现出各地区对企业家资源利用和发展情况。表面上来看，陕西省乡镇企业数量与浙江省相比差距并不大，但是在企业人数和产值等方面差距却非常明显。比如，浙江省乡镇企业从业人数历年来均占总的从业人口数的30%以上，而乡镇企业的生产总产值历年来一直保持在浙江省 GDP 的两倍以上；相比之下，陕西省乡镇企业从业人数仅占从业总人口数的20%稍强，而乡镇企业的生产总产值历年来也仅能保持在其 GDP 值的 1.2 倍左右，与浙江省的差距十分明显。而如果直接以浙江省的乡镇企业总产值与陕西省的乡镇企业总产值相比的话，不难发现浙江省的乡镇企业总产值竟然能够达到陕西省乡镇企业总产值的 6 倍以上，20 世纪 90 年代中期竟达到过 9 倍多。这说明浙江省乡镇企业的发展情况要明显强于陕西省的乡镇企业，也就是说浙江省企业家资源的利用和发展情况要强于陕西省。

7. 基于工资收入的人力资本投入对经济增长的作用也体现正向关系

基于工资收入的人力资本投入的实证结果仍然表明，经济较为发达的浙江省人力资本投入明显高于陕西省，后者的人力资本投入仅占前者人力资本投入的 2/3 以下。因此，如果以普通劳动者的角度来分析问题，那么显然浙江省人力资本的回报要明显高于陕西省，从而浙江省人力资本回报的激励就比陕西省要强，相应的经济增长高、人力资本转换能力也强。人力资本投入对经济增长的最终检验结果仍然与国外的研究相类似：一方面，在工资率（h）上升的右肩部，总人口平均受教育年限（s）上升的幅度更快，从而导致 h/s 比值形成一种不断下降的趋势；另一方面，陕西省和浙江省的基于工资收入的人力资本投入检验说明，基于工资收入的人力资本投入和经济增长仍然是一种同步的正向关系。也就是说，浙江省和陕西省的情况并非不符合人力资本理论的结果。

8. 人力资本存量水平的作用

从省际对比来看，通过人力资本、人均产出、人均产出增长和人力资本在人均产出增长中的贡献度等指标，发现陕西省人力资本的边际产出较低，人力资本发挥的效应并没有浙江省强。同时，浙江省人力资本存量水平对人均产出增长的贡献度更高。这些正是浙江省经济增长强于陕西省的一大原因。

9. 人力资本产权界定等制度因素对“浙江奇迹”的产生起着重要作用

其作用实际上是加强了人力资本的资源配置和资源转换能力。

从浙江省的发展经验来看，所采取的人力资本产权界定的制度创新措施主要包括大力发展乡镇企业、民营经济与培育并扶持小商品市场的发展等多方面内容。同时，政府在制度创新推动资源配置和资源转换过程中的作用也不容忽视。

第二节　对浙江省和西部区域经济增长的借鉴

从笔者的实证检验结果来看，人力资本的问题不能片面来看，重点在于人力资本差异性问题。人力资本的中心点在于人力资本的差异性问题，这种差异性在于类型组成差异性和作用机制差异性两个方面。

一方面，片面追求一个区域的人力资本存量并不可取，而应该关注人力资本类型组成配比问题。人力资本问题不能单纯地用某一类指标来衡量，也不能片面地追求绝对量的大小，笔者必须首先考虑前者的人力资本外部类型组成和人力资本内部类型组成两部分。一是要注重人力资本这一无形资本与有形资本物质资本投入的配比问题。仅有较高教育普及率下的人力资本存量而没有物质资本投入的配合，也无法有效地促进区域经济以预期水平增长。从笔者的实证结果来看，陕西省的经济发展不稳定、发展速度达不到预期水平在一定程度上即是陕西省人力资本外部类型组成配比不佳所造成的。浙江省人力资本存量与物质资本投资呈现出一种向外扩张的趋势，两者具有一定的同比放大的效应，随着物质资本投资的增加，人力资本存量水平也在同步提高。而陕西省的人力资本存量与物质资本投资之间却缺乏这种同比向外扩张的趋势，这从另一个角度说明了为什么陕西省投资率的系数显示投资率对经济增长仍是一种正向推动关系，但 t 统计量显示结果并不显著。也就是说，陕西省人力资本外部类型组成配比不佳导致陕西省的经济增长并没有取得预期的结果。因此，西部地区有必要注意人力资本与物质资本的类型组成配比问题。

二是有必要关注人力资本的内部类型组成问题，加大企业家资源的培养力度。不仅有必要关注人力资本外部的类型组成配比问题，同时还要关注人力资本的内部组成问题。不仅仅需要技能科技人员，同时也需要市场营销等开拓市场能力的人员，尤其需要企业家资源。诸多学者的研究都已经证明，企业家资源是决定企业经济效率的根本原因，这也是乡镇企业经济效率强于国有企业的决定原因。从笔者的研究结果来看，陕西省乡镇企业在数量上与浙江省相比差距并不大，但是在企业人数和产值等方面差距非常明显。而既然企业家资源是决定企业经济效率的根本原因，那么西部地区也应该注重企业家资源的发展和培养。

另一方面，注重发挥人力资本资源配置和资源转换能力的制度创新机制。人力资本的作用机制差异性主要体现在人力资本的资源配置能力和资源转换能力上。

以普通劳动者的角度来分析问题，那么显然浙江省人力资本的回报要明显高于陕西省人力资本的回报，从而浙江省人力资本回报的激励就比陕西省要强，相应的经济增长高、人力资本转换能力也强。实际上，丁云祥、张文耀和吴克强（2000）研究显示由于陕西高校教职工待遇与发达省区差距悬殊，中青年骨干教师大量外流。1990 年以来，仅陕西高校流失包括院士在内的骨干教师多达 4800 多人，而且这种现象仍有加剧的趋势。陕西省属高校 1998 年应届毕业生当年在外省就业的占总应届毕业生的 18%，工作以后外流的比重则更大。这些方面显示陕西省或者说西部地区人才的外流现象十分严重，而且这些人才流动都是受过高等教育的人员流动。这一现象的原因在很大程度上应该是西部地区人力资本的投入小，相对应西部地区劳动者的人力资本回报低，激励程度就比较小。事实上，陕西省和浙江省的基于工资收入的人力资本投入检验还说明基于工资收入的人力资本投入和经济增长仍然是一种同步的正向关系。因此，西部地区有必要解决忽视普通劳动者人力资本的回报问题。

同时，有必要注重发挥人力资本资源配置和资源转换能力的制度机制的培养，比如人力资本产权的界定明晰问题。从浙江省的发展经验来看，所采取的人力资本产权界定的制度创新措施主要包括大力发展乡镇企业、民营经济与培育并扶持小商品市场的发展等多方面内容。前者实际上一方面促进了经济效率的提高，也就是加大了人力资本资源配置和转换的能力；另一方面则是大力发展了企业家资源，利用企业家资源促进经济增长。后者则是主要通过市场加强资源配置和资源转换的能力。同时，政府在制度创新推动资源配置和资源转换过程中的作用也不容忽视。比如政府的政策支持，又或者推动劳动力市场这样的专业市场的建设。这些方面的制度创新结果，无一不是推动了人力资本资源配置和转换能力的提高，间接促进了经济的增长。因此，西部省份有必要发掘出适合本地特色能够推动本地人力资本资源配置和资源转换能力的制度创新机制。正如邹东涛教授所说的那样，“没有为农民创造一种发财的机制和致富的冲动，如果有了这种机制和冲动，农民还会睡懒觉吗?”

值得注意的是，从比较的结果来看，虽然浙江省人力资本发挥的效率高，人力资本边际产出大，但是浙江省和陕西省的检验结果都显示人均产出的收敛速度远远高于人力资本的收敛速度。这说明不管是浙江省还是陕西省，经济发展中人力资本的作用尚未得到充分发挥，经济增长仍处于粗放型的阶段。因此，浙江省也仍需要在经济发展和产业结构上多下工夫，在更高的层次上发挥人力资本的优势。

参考文献

[1] Aghion, P. and Howitt, P., Endogenous Growth Theory, MIT Press, Cambridge, MA, 1998

[2] Alchain, A. A., Uncertainty, Evolution and Economic Theory, Journal of Political Economy, 1950, Vol.58, 211–222

[3] Alexeev, Michael, Kaganovich, Returns to human capital under uncertain reform: Good guys finish last, Journal of Economic Behavior & Organization, 1998, Vol. 37, 53–70

[4] Arnold, Lutz G., Endogenous growth with physical capital, human capital and product variety: A comment, European Economic Review Volume: 44, Issue: 8, August, 2000, 1599–1605

[5] Bala, Venkatesh, Sorger, Gerhard, A Spatial–Temporal Model of Human Capital Accumulation, Journal of Economic Theory Volume: 96, Issue: 1–2, January, 2001, 153–179

[6] Bala, Venkatesh, Sorger, Gerhard, The evolution of human capital in an interacting agent economy, Journal of Economic Behavior & Organization Volume: 36, Issue: 1, July 30, 1998, 85–108

[7] Ballot, Gérard, Fakhfakh, Fathi, Taymaz, Erol, Firms' human capital, R&D and performance: a study on French and Swedish firms, Labour Economics Volume: 8, Issue: 4, September, 2001, 443–462

[8] Barañano, Ilaski, On human capital externalities and aggregate fluctuations, Journal of Economics and Business Volume: 53, Issue: 5, September – October, 2001, 459–472

[9] Barro, R., Determinants of economic Growth: A Cross–Country Empirical Study, MIT Press, Cambridge, MA, 1997

[10] Barro, R. and Lee, J.W., International comparisons of educational attainment, Journal of Monetary Economics, Vol. 32, 1993, 363–394

[11] Barro, R., Mankiw, G. and Sala–i–Martin, X., Capital mobility in neoclassical models of growth, American Economic Review, Vol. 85 No. 1, 1995, 103–155

[12] Barro, R. and Sala–i–Martin, X., Economic Growth, McGraw–Hill, New York, 1995

[13] Bassanini, Andrea, Scarpetta, Stefano, Does human capital matter for growth in OECD countries? A pooled mean–group approach, Economics Letters Volume: 74, Issue: 3, February, 2002, 399–405

[14] Baumol, William J., Entrepreneurship in economic theory, American Economic Review, Papers and Proceedings, 1968, 64–71

[15] Becker, Gary S., The Economic Way of Looking at Life, Nobel Lecture, December 9, 1992

[16] Benhabib, Jess, Spiegel, Mark M., The Role Of Human Capital In Economic Development: Evidence From Aggregate Cross – Country And Regional U.S. Data, New York, C.V. Starr Center–Working Papers/New York University, C.V. Starr Center (RePEc: fth: starer: 9246)

[17] Bingen, Jim, Serrano, Alex; Howard, Julie, Linking farmers to markets: different approaches to human capital development, Food Policy Volume: 28, Issue: 4, August, 2003, 405–419

[18] Bond, Eric W., Wang, Ping, Yip, Chong K., A General Two –Sector Model of Endogenous Growth with Human and Physical Capital: Balanced Growth and Transitional Dynamics, Journal of Economic Theory Volume: 68, Issue: 1, January, 1996, 149–173

[19] Brown, D.M., Efficiency, capital mobility, and the economic union, in Free to Move: Strengthening the Canadian Economic Union, C. D. Howe Institute, Toronto

[20] Byeongju Jeong. Measurement of human capital input across countries: a method based on the laborer's income. Journal of

Development Economics. 2002, 333-349

[21] C. Mulligan, X. Sala-i-Martin. Two Capital goods models of economic growth. Unpublished paper, Yale Univrsity. 1992

[22] Cartiglia, Filippo, Credit constraints and human capital accumulation in the open economy, Journal of International Economics Volume: 43, Issue: 1-2, August, 1997, 221-236

[23] Checchi, Daniele, García-Peñalosa, Cecilia, Risk and the distribution of human capital, Economics Letters Volume: 82, Issue: 1, January, 2004, 53-61

[24] Chun, Chang, Yijiang, Wang, A framework for understanding differences in labor turnover and human capital investment, Journal of Economic Behavior & Organization Volume: 28, Issue: 1, September, 1995, 91-105

[25] Ciccone, Antonio, Business cycles and investment in human capital: international evidence on higher education: A comment, Carnegie-Rochester Conference Series on Public Policy Volume: 52, Issue: 1, June, 2000, 257-262

[26] Cohen, D. and Sachs, J., Growth and external debt under risk of debt repudiation, European Economic Review, Vol. 30 No. 3, 1986, 526-560

[27] Cörvers, Frank, de Grip, Andries, Explaining trade in industrialized countries by country-specific human capital endowments, Economic Modelling Volume: 14, Issue: 3, July, 1997, 395-416

[28] Coulombe, S. and Day, K., Economic growth and regional income disparities in Canadaand the northen United States, Canadian Public Policy, Vol. 25, 1999

[29] Coulombe.and Jean-Francois Tremblay., uman capital and regional convergence in canada, Journal of Economic Studies, Vol. 28, 2001, 154-180

[30] Coulombe, S. and Lee, F., Regional economic disparities in Canada, University of OttawaResearch Paper No. 9317E, 1993

[31] Davidsson, Per, Honig, Benson, The role of social and human capital among nascent entrepreneurs, Journal of Business Venturing Volume: 18, Issue: 3, May, 2003, 301-331

[32] del Barrio-Castro, Tomás, López-Bazo, Enrique; Serrano-Domingo, Guadalupe, New evidence on international R&D spillovers, human capital and productivity in the OECD, Economics Letters Volume: 77, Issue: 1, September, 2002, 41-45

[33] Doo Woo Lee, Tong Hun Lee. Human capital and economic growth Tests based on the international evaluation of educational achievement. Economics Letters. 1995, (47): 219-225

[34] Edward N. Wolff. Human capital investment and economic growth: exploring the cross-country evidence. Structural Change and Economic Dynamics. 2000, (11): 433-472

[35] Eicher, Theo S., García-Peñalosa, Cecilia, Inequality and growth: the dual role of human capital in development, Journal of Development Economics Volume: 66, Issue: 1, October, 2001, 173-197

[36] Einarsson, Tor, Marquis, Milton H., Note on human capital externalities, Journal of Macroeconomics Volume: 18, Issue: 2, Spring, 1996, 341-351

[37] Engelbrecht, Hans-Jürgen, International R&D spillovers, human capital and productivity in OECD economies: An empirical investigation, European Economic Review Volume: 41, Issue: 8, August, 1997, 1479-1488

[38] Fan, Chengze Simon, Overland, Jody, Spagat, Michael, Human Capital, Growth, and Inequality in Russia, Journal of Comparative Economics Volume: 27, Issue: 4, December, 1999, 618-643

[39] Feldstein, M. and Horioka, C., Domestic saving and international capital flows, Economic Journal, Vol. 90, 1980, 314-329

[40] Foss, Nicolai, Mahnke, Volker, "Competence, Governance,

and Entrepreneurship", Oxford University Press, 2000

[41] Funke, Michael, Strulik, Holger, On endogenous growth with physical capital, human capital and product variety, European Economic Review Volume: 44, Issue: 3, March, 2000, 491-515

[42] G.S. Becker, K. Murphy, R. Tomura. Humman capital, fertility and economic growth. Journal of Political Economy. 1990, 279-288

[43] Giannini, Massimo, Human capital and income distribution dynamics, Research in Economics Volume: 55, Issue: 3, September, 2001, 305-330

[44] Glomm, Gerhard, Parental choice of human capital investment, Journal of Development Economics Volume: 53, Issue: 1, June, 1997, 99-114

[45] Glomm, Gerhard, Ravikumar, B., Increasing returns, human capital, and the Kuznets curve, Journal of Development Economics Volume: 55, Issue: 2, April, 1998, 353-367

[46] Goetz, Stephan J., Hu, Dayuan, Economic growth and human capital accumulation: Simultaneity and expanded convergence tests, Economics Letters Volume: 51, Issue: 3, June, 1996, 355-362

[47] Groot, Wim, Returns to Human Capital in Europe: A Literature Review, Economics of Education Review Volume: 21, Issue: 2, April, 2002, 187

[48] Hanson II, John R., Human Capital and Direct Investment in Poor Countries, Explorations in Economic History Volume: 33, Issue: 1, January, 1996, 86-106

[49] Hart, Robert A., Kawasaki, Seiichi, The Japanese Bonus System and Human Capital, Journal of the Japanese and International Economies Volume: 9, Issue: 3, September, 1995, 225-244

[50] Heath, Julia A., Human Capital Investment: An International Comparison: Organisation for Economic Co-operation and Development; Economics of Education Review Volume: 20, Issue: 1, February,

2001, 93-94

[51] Heckman, James J., Policies to foster human capital, Research in Economics Volume: 54, Issue: 1, March, 2000, 3-56

[52] Helliwell, J., Convergence and migration among provinces, PEAP Policy Study, Institute for Policy Analysis, University of Toronto, 1994

[53] Helliwell, J. and McKitrick, R., Comparing capital mobility across provincial and national borders, Canadian Journal of Economics, Vol. 32, 1999, 1164-1173

[54] Hicks, John Richard, Schultz, Investing in People - TheEconomics of Population Quality, University of California Press (Berkeley), 1981

[55] J. Eaton, Z. Eckstein. Cities and growth: Theory and evidence from France and Japan. Regional Science and Urban Economics. 1997, (27): 443-474

[56] Jones C. I. Time series tests of endogenous growth models. Quarterly Journal of Ecomomics. 1995, (110): 495-525

[57] Jovanovic, Boyan, Nyarko, Yaw, The transfer of human capital, Journal of Economic Dynamics and Control Volume: 19, Issue: 5-7, July 9, 1995, 1033-1064

[58] Kalder, N. (1964), Essays on Economic Policy, Duckworth, London

[59] Kawaguchi, Daiji, Human capital accumulation of salaried and self-employed workers, Labour Economics Volume: 10, Issue: 1, February, 2003, 55-71

[60] Kluve, Jochen, Lehmann, Hartmut; Schmidt, Christoph M., Active Labor Market Policies in Poland: Human Capital Enhancement, Stigmatization, or Benefit Churning?, Journal of Comparative Economics Volume: 27, Issue: 1, March, 1999, 61-89

[61] Krueger A. Factor endowment and per capita income differences among countries. Economic Journal. 1968, 641-659

[62] Leontaridi, Rannia M., Career, experience and returns to human capital: is the dual labour market hypothesis relevant for the UK?, Research in Economics Volume: 56, Issue: 4, December, 2002, 399–426

[63] Lin, Shuanglin, Government education spending and human capital formation, Economics Letters Volume: 61, Issue: 3, December, 1998, 391–393

[64] Mankiw N. G., D. Romer, D. N. Weil. A contribution to the empirics of economic growth. Quarterly Journal of Ecomomics. 1992, 407–437

[65] Maudos, Joaquin, Pastor, Jose Manuel; Serrano, Lorenzo, Total factor productivity measurement and human capital in OECD countries, Economics Letters Volume: 63, Issue: 1, April, 1999, 39–44

[66] Mauro, Luciano, Carmeci, Gaetano, Long run growth and investment in education: Does unemployment matter?, Journal of Macroeconomics Volume: 25, Issue: 1, March, 2003, 123–137

[67] McDonald, Scott, Roberts, Jennifer, Growth and multiple forms of human capital in an augmented Solow model: a panel data investigation, Economics Letters Volume: 74, Issue: 2, January, 2002, 271–276

[68] Mendes de Oliveira, M., Santos, M.C., Kiker, B.F., The role of human capital and technological change in overeducation, Economics of Education Review Volume: 19, Issue: 2, April, 2000, 199–206

[69] Miller, Stephen M., Upadhyay, Mukti P., The effects of openness, trade orientation, and human capital on total factor productivity, Journal of Development Economics Volume: 63, Issue: 2, December, 2000, 399–423

[70] Mulligan C., Sala–i–Martin X. A labor–income–based measure of the value of human capital: an application to the states of the United States. Japan and the World Economy. 1997, 159–191

[71] N.G. Mankiew, D. Romer, D. R. Weil. A contribution to the

empirics of economic growth. Quarterly Journal of Economics. 1992, 407-438

[72] Nafziger, E. Wayne, Terrell, Dek, Entrepreneurial Human Capital and the Long-Run Survival of Firms in India, World Development Volume: 24, Issue: 4, April, 1996, 689-696

[73] Nehru, Vikram, Swanson, Eric; Dubey, Ashutosh, A new database on human capital stock in developing and industrial countries: Sources, methodology, and results, Journal of Development Economics Volume: 46, Issue: 2, April, 1995, 379-401

[74] Noorbakhsh, Farhad, Paloni, Alberto; Youssef, Ali, Human Capital and FDI Inflows to Developing Countries: New Empirical Evidence, World Development Volume: 29, Issue: 9, September, 2001, 1593-1610

[75] Orazem, Peter F., Vodopivec, Milan, Value of human capital in transition to market: Evidence from Slovenia, European Economic Review Volume: 41, Issue: 3-5, April, 1997, 893-903

[76] P.E. Petrakis, D. Stamatakis. Growth and educational levels: a comparative analysis. Economics of Education Review. 2002, 513-521

[77] Palme, Marten, Comments on James Heckman's "Policies to foster human capital", Research in Economics Volume: 54, Issue: 1, March, 2000, 65-69

[78] Perri, T.J., The cost of specialized human capital, Economics of Education Review Volume: 22, Issue: 4, August, 2003, 433-438

[79] Polkovnichenko, Valery, Human capital and the private equity premium, Review of Economic Dynamics Volume: 6, Issue: 4, October, 2003, 831-845

[80] R. J. Barro. Economic growth in a cross section of countries. Quarterly Journal of Economics. 1991, 407-443

[81] R. J. Barro. Human capital and economic growth, in: policies for long-run economic growth. A Symposium sponsored by The Federal Reserve Bank of Kansas City. 1992, 199-216

[82] R. Lucas. On the mechanics of ecomomic development. Journal of Monetary Economics. 1988，3–42

[83] Raymo，James M.，Xie，Yu，Income of the Urban Elderly in Postreform China：Political Capital，Human Capital，and the State，Social Science Research Volume：29，Issue：1，March，2000，1–24

[84] Rizov，Marian，Endogenous production organization during market liberalization：farm level evidence from Romania，Economic Systems Volume：27，Issue：2，June，2003，171–187

[85] Romer，P.（1993），Idea gaps and object gaps in economic development，Journal of Monetary Economics，Vol. 32，pp. 543–573

[86] Rotemberg，Julio J.，Saloner，Garth，Competition and human capital accumulation：a theory of interregional specialization and trade，Regional Science and Urban Economics Volume：30，Issue：4，July，2000，373–404

[87] Sabirianova，Klara Z.，The Great Human Capital Reallocation：A Study of Occupational Mobility in Transitional Russia，Journal of Comparative Economics Volume：30，Issue：1，March，2002，191–217

[88] Saint–Paul，Gilles，Are intellectual property rights unfair? Labour Economics Volume：11，Issue：1，February，2004，129–144

[89] Saint–Paul，Gilles，The role of rents to human capital in economic development，Journal of Development Economics Volume：53，Issue：2，August，1997，229–249

[90] Schultz，T. W.，The value of the ability to deal with disequilibria，Journal of Economic Literature，vol.13，No.3，1975，828

[91] Schultz，T. W.，Investment in entrepreneurial ability. Scandinavian Journal of Economics 1975，1980，437–448

[92] Scoones，David，Matching and competition for human capital，Labour Economics Volume：7，Issue：2，March，2000，135–152

[93] Simon，Curtis J.，Nardinelli，Clark，The Talk of the Town：Human Capital，Information，and the Growth of English Cities，1861 to 1961，Explorations in Economic History Volume：33，Issue：3，July，

1996，384–413

[94] Somanathan，Rohini，School heterogeneity，human capital accumulation，and standards，Journal of Public Economics Volume：67，Issue：3，March 1，1998，369–397

[95] Stark，Oded，Helmenstein，Christian；Prskawetz，Alexia，Human capital depletion，human capital formation，and migration：a blessing or a "curse"?，Economics Letters Volume：60，Issue：3，September 1，1998，363–367

[96] Stephan J. Goetz. Dayuan Hu. Economic growth and human capital accumulation：Simultaneity and expanded convergence tests. Economics Letters. 1996，355–362

[97] Takahashi, Harutaka, Sakagami, Tomoya, Transitional dynamics of economic integration and endogenous growth，Journal of Economic Behavior & Organization Volume：33，Issue：3–4，January，1998，543–555

[98] Tamura，Robert，Human capital and economic development，Working Paper 2002–5/Federal Reserve Bank of Atlanta（RePEc：fip：fedawp：2002–5）

[99] Tamura，Robert，Human capital and the switch from agriculture to industry，Journal of Economic Dynamics and Control Volume：27，Issue：2，December，2002，207–242

[100] Tan，Jason，Human Capital Formation as an Engine of Growth：The East Asian Experience，International Journal of Educational Development Volume：20，Issue：4，July，2000，368–369

[101] Temple，Jonathan，A positive effect of human capital on growth，Economics Letters Volume：65，Issue：1，October，1999，131–134

[102] Wachtel，Paul，A labor–income based measure of the value of human capital：An application to the states of the US：Comments，Japan and the World Economy Volume：9，Issue：2，May，1997，193–196

[103] WANG，Yan，YAO，Yudong，Sources of China's economic growth 1952–1999：incorporating human capital accumulation，China

Economic Review Volume: 14, Issue: 1, 2003, 32-52

[104] Wasmer, Etienne, Measuring human capital in the labor market: The supply of experience in 8 OECD countries, European Economic Review Volume: 45, Issue: 4-6, May, 2001, 861-874

[105] Williamson, 1975: Markets and Hierarchies: Analysis and Antitrust Implications Free Press, New York, 21-23

[106] Wolff, Edward N., Human capital investment and economic growth: exploring the cross-country evidence, Structural Change and Economic Dynamics Volume: 11, Issue: 4, December, 2000, 433-472

[107] Wright, Patrick M., Dunford, Benjamin B.; Snell, Scott A., Human resources and the resource based view of the firm, Journal of Management 27 (2001) 701-721

[108] Xiao, J.; Lo, L.N.K., Human capital development in Shanghai: lessons and prospects, International Journal of Educational Development Volume: 23, Issue: 4, July, 2003, 411-427

[109] Yang, Dennis Tao, An, Mark Yuying, Human capital, entrepreneurship, and farm household earnings, Journal of Development Economics Volume: 68, Issue: 1, June, 2002, 65-88

[110] 阿巴斯，王金营. 人力资本在经济增长中的作用：中国和巴基斯坦的比较研究. 市场与人口分析，2000，6(2)：14-20

[111] 北京大学课题组. “教育规模扩展对短期经济增长作用研究”的基本结论. 北京高等教育，1999，(11)：19-20

[112] 薄勇健，扬秀苔. 基于人力资本增长的内生经济增长模型. 管理工程学报，2001，15(3)：30-34

[113] 蔡增生. 教育对经济增长贡献的计量分析——科教兴国战略的实证依据. 经济分析，1999，(2)：39-48

[114] 曹海霞，赵艺学. 山西省人力资本积累与区域经济发展战略研究. 晋阳学刊，2003，(4)：15-18

[115] 陈昌兵，徐海燕. 我国国民经济增长因素的实证分析. 陕西经贸学院学报，2001，14(6)：5-8

[116] 陈栋生. 关于发展我国区域经济学的几个问题. 工业技术经济，1995，14(4)：1-4

[117] 陈浩，薛声家. 教育投入对中国区域经济增长贡献的计量分析. 经济与管理，2004，18（10）：5-7

[118] 陈浩，张腊娥. 企业家才能的供给与乡镇企业发展. 江苏社会科学，1999，(3)

[119] 陈建军. 浙江经济：比较优势和“走出去”战略. 浙江大学学报（人文社科版），2002，(1)：144-151

[120] 陈建军. 中国高速增长地域的经济发展——关于江浙模式的研究，上海人民出版社，2000

[121] 陈林生，李刚. 资源禀赋、比较优势与区域经济增长. 财经问题研究，2004，(4)：63-66

[122] 陈凌，姚先国. 论人力资本中的资源配置能力. 经济科学，1997，(4)

[123] 陈绍华，王燕. 中国经济的增长和贫困的减少. 财经研究，2001，27(9)：3-11

[124] 陈晓宇，闵维方. 我国高等教育收益率研究. 高等教育研究，1998，(6)：33-37

[125] 陈郁. 所有权、控制权与激励. 上海三联书店，上海人民出版社，1998

[126] 陈钊，陆铭，金煜. 中国人力资本和教育发展的区域差异：对于面板数据的估算. 世界经济，2004，(12)：25-31

[127] 崔鑫. 人力资本与非人力资本的契约研究. 管理科学文摘，2003，(11)：55-59

[128] 崔玉平. 教育对经济增长贡献率的估算方法综述. 清华大学教育研究，1999，(1)：71-78

[129] 崔玉平. 中国高等教育对经济增长率的贡献. 北京师范大学学报（人文社科版），2000. (1)：31-37

[130] 崔玉平. 中国高等教育对经济增长率的贡献. 教育与经济，2001，(1)：1-5

[131] 戴园晨，黎汉明. 工资侵蚀利润——中国经济体制改革中

的潜在危险. 经济研究，1988.6.

［132］刀福东，李兴仁，王天玉. 教育对经济增长贡献的计量分析. 学术探讨，2004，（2）：51–54

［133］丁栋虹、刘志彪. 企业家模式及其理论的演进与发展. 学习与探索，1998，（1）

［134］丁萍萍. 浙江经济发展的比较优势分析. 今日科技，2001，(3)：31–33

［135］丁小浩，陈良焜. 高等教育扩大招生对经济增长和增加就业的影响分析. 教育发展研究，2000.（2）：9–14

［136］丁小浩. 高等教育扩大招生对经济增长和增加就业的影响分析. 教育发展研究，2000(2)：9–14

［137］丁云祥，张文耀，吴克强. 陕西高等教育效益外溢与成本补偿问题探析. 山西财经大学学报（高等教育版），2000，（3）：11–13

［138］樊纲，王小鲁，张立文，朱恒鹏. 中国各地区市场化相对进程报告. 经济研究，2003，（3）：9–18

［139］樊纲，王小鲁，张立文. 中国各地区市场进程 2000 年报告. 国家行政学院学报，2001，（3）：17–27

［140］樊纲，王小鲁，张立文. 中国各地区市场进程报告. 中国市场，2001，（6）：58–61

［141］方民生. 浙江市场化模式的基础与背景分析. 浙江学刊，1997，（2）

［142］方民生等. 浙江制度变迁与发展轨迹. 浙江人民出版社，2000

［143］方竹兰. 再论人力资本产权. 孝感师专学报：社科版，1999，（3）

［144］菲吕博顿（Eirik G. Furubotn），瑞切特（Rudolf Richter），新制度经济学. 上海财经大学出版社，1998

［145］冯国有. 关于教育对经济增长抑制效应的思考. 河南社会科学. 2002，10（2）：83–85

［146］冯子标. 人力资本运营论. 经济科学出版社，2000

［147］符钢战. 论劳动供给行为市场化趋势. 经济研究，1991，(4)

[148] 付秀彬. 中国人力资本及非人力资本产权与经济绩效关系的实证研究. 科技情报开发与经济，2004，14(8)：101–102

[149] 甘华蓉. 我国区域经济增长差异原因探析. 山东商业职业技术学院学报，2001，1(1)：44–46

[150] 甘巧林，王德劲. 区域教育与经济增长关系研究——粤、苏、浙教育经济效益比较. 云南财贸学院学报，2003，19(5)：12–17

[151] 高志刚. 区域经济发展理论的演变及研究前沿. 新疆教育学院学报，2002，18(1)：9–11

[152] 戈银庆. 中国区域经济问题研究综述. 甘肃社会科学，2004，(1)：57–60

[153] 耿爱生，李鲁，姜敏敏. 健康对经济增长的作用. 中国农村卫生事业管理，2003，23(9)：3–6

[154] 古明加. 劳动结构效应与经济增长. 南方经济，2004，(3)：38–40

[155] 郭金龙，王宏伟. 中国区域间资本流动与区域经济差距研究. 管理世界，2003，(7)：45–58

[156] 海克曼. 提升人力资本投资的政策. 曾湘泉译. 复旦大学出版社，2003.

[157] 韩保江. 解读浙江经济奇迹. 湖南经济，2002，(6)：13–15

[158] 何传启等. 中国现代化报告课题组编·中国现代化报告(2001). 北京大学出版社，2001

[159] 何春杰. 制度因素对区域经济增长影响的实证分析. 生产力研究，2003，(4)：127–128，132

[160] 何昊. 人力资本理论发展的简述与思考. 科技管理研究，2000，(1)：21–24

[161] 何雄浪，李国平. 国外区域经济差异理论的发展及其评析. 学术论坛，2004，(1)：89–93

[162] 侯风云. 中国人力资本形成及现状.经济科学出版社，1999

[163] 侯亚非，王金营. 人力资本与经济增长方式转变. 人口研究，2001，25(3)：13–19

[164] 胡晓鹏. 中国经济增长与区域差距联动关系的实证研究. 上

海经济研究，2002，(3)：3-9

[165] 胡永远，刘智勇. 不同类型人力资本对经济增长的影响分析. 人口与经济，2004，(2)：55-58

[166] 胡永远，刘智勇. 高等教育对经济增长贡献的地区差异研究. 上海经济研究，2004，(9)：11-14

[167] 胡祖光，曹旭华. 浙江所有制结构变革与经济发展. 浙江人民出版社，2001

[168] 黄春燕. 人口文化素质与经济增长：1990-2001. 生产力研究，2004，(10)：83-85

[169] 黄国祯. 日、英、美三国科技、教育与经济增长关系比较研究. 西安交通大学学报（社会科学版），2000，20(3)：46-50

[170] 黄乾. 我国经济增长中的人力资本效率与产权制度因素. 现代经济探讨，2002，(6)：21-23

[171] 黄少安.产权经济学导论.山东人民出版社，1995

[172] 黄毓哲，钟利民. 江西教育发展对经济增长贡献的数量分析. 南昌职业技术师范学院学报，1997，(1)：30-38

[173] 贾根良. 劳动分工、制度变迁与经济发展. 南开大学出版社，1999

[174] 姜进章、文祥. 人力资本作用机制及其政策. 学术月刊，1999，(12)

[175] 姜军凤. 高等教育扩展与经济增长的非正相关关系. 中州学刊，2002，(5)：48-50

[176] 姜新燕，扬冬雷. 新疆教育与经济增长关系的实证分析. 新疆财经学院学报，2005，(1)：71-74

[177] 焦斌龙.中国企业家人力资本：形成、定价与配置.经济科学出版社，2000

[178] 解力平. 浙江私营经济研究. 浙江人民出版社，2000

[179] 金祥荣."浙江模式"的转换与市场创新.浙江学刊，1998，(1)

[180] 景跃军，吴云龙. 制约西部经济增长的人力资本"瓶颈"及对策. 人口学刊，2003，(6)：17-20

[181] 科斯."企业的性质"."企业的性质的由来"."企业的性质的涵义"."企业的性质的影响".载论生产的制度结构.上海三联书店，1991

[182] 李风圣，陈献广.论产权的残缺.天津社会科学，1995，(1)

[183] 李锋.教育、人力资本与经济增长.亚太经济，2005，(5)：14–16，20

[184] 李红松，田益祥.资本积累影响我国区域经济增长差异的实证分析.电子科技大学学报（社科版），2004，6(1)：18–21

[185] 李洪天.20世纪90年代我国教育发展对经济增长的贡献研究.南京政治学院学报，2001，17(6)：100–104

[186] 李纪建.地区经济增长差异：来自创新能力和市场化程度的解释——兼论西部大开发的战略选择.广西财政高等专科学校学报，2001，14(1)：7–13

[187] 李玲.智力资本对经济增长的贡献分析.中央财经大学学报，2000，(3)：11–16

[188] 李玲.中国教育投资对经济增长低贡献水平的成因分析.财经研究，2004，30(8)：40–51

[189] 李卫华.国民精神素质与国家兴衰——制度变迁与经济增长中的心理和精神因素分析.改革，2004.(4)：118–121

[190] 李小建.新世纪中国区域经济学理论研究的重点领域.经济经纬，2004，(3)：38–41

[191] 李玉江，陈培安，李冠伟.城市人力资本投资类型及区域分布研究.人口与经济，2003，(2)：38–42

[192] 李忠民.人力资本——一个理论框架及其对中国一些问题的解释.经济科学出版社，1999

[193] 梁君.公司治理结构的完善必须体现人力资本产权的特征.山东行政学院山东省经济管理干部学院学报，2004，(2)：14–15

[194] 廖楚晖.政府教育投入对经济增长贡献的分析法——兼论两种基本分析模型的局限性.安徽大学学报（哲学社会科学版），2004，28(3)：105–111

[195] 林军.合约不完全条件下的人力资本产权特征与企业所有

权安排. 学术研究，2002，(6)：25-27

[196] 林荣日. 中国教育对经济增长的贡献测算. 有色金属高教研究，2000，(6)：31-36

[197] 林勇. 公共投入主导下的教育协调发展与经济增长关系研究. 重庆大学学报（社会科学版），2002，9(2)：151-155

[198] 刘宝明，姜彦福，常修泽.论中西方产权研究的不同范式及产权残缺. 清华大学学报（哲社版），1999，(2)

[199] 刘大可. 论人力资本的产权特征与企业所有权安排. 财经科学，2001，(3)：8-11

[200] 刘海英，赵英才，张纯洪. 人力资本"均化"与中国经济增长质量关系研究. 管理世界，2004，(11)：15-21

[201] 刘烈龙，张文龙. 企业：一个人力资本与非人力资本的一般性契约. 嘉应学院学报（哲学社会科学），2004，22(1)：30-34

[202] 刘鹏照，刘普照. 中国区域经济发展的经济学分析. 经济理论与经济管理，2003，(3)：73-75

[203] 刘伟. 当代中国私营资本的产权特征. 经济科学，2000，(2)

[204] 刘雯，唐绍欣. 西方人力资本理论的新发展述评. 经济科学，1998，(4)：94-102

[205] 刘小玄. 国有企业下非国有企业的产权结构及其对效率的影响. 经济研究，1995，(7)：11-20

[206] 刘晓英. 论人力资本产权特征及产权实现的制度供给. 当代经济，2005，(2)：61-62

[207] 刘亚荣，张兴. 北京市教育对经济增长贡献的计量研究. 教育与经济，1998，(1)：17-21

[208] 刘翌. 西方企业家人力资本及其开发利用的理论与实践. 外国经济与管理，1997，(8)

[209] 陆根尧，朱省娥. 中国教育对经济增长影响的研究. 数量经济技术经济研究，2004，(1)：15-19

[210] 陆文喜，陈超. 我国东西部差距与区域资本形成机制差异分析. 西安财经学院学报，2003，16(6)：34-37

[211] 陆文喜，李国平. 资本形成差异、区域经济发展不平衡与

金融创新. 兰州商学院学报，2003，19(6)：42–45

[212] 吕晓刚. 制度创新、路径依赖与区域经济增长. 复旦学报(社会科学版)，2003，(6)：26–31

[213] 马剑虹，姜文锐. 以产权为核心的经营者激励原则. 云南社会科学，2002，(5)：28–30

[214] 马健，邵赟. 经济增长中的制度因素分析. 上海经济研究，1999.(8)：2–7

[215] 马克思（Karl Marx). 资本论.中共中央马恩列斯著作编译局译.中国社会科学院出版社，1983

[216] 马克思.雇佣劳动与资本.马克思恩格斯选集（第1卷)，人民出版社，1972

[217] 马克思.所谓原始积累. 资本论（第1卷第24章). 马克思恩格斯选集（第2卷). 人民出版社，1972

[218] 马拴友. 公共教育支出与经济增长——我国财政教育支出的最优规模估计. 社会科学家，2002. 17(2)：16–20

[219] 马骁，徐浪. 教育对经济增长的贡献：东西部之比较. 经济学家，2001，(2)：34–38

[220] 马歇尔（Alfred Marshall). 朱志泰，陈良璧译.经济学原理. 商务印书馆，1964.10（上卷)、1965.2（下卷)，1981重印

[221] 毛洪涛，马丹. 高等教育发展与经济增长关系的计量分析. 财经科学，2004，(1)：92–95

[222] 孟晓晨，李捷萍. 中国区域知识创新能力与区域发展差异研究. 地理学与国土研究，2002.18(4)：79–81

[223] 慕静，李全生. 教育投资的外部效应与经济增长. 电子科技大学学报（社科版)，2005，7(1)：96–98，109

[224] 穆勒（John Stuart Mill）. 政治经济学原理及其在社会哲学上的若干应用. 赵荣潜等译. 商务印书馆，1991

[225] 年志远. 也谈人力资本产权特征——兼与刘大可和王健民商榷. 财经科学，2002，(4)：92–94

[226] 牛德生. 从资本雇佣劳动到劳动雇佣资本. 学术月刊，2000，(5)

[227] 潘捷军. 浙江经济的若干特征. 经济世界，2002，(4)：72–75

[228] 配第 (William Petty). 政治算术. 陈冬野译. 商务印书馆，1978.5

[229] 普特曼 (Louis Putterman)，克罗茨纳 (Randall S.Kroszner). 企业的经济性质. 孙经纬译. 上海财经大学出版社，2000

[230] 祁茗田、陈立旭.文化与浙江区域经济发展.浙江人民出版社，2001

[231] 钱颖一. 理解现代经济学. 经济社会体制比较，2002，(2)

[232] 曲恒昌. 教育一定能促进经济增长吗？——日本的启示. 比较教育研究，2000，(3)：14–18

[233] 萨伊 (J.B. Say). 政治经济学概论：财富的生产、分配和消费. 陈福生，陈振骅译. 商务印书馆，1963.10.版，1982.10.重印

[234] 沈利生，朱运法. 人力资本与经济增长分析. 社会科学文献出版社，1999

[235] 慎海雄. 一路领跑十一年——浙江经济活力之源探寻. 发展，2002，(6)：9–17

[236] 盛乐，黎洁. 基于企业所有权角度的人力资本产权界定. 学术月刊，2002，(2)：7–9

[237] 盛乐，姚先国，黎洁. 企业经济效率差异的劳动力产权因素分析. 经济评论，2001，(3)：36–40

[238] 盛乐，姚先国. 对企业经济效率差异的理论分析. 经济学研究，2002，(4)：24–29

[239] 盛乐. 关系性契约、契约成本和人力资本产权的界定. 经济科学，2003，(4)：5–15

[240] 盛乐. 经营者人力资本产权界定和乡镇企业经济效率. 中国农村观察，2002，(3)：29–35

[241] 盛乐. 论人力资本产权博弈的双因素对经营者行为差异的解释. 经济科学，2001，(3)：14–22

[242] 盛乐. 人力资本约束与中国经济转型路径选择. 探索与争鸣，2002，(1)：21–23

[243] 史晋川，罗卫东. 浙江现代化道路研究 (1978~1998). 浙江

人民出版社，2000

[244] 世界银行. 1995 年世界发展报告：一体化世界中的劳动者. 中国财政经济出版社，1998

[245] 世界银行经济考察团. 中国：经济过渡时期的产业政策. 中国财政经济出版社，1992

[246] 舒尔茨（T. W. Schultz）. 对人进行投资：人口质量经济学. 吴珠华译.首都经济贸易大学出版社，2002

[247] 舒尔茨（T. W. Schultz）. 论人力资本投资. 吴珠华等译. 北京经济学院出版社，1990

[248] 斯密（Adam Smith）. 国富论：国民财富的性质和起因的研究. 谢祖钧，孟晋，盛之译. 中南大学出版社，2003

[249] 宋光辉. 不同文化程度人口对我国经济增长的贡献. 财经科学，2003，(1)：75-81

[250] 宋晓梧. 产权关系与劳动关系. 企业管理出版社，1995

[251] 送言. 新古典主义区域增长理论评价——对中国区域经济发展的启示. 科学经济社会，2004，22(1)： 16-18

[252] 孙海鸣，刘乃全. 区域经济理论的历史回顾及其在 20 世纪中叶的发展. 外国经济与管理，2000，22(8)： 2-6

[253] 索洛（R. M. Solow）. 经济增长因素分析.史清琪等选译.商务印书馆，1991

[254] 陶长琪. 我省教育以国民经济增长贡献的一种定量分析. 华东交通大学学报，1999，16(4)：84-87

[255] 田国强. 中国乡镇企业的产权结构及其改革. 经济研究，1995，(3)：35-39，13

[256] 瓦尔拉斯. 纯粹经济学要义. 蔡受百译. 商务印书馆，1989.5

[257] 万隆平，王治平. 对舒尔茨人力资本投资理论的思考. 经济师，2003，(9)：37

[258] 王必达. 西方区域经济发展理论的演变与启示. 兰州商学院学报，2004，20(4)：18-24

[259] 王超，罗然然. 我国教育与经济增长的实证研究. 统计与信息论坛，2004，19(4)：76-78

[260] 王冲，刘剑峰，周荷芳. 经济增长要素中的高等教育投资. 西南交通大学学报，2003，38(2)：216–219

[261] 王崇举，陈新力，刘幼昕. 重庆市学生教育消费对经济增长的带动作用. 数量经济技术经济研究，2003.（5）：34–37

[262] 王东升，刘明亮. 人力资源开发、就业与经济增长之间的互动关系. 武汉大学学报（哲学社会科学版），2004. 57(2)：168–173

[263] 王红霞，刘建刚. 试论现代企业中人力资本所有权问题. 经济科学，1998，（6）：37–43

[264] 王家赠. 教育对中国经济增长的影响分析. 上海经济研究，2003，（3）：10–17，31

[265] 王检贵. 劳动与资本双重过剩下的经济发展. 生活·读书·新知三联书店. 上海人民出版社，2002

[266] 王金堂. 知识对福建经济增长贡献的测算. 福建商业高等专科学校学报，2001，（6）：5–7

[267] 王金营. 人力资本与经济增长理论与实证. 中国财政经济出版社，2001

[268] 王金营. 中国和印度人力资本投资在经济增长中作用的比较研究. 教育与经济，2001，（2）：54–57

[269] 王珏，李涛. 劳动力资本论：国企改革出路探析. 中共中央党校出版社，1999

[270] 王俊. 人力资本对浙江区域经济发展的影响. 技术经济，2004，（3）：15–17

[271] 王启仿. 区域经济发展差距的因素分解. 经济地理，2004，24(3)：334–337

[272] 王玮，王培根. 浅析经济增长中的教育因素. 交通高教研究，2002，（2）：29–31

[273] 王小鲁，樊纲. 中国地区差距的变动趋势和影响因素. 经济研究，2004，（1）：33–44

[274] 王雅莉，黄祖辉，陈欣欣. 城市化中的劳动力再配置. 中国社会科学出版社，2002

[275] 王莹. 政府教育投资与经济增长分析. 财贸经济，2000，

(6)：50–54

[276] 王宇，焦建玲. 人力资本与经济增长之间关系研究. 管理科学，2005，18(1)：31–39

[277] 韦进. 关于教育对经济增长拉动作用的思考. 教育发展研究，2003.（12）：84–86

[278] 魏后凯. 当前区域经济研究的理论前沿. 开发研究，1998，(1)：34–38

[279] 魏后凯. 加入 WTO 后中国区域经济发展的新趋势. 经济学动态，2002，(6)：50–53

[280] 魏后凯. 我国区域经济发展的趋势及总体战略. 吉首大学学报，2000，(4)：5–10

[281] 吴殿廷. 中国三大地带经济增长差异的系统分析. 地域研究与开发，2001，20(2)：10–15

[282] 吴能全，陈剑. 广东经济增长中的教育因素贡献分析. 南方经济，2004，(10)：54–56

[283] 吴映群，鲍镇邦，孙立. 广州市改革开放十五年教育对国民经济增长贡献的定量分析. 教育与经济，1996，(1)：46–50

[284] 肖耿. 产权与中国的经济改革. 中国社会科学出版社，1997

[285] 谢万华. 教育消费对我国经济增长的贡献研究. 教育与经济，1999.（4）：17–19

[286] 徐梅. 当代西方区域经济理论评析. 经济评论，2002，(3)：74–77

[287] 徐璋勇. 对西部地区实现经济增长路径的实证分析. 西北大学学报（哲学社会科学版），2002，32(3)：16–19

[288] 许彬，罗卫东. 人力资本增长模型与经济增长方式的转变. 浙江大学学报，1999，29(1)：134–140

[289] 雅各布·明塞尔. 人力资本研究. 张凤林译. 中国经济出版社，2001

[290] 闫淑敏，秦江萍. 人力资本对西部经济增长的贡献分析. 数量经济技术经济研究，2002，(11)：17–20

[291] 闫学元，张宝贵. 天津市教育对经济增长贡献问题的研究.

天津市教科院学报，2004，(3)：19–26

[292] 阎淑敏. 人力资本理论评析及启示. 西北农业大学学报，1999，27(5)：89–93

[293] 颜鹏飞，孙波. 中观经济研究：增长极和区域经济发展理论的再思考. 经济评论，2003，(3)：61–65

[294] 杨晓光，樊杰，赵燕霞. 20 世纪 90 年代中国区域经济增长的要素分析. 地理学报，2002，57(6)：701–708

[295] 姚先国，郭东杰. 世界转型经济绩效差异的比较制度分析. 世界经济与政治，2004，(5)：59–64

[296] 姚先国，郭继强.按劳分配新解：按劳动力产权分配.学术月刊，1997，(5)

[297] 姚先国，郭继强. 劳动力产权与人力资源配置的制度安排. 中国劳动科学，1997，(6)：13–16

[298] 姚先国，盛乐. 关于社会资本和人力资本的理论思考. 经济学动态，2003，(2)：36–38

[299] 姚先国，盛乐. 国有企业经营低效的劳动力产权因素分析. 经济理论与经济管理，2000，(3)：39–42

[300] 姚先国，盛乐. 乡镇企业和国有企业经济效率差异的人力资本产权分析. 经济研究，2002，(3)：61–68

[301] 姚先国，翁杰. 企业对员工的人力资本投资研究. 中国工业经济，2005，(2)：87–95

[302] 姚先国，朱海就. 产业区“灵活专业化”的两种不同模式比较. 中国工业经济，2002，(6)：45–49

[303] 姚先国. 关于人力资本的几个基本问题. 浙江树人大学学报，2003，3(1)：19–21

[304] 姚益龙. 有关教育与经济增长理论的文献综述. 学术研究，2004，(3)：32–36

[305] 叶茂林，郑晓齐，王斌. 教育对经济增长贡献的计量分析. 数量经济技术经济研究，2003，(1)：89–92

[306] 伊兰伯格 (Ronald G. Ehrenberg)，史密斯 (Robert S. Smith). 现代劳动经济学：理论与公共政策（第六版）. 潘功胜，刘昕

译.中国人民大学出版社，1999

[307] 伊特韦尔（John J. Eatwell），新帕尔格雷夫经济学大辞典.经济科学出版社，1992

[308] 尹静. 边干边学和人力资本内生化的内生经济增长模型. 世界经济文汇，2003，（1）：30–43

[309] 于景伦. 论科技投资对我国经济增长的作用. 当代经济研究，2001.（1）：65–67

[310] 余惠利，李仕明. 教育、人力资本投资与经济增长——广东省和四川省的比较分析. 价值工程，2005，（2）：3–5

[311] 袁国敏. 中国教育投入对经济增长贡献的测算. 辽宁大学学报（自然科学版），2003，30(1)：16–18

[312] 张宝贵. 关于我市教育对经济增长贡献的研究. 天津市教科院学报，2002，（6）：18–23

[313] 张定胜. 科教投入对经济增长的贡献. 经济论坛，2001.(8)：27–29

[314] 张贡生. 东西部地区经济增长的实证因素对比分析. 兰州商学院学报，2002，18(2)：36–45

[315] 张佳梅. 人力资本领域的理论研究. 经济学动态，2002，(5)：51–54

[316] 张建琦. 人力资本交易与国有企业的契约关系. 中山大学学报（社会科学版），2000，40(2)：7–14

[317] 张仁寿，丁静. 论浙江的教育发展、人力资本与经济增长方式. 浙江社会科学，1998，（5）：18–22

[318] 张曙光. 政府、农民和市场——山东惠民“大市场”要灭“小”市场与浙江义乌小市场变成大市场案例的比较和分析，中国制度变迁的案例研究（第二集）. 张曙光主编. 中国财政经济出版社，1999

[319] 张万朋，王千红. 也谈高教扩招增加学费及其对经济增长的拉动. 教育与经济，2000.（2）：40–43

[320] 张维迎. 企业的企业家——契约理论.上海三联书店，上海人民出版社，1995

[321] 张维迎. 企业理论与中国企业改革. 北京大学出版社，1999

[322] 张维迎. 所有制、治理结构及委托—代理关系. 经济研究，1996，(9)：3–15，53

[323] 张文松，李雪娟，柳华. 关于如何发展高等教育拉动经济增长的探讨. 山东科技大学学报（社会科学版），2000. 2(2)：27–31

[324] 张文贤. 管理入股：人力资本定价. 立信会计出版社，2001

[325] 张兴茂. 劳动力产权论. 中国经济出版社，2001

[326] 张展新. 中国改革时期的人力资本回报与经济增长. 中国人口科学，2003，(3)：16–24

[327] 赵改栋，赵花兰. 产业—空间结构：区域经济增长的结构因素. 财经科学，2002，(2)：12–15

[328] 赵磊. 剩余索取权的归属：理论分歧与现实变化.学术月刊，1997，(7)

[329] 赵熙，唐五湘. 中国地区经济增长差异比较研究. 北京机械工业学院学报，2000，15(1)：61–66

[330] 中共中央马克思、恩格斯、列宁、斯大林著作编译局译，马克思恩格斯全集（第23卷）. 人民出版社，1975

[331] 中国科技发展战略研究小组编. 中国区域创新能力报告(2002). 经济管理出版社，2003

[332] 钟亚晖. 论我国区域经济发展中的政府作用. 理论与改革，2001，(6)：110–112

[333] 周惠杰. 对教育消费拉动经济增长观点的反思. 哈尔滨学院学报，2002，23(2)：1–5

[334] 周其仁. 公有制企业的性质.经济研究，2000，(11)

[335] 周其仁. “控制权回报”和“企业家控制的企业”——“公有制经济”中企业家人力资本产权的个案研究. 经济研究，1997，(5)：31–42

[336] 周其仁. 市场里的企业：一个人力资本与非人力资本的特别合约. 经济研究，1996，(6)：71–79

[337] 周天勇. 劳动与经济增长. 三联书店上海分店，上海人民出版社，1994

[338] 周晓，朱农. 论人力资本对中国农村经济增长的作用. 中国

人口科学，2003，(6)：17-24

[339] 周英章，金戈. 中国教育投资的经济增长效应实证分析. 教育与经济，2001，(3)：41-44

[340] 朱必祥. 人力资本理论与方法. 中国经济出版社，2005

[341] 朱晓明，宁熙. 浙陕人力资本与经济的错位玄机. 瞭望，2005，(4)：47-48

[342] 朱舟. 人力资本投资的成本收益分析. 上海财经大学出版社，1999

[343] 邹东涛. 什么粘住了西部腾飞的翅膀. 中国经济出版社，2001

[344] 左健民. 教育投资与经济增长的计量经济分析. 现代经济探讨，2001，(7)：36-37，59